国家社科基金
后期资助项目

企业全面创新管理研究
——理论、模型、测度及实证

Research on Enterprises' Total Innovation Management:
Theory, Model, Measurement and Emperical Research

水常青　许庆瑞　水滢　著

中国社会科学出版社

图书在版编目（CIP）数据

企业全面创新管理研究：理论、模型、测度及实证/水常青等著.—北京：中国社会科学出版社，2021.5
ISBN 978 – 7 – 5203 – 9517 – 5

Ⅰ.①企⋯　Ⅱ.①水⋯　Ⅲ.①企业创新—创新管理—研究　Ⅳ.①F273.1

中国版本图书馆 CIP 数据核字（2021）第 277184 号

出 版 人	赵剑英
责任编辑	刘晓红
责任校对	周晓东
责任印制	王　超

出　　版	中国社会科学出版社
社　　址	北京鼓楼西大街甲 158 号
邮　　编	100720
网　　址	http：//www.csspw.cn
发 行 部	010 – 84083685
门 市 部	010 – 84029450
经　　销	新华书店及其他书店
印刷装订	北京君升印刷有限公司
版　　次	2021 年 5 月第 1 版
印　　次	2021 年 5 月第 1 次印刷
开　　本	710×1000　1/16
印　　张	19
插　　页	2
字　　数	341 千字
定　　价	99.00 元

凡购买中国社会科学出版社图书，如有质量问题请与本社营销中心联系调换
电话：010 – 84083683
版权所有　侵权必究

国家社科基金后期资助项目

出 版 说 明

后期资助项目是国家社科基金设立的一类重要项目，旨在鼓励广大社科研究者潜心治学，支持基础研究多出优秀成果。它是经过严格评审，从接近完成的科研成果中遴选立项的。为扩大后期资助项目的影响，更好地推动学术发展，促进成果转化，全国哲学社会科学工作办公室按照"统一设计、统一标识、统一版式、形成系列"的总体要求，组织出版国家社科基金后期资助项目成果。

全国哲学社会科学工作办公室

目　　录

第一章　绪论 ··· 1
第一节　企业发展需要全面创新管理 ····························· 1
第二节　企业全面创新管理是大势所趋 ·························· 6
第三节　研究问题的提出及研究细分 ···························· 14
第四节　研究的意义及研究的方法 ······························ 16
第五节　研究的技术路线与内容结构 ···························· 18

第二章　研究文献的梳理和评述 ····························· 21
第一节　创新的定义及创新的类型 ······························ 21
第二节　企业创新的理论进展及评述 ···························· 27
第三节　创新模式的动态演进与评述 ···························· 34
第四节　全面创新的理论进展及评述 ···························· 43
第五节　全面绩效的相关研究及评述 ···························· 50
第六节　创新与绩效关系研究及评述 ···························· 55
第七节　本章小结 ··· 59

第三章　模型的构建与研究假设 ····························· 60
第一节　企业全面创新管理的动因 ······························ 60
第二节　本书研究的概念模型构建 ······························ 63
第三节　本书研究的主要理论假设 ······························ 64
第四节　本章小结 ··· 82

第四章　研究变量的定义与测量 ····························· 84
第一节　研究数据收集流程概述 ·································· 84
第二节　全面绩效的定义及测量 ·································· 85

第三节　环境变量的定义及测量 …………………………………… 86
　　第四节　全面创新的定义及测量 …………………………………… 87
　　第五节　本章小结 …………………………………………………… 99

第五章　研究数据的收集与评价 ……………………………………… 100
　　第一节　数据收集的一般问题 ……………………………………… 100
　　第二节　研究数据的描述统计 ……………………………………… 103
　　第三节　样本数据的质量评价 ……………………………………… 112
　　第四节　本章小结 …………………………………………………… 129

第六章　控制变量的影响效应研究 …………………………………… 131
　　第一节　变量影响效应分析导论 …………………………………… 131
　　第二节　单因素方差分析及结论 …………………………………… 134
　　第三节　多因素方差分析及结论 …………………………………… 161
　　第四节　变量的回归分析及结论 …………………………………… 175
　　第五节　本章小结 …………………………………………………… 194

第七章　研究假设的实证检验 ………………………………………… 196
　　第一节　实施假设检验的分析工具导论 …………………………… 196
　　第二节　全面创新之"三全"机制检验 …………………………… 199
　　第三节　"全要素创新"三层机制检验 …………………………… 205
　　第四节　"全要素创新"六维机制检验 …………………………… 209
　　第五节　全面创新对绩效影响机制检验 …………………………… 213
　　第六节　全面创新管理机制之实证研究 …………………………… 219
　　第七节　本章小结 …………………………………………………… 230

第八章　研究结论与展望 ……………………………………………… 232
　　第一节　研究的主要结论 …………………………………………… 232
　　第二节　研究的学术贡献 …………………………………………… 242
　　第三节　研究的局限与建议 ………………………………………… 245

附　录 …………………………………………………………………… 247

参考文献 ………………………………………………………………… 254

图 目 录

图 1-1　技术路线 ……………………………………… 18
图 1-2　内容结构 ……………………………………… 19
图 2-1　创新的功能性来源 …………………………… 23
图 2-2　开放式创新矩阵 ……………………………… 26
图 2-3　企业创新组合的结构示意 …………………… 38
图 2-4　企业全面创新管理的五角星模型框架 ……… 43
图 2-5　全面创新管理的内涵："三全一协同" ……… 44
图 2-6　全面创新管理的要点与实施概念模型 ……… 44
图 2-7　企业全面创新系统的模块化架构模型 ……… 46
图 2-8　标准模块创新系统的结构模型 ……………… 47
图 3-1　企业全面创新管理产生背景和理论基础 …… 62
图 3-2　本书研究的概念模型 ………………………… 64
图 3-3　全面创新三个维度的深度关系框架 ………… 65
图 3-4　全要素三个层面的主要关系框架 …………… 72
图 3-5　三全创新及全面创新绩效之间的主要假设 … 82
图 3-6　全要素创新各要素之间的主要假设 ………… 82
图 4-1　问卷形成与数据收集流程 …………………… 84
图 5-1　样本企业人数规模分布情况 ………………… 105
图 5-2　样本企业发展阶段分布情况 ………………… 106
图 5-3　样本企业生存年龄分布情况 ………………… 107
图 5-4　样本企业地区分布情况 ……………………… 108
图 5-5　大样本行业大类的企业地区分布情况 ……… 110
图 5-6　企业绩效的验证性因子分析模型 …………… 118
图 5-7　全面创新验证性因子分析模型 ……………… 122
图 5-8　环境变量的验证性因子分析模型 …………… 127

图 7-1　全员创新、全时空创新和全要素创新机制的
结构方程模型 …………………………………… 200
图 7-2　全员创新、全时空创新和全要素创新机制的
修正结构方程模型 ……………………………… 203
图 7-3　全要素创新的三层次主要关系结构方程模型 ………… 206
图 7-4　全要素创新六维机制的结构方程模型 ………………… 209
图 7-5　全面创新与企业绩效关系的结构方程模型 …………… 214
图 7-6　全面创新机制的结构方程模型 ………………………… 217
图 7-7　全面创新和企业绩效的结构模型 ……………………… 221
图 7-8　较低资源企业的全面创新作用机制的结构
模型路径系数 …………………………………… 224
图 7-9　较高资源企业的全面创新作用机制的结构
模型路径系数 …………………………………… 224
图 7-10　较低技术动荡企业的全面创新作用机制的
结构模型路径系数 ……………………………… 226
图 7-11　较高技术动荡企业的全面创新作用机制的
结构模型路径系数 ……………………………… 226
图 7-12　成长阶段企业全面创新作用机制的结构模型
路径系数 ………………………………………… 228
图 7-13　成熟阶段企业的全面创新作用机制的结构
模型路径系数 …………………………………… 229

表 目 录

表2-1	创新分类	24
表2-2	不同学者有关企业创新的定义	28
表2-3	早期企业创新的理论模式	31
表2-4	早期企业创新的阶段模式	33
表2-5	早期创新扩散、创新性与创新过程理论研究比较	34
表2-6	美、日、德企业产品创新与工艺创新投入比	37
表2-7	全面创新管理与传统创新管理、组合创新管理的区别与联系	45
表2-8	绩效指标种类及典型指标	53
表2-9	环境变量和企业特征变量对创新绩效的影响研究	56
表3-1	日本丰田汽车公司在《财富》世界500强排名	67
表3-2	华为战略创新与管理层和操作层创新的关系	73
表3-3	IBM战略创新与管理层和操作层创新的关系	74
表3-4	IBM管理层创新对操作层创新的影响	75
表3-5	华为管理层创新对操作层创新的影响	76
表3-6	管理层内部各创新要素的关系举例	77
表3-7	研究的三级假设汇总	81
表4-1	全面绩效可操作性定义与衡量	86
表4-2	外部环境及内部资源可操作性定义与测量	87
表4-3	全面创新的概念性架构	88
表4-4	正式试测量表维度、题目及其文献来源	89
表4-5	收敛效度评价与筛选	94
表4-6	KMO与Bartlett检验结果	96
表4-7	因子分析结果	96
表4-8	变量测量的信度评价结果	98
表5-1	问卷变量与测量题目数的汇总	104

表 5-2	样本企业在行业大类中的分布情况	109
表 5-3	样本企业变量测量的描述性统计指标	110
表 5-4	验证性因子分析模型整体拟合程度的常用判别指标及参考标准	116
表 5-5	全面绩效验证性因子分析的整体拟合指标	119
表 5-6	全面绩效验证性因子分析的信度指标	120
表 5-7	全面绩效测量模型区分效度	121
表 5-8	全面创新管理验证性因子分析的整体拟合指标	122
表 5-9	全面创新管理验证性因子分析的信度指标	123
表 5-10	全面创新管理测量模型区分效度检验	126
表 5-11	环境变量验证性因子分析的整体拟合指标	127
表 5-12	环境变量验证性因子分析的信度指标	128
表 5-13	环境变量测量模型区分效度	129
表 6-1	基于企业规模的方差分析结果	135
表 6-2	基于企业规模的同方差性检验结果	137
表 6-3	基于企业规模的方差分析多重比较 LSD 结果	137
表 6-4	基于企业发展阶段的方差分析结果	139
表 6-5	基于企业发展阶段的同方差性检验结果	141
表 6-6	基于企业发展阶段的方差分析多重比较 LSD 结果	141
表 6-7	基于企业所属地区的方差分析结果	145
表 6-8	基于企业所属地区的同方差性检验结果	147
表 6-9	基于企业所属地区的方差分析多重比较结果	148
表 6-10	企业的年龄段及相应年龄期	149
表 6-11	基于企业年龄的方差分析结果	150
表 6-12	基于企业年龄的同方差性检验结果	152
表 6-13	基于企业年龄的方差分析多重比较结果	152
表 6-14	基于行业大类的方差分析结果	153
表 6-15	基于企业行业大类的同方差性检验结果	155
表 6-16	基于行业大类的方差分析多重比较结果	156
表 6-17	单因素方差分析结果总结	160
表 6-18	全面创新的多因素方差分析结果	161
表 6-19	全面绩效的多因素方差分析结果	162
表 6-20	全员创新的多因素方差分析结果	163
表 6-21	全时空创新的多因素方差分析结果	164

表6-22	全要素创新的多因素方差分析结果	165
表6-23	顾客绩效的多因素方差分析结果	166
表6-24	财务绩效的多因素方差分析结果	167
表6-25	员工绩效的多因素方差分析结果	168
表6-26	战略创新的多因素方差分析结果	169
表6-27	技术创新的多因素方差分析结果	170
表6-28	组织创新的多因素方差分析结果	171
表6-29	文化创新的多因素方差分析结果	172
表6-30	制度创新的多因素方差分析结果	173
表6-31	市场创新的多因素方差分析结果	173
表6-32	多因素方差分析结果总结	175
表6-33	发展阶段和行业大类虚拟变量设计	177
表6-34	全面创新回归分析结果	180
表6-35	全员创新回归分析结果	180
表6-36	全时空创新回归分析结果	181
表6-37	全要素创新回归分析结果	183
表6-38	战略创新的回归分析结果	184
表6-39	技术创新的回归分析结果	184
表6-40	组织创新的回归分析结果	185
表6-41	文化创新的回归分析结果	186
表6-42	制度创新的回归分析结果	187
表6-43	市场创新的回归分析结果	188
表6-44	全面绩效的回归分析结果	189
表6-45	顾客绩效的回归分析结果	190
表6-46	财务绩效的回归分析结果	190
表6-47	员工绩效的回归分析结果	191
表6-48	全面创新和全面绩效的回归分析结果汇总	192
表6-49	全要素创新影响的回归分析结果汇总	193
表7-1	结构模型识别法则和条件	197
表7-2	结构模型整体适配指标评价	198
表7-3	全面创新管理中"三全"机制的结构方程模型估计结果	201
表7-4	全面创新管理中"三全"关系的结构方程模型拟合指标及结果	202

表7-5　全面创新管理中"三全"机制的结构方程模型估计结果 … 204
表7-6　全面创新管理中"三全"机制的理论假设检验结果 … 204
表7-7　全要素创新的三层次机制结构方程模型估计结果 …… 207
表7-8　全要素创新的三层次结构方程模型拟合指标及结果 … 207
表7-9　全要素创新的三层次理论假设检验结果 ……………… 208
表7-10　全要素创新六维机制的结构方程模型估计结果 ……… 210
表7-11　全要素创新六维机制的结构方程模型拟合
指标及结果 …………………………………………… 211
表7-12　全要素创新六维机制的理论假设检验结果 …………… 212
表7-13　全面创新管理与全面绩效关系的结构方程
模型估计结果 ………………………………………… 214
表7-14　全面创新与全面绩效作用机制的结构方程
模型拟合标准及结果 ………………………………… 215
表7-15　全面创新管理与全面绩效关系的理论假设
检验结果 ……………………………………………… 215
表7-16　全面创新机制的结构方程模型的估计结果 …………… 217
表7-17　全面创新与企业绩效各维度作用机制的结构
方程模型的拟合指标及结果 ………………………… 218
表7-18　全面创新管理与全面绩效各维度的理论假设
检验结果 ……………………………………………… 219
表7-19　全面创新管理机制研究的结构方程模型估计结果 …… 221
表7-20　全面创新管理机制研究的结构方程模型拟合
指标及结果 …………………………………………… 222
表7-21　全面创新管理机制研究的理论假设检验结果 ………… 223
表7-22　基于不同企业资源的理论假设检验结果 ……………… 225
表7-23　不同企业资源全面创新对全面绩效的直接
效应与间接效应 ……………………………………… 226
表7-24　基于不同技术动荡的理论假设检验结果 ……………… 227
表7-25　不同技术动荡企业全面创新对全面绩效的
直接效应与间接效应 ………………………………… 228
表7-26　基于不同发展阶段的理论假设检验结果 ……………… 229
表7-27　不同发展阶段企业全面创新对全面绩效的
直接效应与间接效应 ………………………………… 230
表7-28　研究的核心假设检验结果 ……………………………… 231

第一章 绪论

我国的"大众创业、万众创新"开展得如火如荼,然而作为创新主体的企业仍然缺乏与之相适应的创新管理理论的指导,本书就是为此所做的一项有益的探索性研究。作为本书的开篇,本章主要阐述企业全面创新管理的必要性、必然性、研究问题、研究目的和意义、研究对象与范围以及采用的研究方法等基本问题。此外,本章还介绍了本书研究的技术路线、内容结构与章节安排。

第一节 企业发展需要全面创新管理

创新不是昙花一现的潮流,而是历久弥新的恒长(Steven Johnson,2014)。企业创新对企业的发展和成长至关重要,进而会影响社会经济增长和国家竞争力(Jon Sundbo,1998)。企业发展离不开企业创新,企业创新的不确定性和复杂性特点决定了企业创新需要不断发展的先进的创新管理理论来指导。可见,创新管理的发展和企业的发展是如影随形。本节从企业发展角度探讨全面创新管理的必要性。影响企业发展的因素林林总总,但归纳起来主要是竞争、技术和需求(Kumpe and Bolwijn,1994),因此我们就从三方面展开讨论。

一 竞争环境的急剧变化要求企业通过全面创新管理来获得竞争优势

企业竞争环境的急剧变化主要体现在两个方面:一是国际经济环境的变化;二是国内经济环境的变化。国际经济环境变化,主要是指在经济全球化进程加速的同时还掺杂着保护主义、单边主义的明显抬头(李义平,2018),所导致的企业经营的国际竞争环境的急剧变化;国内经济环境变化,主要是指我国经济由高速增长阶段转向高质量发展阶段,所导致的企业经营国内竞争环境的深刻变化。

尽管部分国家民粹主义强化、反全球化思潮泛起，贸易投资保护主义明显抬头，例如英国"脱欧"、美国"退群"，但是经济全球化是时代大潮，是资本逐利性和科技不断进步的必然结果（张哲人，2019）。在全球化进程加速的背景下，中国企业在市场环境方面所面临的是国内市场国际化、市场竞争多极化、企业经营网络化、营销方式数字化、产品创新快速化等全新环境。经济全球化在本质上是由各国市场开放带来的市场经济体制全球化。经济全球化不仅推动商品（包括服务）、信息、技术及其他生产要素跨境流动的不断增加，而且也使各国经济之间的相互依赖日益加深。经济全球化导致市场配置资源的基础性作用从国家内部扩展延伸到全球，从而形成了全球经济一体化。经济全球化实质上是由发达国家的跨国公司主导，其竞争的核心不仅是国家或地区之间的企业公共政策竞争，而且还扩展到资本竞争、技术竞争和人才竞争等。我国于 2001 年年底成功加入 WTO，这标志着我国那时就开始逐步融入全球经济一体化进程中。加入 WTO 意味着保护中国企业参与市场竞争的基本规则，将从原来主要依靠关税壁垒，逐步过渡到主要依靠企业自身持续的全面创新。

随着经济全球化的发展，跨国公司不仅加快了投资中国市场的步伐，而且呈现新的经营战略。投资方式从合资、合作走向独资或控股，如购并本土企业或上市公司。跨国公司在华独资和控股的目的就是合理配置和控制其核心资源，如人才资源和管理资源、技术及其创新资源，尽可能维持其竞争优势，这也是对中国企业以市场换技术的一种应对战略，即跨国公司以资本优势有效控制核心资源对中国企业的溢出过程。加入 WTO 后，中国企业也逐渐深入地融入世界经济洪流，从而在经济全球化过程中扮演着重要角色。财富官方 APP 于北京时间 2020 年 8 月 10 日与全球同步发布了最新的《财富》世界 500 强排行榜。我国上榜公司数量继续增长，达到 133 家，其中，我国大陆企业（包括香港企业）也达到 124 家，历史上首次超过美国（121 家）。而中国石油化工集团公司、国家电网公司、中国石油天然气集团公司分居世界 500 强排行榜的第二位、第三位、第四位。[①]其实，我国除了进入世界 500 强的企业外，还有大量的企业在海外的投资也是相当惊人的，这从另一个角度反映了经济全球化程度。例如，吉利汽车以小吃大，收购沃尔沃；万向集团，先后并购舍勒、AI 等 30 多家美国企业（魏江和刘洋，2017）。当前，面临这一复杂的国际环境，无论是中国企业走向世界还是中国企业抵御外资企业的进攻，都必须有自主创新能

[①] http：//www.fortunechina.com/fortune500/c/2020－08/10/content_ 372148.htm.

力，而全面创新管理就是提升创新能力的有效途径之一。

此外，全球化竞争也是知识与技术的竞争，但归根结底是人才的竞争，因此，吸引、拥有并保持一定规模的高素质的人才队伍是取得竞争优势的重大战略。随着市场全球化进程加快，人才竞争也日益呈现出全球化的趋势。全面创新管理中的全员创新、全时空创新和全要素创新协同发展，不仅有利于保有人才和吸引人才，而且有利于开发内部人才和利用外部人才，从而为获得竞争优势做好人才准备。在全球化竞争中，尽管通过跨国公司来提升本国技术与知识水平是重要途径之一，但迄今为止没有一个国家是依靠非本土企业或研发机构的创新取得国家和企业竞争优势。因此，中国本土企业如何在竞争的全球化下通过全面创新管理来有效地形成和提升自身的自主创新能力，从而获得竞争优势，是迫切需要深入研究的问题。

党的十九大报告指出，我国经济已由高速增长阶段转向高质量发展阶段。"高质量发展，就是能够很好满足人民日益增长的美好生活需要的发展，是体现新发展理念的发展，是创新成为第一动力、协调成为内生特点、绿色成为普遍形态、开放成为必由之路、共享成为根本目的的发展。"（习近平，2019）在这新的国内竞争环境下，要推动企业高质量发展，就要坚持产品质量第一、生产效益优先，不断推动企业战略创新、制度创新、组织创新、文化创新、技术创新、市场创新、全员创新、全时空创新，即全面创新。

总之，企业要应对复杂的国际竞争环境，以及适应我国由高速增长阶段转向高质量发展阶段的国内竞争环境，更需要全面创新。企业全面创新，是企业生存和发展的不竭动力；企业全面创新管理，是企业赢得持续竞争优势的理论法宝。

二 信息与网络技术的高度发展使企业全面创新管理成为可能

从第一台计算机出现到当今移动互联网和物联网时代，信息与网络技术在社会及企业中的应用越来越广泛和深入，正是信息及通信技术的快速发展推动了当代网络社会的形成。当代著名社会学家卡斯特尔认为：网络社会既是一种新的社会形态，也是一种新的社会模式。而根植于信息技术的网络，已成为当代社会的普遍技术范式，不仅改变着社会结构，也改变着社会的形态，使人类进入一个新的时代——网络时代。卡斯特尔把网络定义为由一组相互连接的节点构成，而节点则是社会活动的各种组织或单元；另外，卡斯特尔还提出了节点之间的流动没有距离的概念，即"零距离"。一个以网络为基础的社会是高度动态和开放的社会系统,社会网络化改变了人类社会结构、制度、文化、权力、生产、相关经验等。

网络社会的特征就是经济行为全球化、组织网络化、工作方式多样化。经济全球化是指一种以信息化、网络化、全球化为特征的新经济,这种新经济的金融、贸易、生产、科技等是在全球范围内展开的。组织网络化是指在网络社会里,企业组织改变了其传统的科层形式,使企业的管理流程呈现出扁平化横向网络,同时拓展出纵向企业网络,从而构建一种新的企业组织模式。工作方式多样化是指基于信息技术的生产必然引起相关产业内部新的技术与劳动分工,同时引起劳动空间的分工以及不同工作内容的新分割,这样可以允许人们运用信息化手段灵活参与生产和工作,超越传统的时空甚至身份的限制。

信息与网络技术对企业产生了深远影响,譬如企业不仅通过网络与传统的合作伙伴进行密切的合作,还通过企业的 ERP(企业资源规划)系统与其他企业和客户进行分散的、互利的和临时的合作,这种离散的、大量的合作关系是一种暂时的、跨越空间的"零距离"合作形式,使企业可以从全球范围选择合作伙伴。也可依靠 ERP 的 SCM(供应链管理)、CRM(客户关系管理)和 PDM(产品数据管理)模块组成高度发达的网络将供应商、生产商、顾客甚至竞争对手等连接而成的项目开发网络,达到联合开发、共享技术、风险与成本共担。与此同时,由于信息与知识流动的加速,企业的创新速度急剧加快,并使创新的不确定因素大大降低。

网络化企业的组织模式已跨越了组织边界,不仅淡化了企业组织与外部环境的界限,企业内部的部门边界也变得模糊了;在网络化环境中,首先,企业可以灵活配置各种资源,从而提高企业资源配置效率。其次,企业通过电子商务可以开辟网上市场,譬如 Dell、亚马逊、当当等就是成功的典范。最后,企业的创新实践可以通过网络跨越传统的时空和组织边界限制,从而使过去的不可能变为现在的可能。譬如,虽然波音公司设计飞机,但飞机上的许多组件都是由供应商制造的且它们拥有知识产权。同样,惠普公司的电脑和苹果公司的 iPod 所包含的数百个零部件都是由几十个国家的企业发明和制造的。企业信息化、网络化的成功实施不仅使全时空创新成为可能,而且也大大提高了企业的创新效率。

信息网络的高速发展,给企业带来了一些无形的价值,如企业信息流动加快和整合后运营风险成本的降低、产品或技术创新风险的降低、企业决策风险的降低等。同时,也使企业面临新的挑战:首先,无论对员工、管理者还是企业家个人都要进一步提高自身的素质;其次,对企业组织管理能力、综合协调能力提出了更高的要求；最后，要求企业具有更高的创新能力。企业如何应对挑战值得我们研究，而我们对全面创新管理机制的深入探讨就是为应对挑战所做的积极努力之一。由于全面创新管理中的全员创新、全时空创新和全要素创新，体现在人人要创新、事事要创新、处处要创新、时时要创新，如果离开信息与网络技术的高度发展，几乎不能实现。所以，我们说信息网络的高度发展为全面创新管理提供了充要条件。

三　需求的多样性和个性化迫使企业通过全面创新管理来应对

心理学认为每个人天生就有个性，而多样性和个性化需求长期以来一直被收入水平和产品成本所压抑。随着社会经济的发展，人们的实际收入水平逐步提高，而产品成本却逐步下降，由此带来的购买力使人们被压抑已久的多样性和个性化需求也逐渐爆发出来了。这就难怪人们感叹：今天的市场是如此分散，以致在许多行业中每个消费者都构成其自己的市场部分。需求的多样性和个性化对企业创新提出了新的要求，而创新的成功又不断地加剧了用户的多样性和个性化需求。

需求的多样性和个性化，要求企业的创新竞争除了传统的技术先进性和服务效率竞争外，更突出了创新速度的作用，从而使创新速度成为企业相互竞争的重要影响因素，迫使企业进行快速创新。创新速度的滞后就意味着失败。麦肯锡的研究表明在市场快速增长的情况下（产品导入期），若保持预算成本不变，新产品推出的时间延迟 6 个月，在未来 5 年内可能会损失 33% 的利润。相反，若保证新产品按时推出，开发成本提高 50%，损失的利润只有 4%。① 可见，通过全时空创新达到快速推出创新产品在市场竞争中有不容忽视的作用。海尔集团是我们国内快速创新的典型企业之一。海尔在 2001 年经理人年会上发现冷柜设计存在缺陷，柜体太深，消费者取用物品不方便时，就提出了一种全新冷柜产品的设想。在会场上，设计人员立即通知车间做好生产准备，在返回工厂的汽车上，大家拿出了设计方案。经过一个不眠之夜，到第二天上午 10 点，海尔人用 17 个小时就完成了产品从研发到生产的全过程。海尔"冰吧"从设计到生产的全过程也只用了 2 个小时。因此，我们可以说海尔集团的快速成长与它较早地实施全面创新管理密不可分。

---

① 徐淑英、张维迎主编：《管理科学季刊最佳论文集》，北京大学出版社 2005 年版，第 211—246 页。

毫无疑问较多的快速创新的结果又会加速个性化需求的个性化程度。为了使两者很好地结合，于是用户直接介入企业的创新活动便产生了。由于用户不同的行业背景、生活背景和文化背景极大地丰富了企业创意的来源，若企业善于管理用户创意，便能在创新速度竞争中建立竞争优势。用户参与创新使全面创新管理中的全员创新和全时空创新的内涵得到进一步的丰富和拓展。当然，企业为了满足需求的多样性和个性化，所进行的全面创新管理是以快速发展的信息技术和网络技术在企业生产、研发、市场及管理等全面应用为基础的。这一过程完全可以跨越时空限制，在网络平台上完成从产品订单到递交的整个过程，无须面对面交易。研发和设计人员还可以根据对大量用户的个性化信息的分析，快速开发新一代的产品。为了更好地满足用户个性化需求，还需要通过企业战略创新、文化创新、制度创新、组织创新、技术创新和市场创新等要素的全面协同。因此，研究全面创新管理的全员创新、全时空创新和全要素创新的作用机理的同时，也有必要对全要素创新进行分层次深入研究。

总之，随着全球市场竞争的日益加剧、信息与网络技术的高度发展、需求的多样性和个性化，企业要高质量发展就必须有战略性地培植和构筑基于全面创新管理的竞争优势。在由高速增长阶段转向高质量发展阶段的转型经济背景下，如何通过全员创新、全时空创新和全要素创新，有效地构建和完善企业全面创新管理体系，发挥多元化集成和协同优势，有力地提升企业的动态核心能力和全面创新管理绩效，是当前我国增强企业自主创新能力所面临的核心问题之一。

第二节　企业全面创新管理是大势所趋

一　企业全面创新管理研究的历史溯源

全面创新管理的思想可以追溯到 1912 年 Joseph Schumpeter 首次提出的创新理论。他认为，创新是"建立一种新的生产函数"即实现生产要素和生产条件的一种新组合。之后的几十年，很少有创新的著作问世（Jon Sundbo，1998），到了 20 世纪 70 年代之后，逐渐有一些创新的理论著作问世。例如，Freeman（1974）、Dosi 等（1988）出版的著作，其研究内容主要聚焦于技术开发、技术研究和企业的 R&D 职能；Kirzner（1973）、Casson（1982）、Kent 等（1982）发表的相关研究，主要侧重于创造和发展新元素的个人的创新；Kotler（1984）、Baker（1985）主要研究市场方面的创新。这些研究整合起来看，就是全面创新的全要素创新的思想来源。

20世纪70—80年代，一些学者提出并发展了创新的"双核心理论"（The Dual-core Theory of Innovation）（Daft, 1978; Damanpour and Evan, 1984; Knight, 1987），该理论也体现了全面创新的思想。该理论认为，企业里的创新主要分为两大类，即技术创新和管理创新（Administrative Innovation）。相应地，也有两个核心，即技术核心和管理核心。技术创新包括产品和工艺创新，主要涉及企业中产品、服务和工艺流程技术以及如何把原材料转化为商品等技术的方面；而管理创新是个广义的概念，包括组织结构、流程、文化、管理制度、控制系统以及协同机制等社会的、非技术的方面（Daft, 1978）。"双核心理论"认为，只有两种创新互相协同，才能使创新绩效最佳。

Tidd等指出："创新管理的内在特性表现为跨学科性和多功能性，但长期以来许多文献仅强调创新的某一维度，如研究与发展管理、新产品开发管理等。我们认为，创新管理需要一种整合观念，即将各学科、各职能进行有效整合。……仅仅强调创新的某一维度是远远不够的，因为技术、市场及组织变革之间存在着互动关系。"[①] Fonseca（2002）也指出，创新不仅是与技术相关的概念，而且是一个复杂的社会过程。Chesbrough（2003）提出开放式创新，他强调了一些侵蚀创新边界的因素，并推动了企业创新向更开放的创新模式的转变。Chesbrough和Bogers（2014）又进一步将开放式创新重新定义为"基于跨组织边界有目的管理的知识流的分布式创新过程"，并建议将开放式创新与企业的商业模式相结合。虽然开放式创新最初的概念是以企业为中心，但相关研究文献也将其与各种相关的创新现象联系起来，例如用户作为创新者（Bogers, Afuah and Bastian, 2010; Piller and West, 2014）、创新社区（Fleming and Waguespack, 2007; West and Lakhani, 2008）或开源软件开发（Shah, 2006; Von Krogh et al., 2012）。路江涌（2018）在其《图解创新管理经典》中，从《开放式创新》中提炼出4个重点内容：用户创新、组织创新、产品创新和市场创新。这些创新理论无不闪烁着全面创新管理的思想。

Marcel Bogers, Ann-Kristin Zobel, Allan Afuah, Esteve Almirall, Sa-

---

① Joe Tidd等：《创新管理——技术、市场与组织变革的集成》，陈劲等译，清华大学出版社2002年版。

bine Brunswicker, Linus Dahlander, Lars Frederiksen, Annabelle Gawer, Marc Gruber, Stefan Haefliger, John Hagedoorn, Dennis Hilgers, Keld Laursen, Mats G. Magnusson, Ann Majchrzak, Ian P. McCarthy, Kathrin M. Moeslein, Satish Nambisan, Frank T. Piller, Agnieszka Radziwon, Cristina Rossi – Lamastra, Jonathan Sims 和 Anne L. J. Ter Wal（2017），在对开放式创新的研究综述的基础上，提出开放式创新的研究新方向：

第一类是"开放式创新的行为和认知"，主要关注在开放式创新环境中工作的个人；第二类是"开放式创新的战略与设计"，包括创业和商业模式等相关概念；第三类是"开放式创新的利益相关者"，包括用户、社区等；第四类是"开放式创新的生态系统"，它描述了不同开放式创新的参与者的一系列关系；第五类是"开放治理"，它强调更高层次的实践，使组织能够领导和控制超过单一组织水平的开放式创新的过程。可见，开放式创新的发展方向，并没有超越全员、全要素和全时空创新的"三全"协同的创新理论体系。

正如 Jon Sundbo（1998）指出："创新理论的历史是一个旧理论消亡、新理论兴起、旧理论以新形式复活的过程。"全面创新管理理论就是创新理论发展过程中，基于中国企业背景的新、旧创新理论不断迭代出来的，具有普适性的先进的创新管理理论。

二 企业全面创新管理研究的代表性观点

随着企业创新理论和实践的进一步发展，国内外一些学者相继提出了一些新的创新管理思想，丰富并发展了全面创新管理理论。

1. 全时创新观

市场竞争的日益激烈和用户对响应速度的高要求使创新必须时时刻刻地进行，永不停歇。必须力求做到 24/7 创新（每周 7 天、每天 24 小时都在创新）。企业的运作如同演奏爵士乐，鼓励即时创新（如同作家、音乐家的即兴创作）（Shapiro，2002；皮尔逊等，2002）。创新不是一种一次性（One – off）的事件（Dundon，2002），而应是涉及各个部门的一年到头永不停止（Year – round）的日常活动。Gemünden（2002）认为，全时创新主要是由于近年来日益增强的基于时间的竞争（Time – based Competition）压力。

2. 全流程创新

20 世纪 80 年代末 90 年代初期美国学者 Michael Hammer 和 James Champy 以及 T. H. Davenport 等提出了流程再造的理论，掀起了全球范围内的企业流程再造的热潮。其目的就是对企业的原有职能制的业务流程实施革命性的变革，提高组织效率、灵活性和响应市场速度，以适应环境的变化和顾客需求的日益个性化（Hammer and Champy, 1993；Davenport, 1994）。

3. 全员创新观

激发每个员工的创新积极性，实现全员创新受到了国内外理论界、企业界的广泛关注。众多学者指出，创新不再只是企业研发人员的专利，而应是全体员工共同的行为。从销售人员、生产制造人员、研发人员，到售后服务人员、管理人员、财务人员等，人人都可以成为出色的创新源（Tucker, 2002；Peters, 2002；Shapiro, 2002；Wheatley, 2001；Kelley, Littman, 2001；Christiansen, 2000；Dundon, 2002）。例如，Dundon（2002）认为，随着组织复杂性的增长，领导者需要所有员工都要参与到寻找加强组织的新途径的过程中。尽管创造力存在差异，但每个人都具有其独特的创造力。

4. 全球创新观

随着经济全球化和网络经济的迅猛发展，许多企业的组织边界已超越了地理区域范围，甚至趋于模糊，实现了全球化发展。外包、竞合、战略联盟、虚拟团队等组织形式的出现使企业的边界跨越了地区、行业甚至国家的限制，促进了研发、制造、营销等的全球化。国内外许多学者对此进行了研究（Chiesa, 1996；Howells et al., 1991；Florida, 1997；Zander, 1999；Gerybadze et al., 1999；王毅等，2000；陈劲等，2002；Gerybadze and Reger, 1999）。例如，Chiesa（1996）研究了跨国企业如何有效管理国际化的研发活动，包括设计怎样的结构、如何配置资源和劳动力、如何协调分布在不同地理位置的各实验室等。他经过分析指出，国际化研发的绩效取决于外部知识源和内部研发资源的分散程度。许多企业实施研发的"本地化"战略，在全球各地设立研发部门，以充分利用当地智力资源进行创新。处处创新还包括处于企业内部价值链上的各部门、各工位，处处进行创新。

5. 集成创新观

1998年Iansiti提出了技术集成（Technology Integration）的概念。我国在对技术创新的案例研究中也逐渐认识到，在技术创新中各种要素的集成是保证技术创新效果的重要条件（江辉、陈劲，2000；陆甬祥，2002）。陈劲（1999）的"企业创新系统"的研究，是集成创新管理的雏形。李宝山等（1998）在《集成管理——高科技时代的管理创新》一书中对集成、集成度进行了全面的阐述,并认为,集成从管理角度来说是指一种创造性的融合过程。也就是说,要素仅仅是一般性地结合在一起并不能称为集成,只有当要素经过主动的优化,选择搭配,相互之间以最合理的结构形式结合在一起,形成一个由适宜要素组成的、相互优势互补、匹配的有机体,这样的过程才称为集成。欧光军、胡树华(2002)从技术集成、知识集成、组织集成、管理集成四个无形层面提出了团队集成动态创新模式。

6. 全面创新观

美国创新管理专家 Tucker(2002)根据当时环境的变化并总结了部分世界创新领先企业的成功做法,提出了创新管理的五项原则,充分体现了系统、全面创新的思想。一些学者指出,要想实现企业范围内的全面创新,必须使创新成为一种弥漫于企业各个部门各个角落每一员工的能力,而不是偶然发生的活动或被动的流程。能力式创新包括能力的五种要素:策略与顾客、评价与绩效、流程、人员、科技(Shapiro,2002;Peters,2002)。

7. 全面创新管理理论的提出与发展

浙江大学许庆瑞教授等(2001)总结了国内外最新创新理论及我国大量企业经营管理成败的经验教训,在其《企业经营管理基本规律与模式》一书中指出,当今企业为适应环境的变化,必须以企业战略为导向,持续地开展以技术创新为中心的全面创新,培育和提高企业的技术创新能力。并首次从理论上系统提出了企业经营管理的全面创新规律,其规律要点是"一个中心,两个基本点",即"以技术创新为中心,以组合创新和技术与创新能力为基本点"。在此基础上,在2002年举行的第三届技术创新与管理国际会议上进一步提出"全面创新管理"的创新管理新范式,引起了与会者的广泛关注与赞同。2007—2019年,许庆瑞团队先后发表了全面创新管理方面的研究进展,其中最具代表性的著作有《全面创新管理——理论与实践》、*To Leverage Innovation Capabilities of Chinese Small – & Medium – Sized Enterprises by Total Innovation Management*、《中国特色自主创新道路研究——从二次创新到全面创新》,这些研究的问世,既表明全面创新管理研究在不断发展和完善,又显示出全面创新管理研究的极强生命力。

三 全面创新管理的理论框架

全面创新管理是以培养核心能力、提高核心竞争力为导向,以价值创造/增加为最终目标,以各种创新要素(如技术、组织、市场、战略、管理创新、文化、制度等)的有机组合与协同创新为手段,通过有效的创新管理机制、方法和工具，力求做到"三全一协同"。2007年，许庆瑞教授在其《全面创新管理——理论与实践》一书中，明确指出：全面创新是不仅将企业各方面创新构成了一个系统的全方位创新，而且同全员创新和全时空领域创新相整合，形成了以全员创新为基础，在全球领域内整合一切创新资源持续不断的，包括全要素、全员、全时空（即"三全"）的立体式创新范式。全面创新管理的特征主要是：目的性、广泛性、整体性和群众性。2019年，许庆瑞院士等在《中国特色自主创新道路研究——从二次创新到全面创新》一书中，进一步把全面创新管理的特征概括为战略性、全面性、广泛性、主导性和开放性。

全面创新管理新范式有三层含义：一是从创新要素的广度看，涉及企业各创新要素的全要素创新，包括战略、组织、文化、制度、技术和市场等的创新；二是从参与创新的人的广度看，企业各部门和全体员工人人参与创新；三是从创新的时空范围看，落实到价值链、流程上的全时创新、全空间创新等全时空的立体化持续创新。具体来说，全面创新管理包括：全要素创新、全时空创新和全员创新。

（一）全要素创新

全要素创新主要指包括技术（产品、工艺等）与非技术（战略、文化、组织、制度等）在内的各创新要素的协同创新，并利用有效的创新工具和良好的创新机制，进一步激发和保障所有员工的创新活动。其协同关系主要表现为：一方面，技术创新势必要求企业对各非技术要素进行调整，营造良好的技术创新环境。企业战略、文化、组织、制度等创新中的非技术要素主要功能是提高新产品或服务的创造效率，以便更快地开拓市场，保持企业持续的竞争优势。另一方面，非技术要素创新是企业对生产资源重新整合和配置，提高其利用效率的过程，是企业成功推进技术创新的保障。因此，只有通过技术与非技术要素的有机协同，实现全要素创新，才能提高企业的创新业绩。

（二）全时空创新

自然界和人类历史，包括企业发展的过程，是一幅由种种联系和相互作用无穷无尽地交织起来的画面，其中没有任何东西是不动的和不变的，而是一切都在运动、变化、生成和消逝。[①] 时间和空间是物质存在的基本形式，是事物广泛联系和普遍发展的属性之一。通过对事物的时间和空间

---

① 恩格斯：《社会主义从空想到科学的发展》，《马克思恩格斯选集》第3卷，人民出版社1995年版，第733页。

属性进行调整，可以有效地降低事物在不同状态之间转化所耗费的资源和能量。

在现代科学技术迅速发展的今天，通过采用新技术，时间和空间在某种程度上变得可以支配调整。在创新过程中创新主体通常会注意到各项传统资源的分配和应用，但是对于时间和空间这一项关键资源的认识和应用却极不充分。实际上组织对内部流程等的时间和空间属性的调整大大影响了组织的创新收益，许多企业正是通过调整企业内部流程等的时间和空间属性而获取超额收益。如海尔利用地域造成的时差，在现代科技的帮助下，实现全球 24 小时接力创新。全时空创新的具体表现有以下几种：

1. 全时创新（24/7 时时创新）

市场竞争的日益激烈和用户对响应速度的日益要求使创新必须时时刻刻地进行，永不停歇。必须力求做到 24/7 创新（每周 7 天、每天 24 小时都在创新）（Stephen M. Shapiro，2002）。

2. 全域创新

全域创新包括全部门、全球化创新等。就企业内部而言，创新不只是企业研发部门的事，随着用户需求的日益多样化和个性化，只有使创新体现在每个流程，才能更好地满足市场和用户的真正需求。就企业外部而言，随着经济全球化和网络经济的蓬勃发展，企业的边界越来越模糊。外包、竞合、战略联盟、虚拟团队等组织形式的出现使企业的边界跨越了地区、行业甚至国家的限制，促进了研发、制造、营销等的全球化。许多跨国企业在全球各地设立了研发中心或基地，以整合全球科技资源进行创新。

3. 全价值链创新

随着创新管理理论与实践的深入，以及环境市场的变化，人们意识到，企业的信息获取网络无论如何发达，也无法完全获取用户的全部信息，因而也无法完全满足用户的多样化、个性化需求，为此，创新必须打破企业的边界，让用户（包括创意消费者、黑客等）更多地参与到企业的创新体系中，使他们成为重要创新源，以便更好地满足其需求（Eric Von Hippel，1988，1993；Stephen M. Shapiro，2002；Lakhani and Wolf，2005；Belthon et al.，2007；West，2014）。同样，对于原材料的供应商、产品的销售商、股东等利益相关者，通过战略联盟等形式，使他们参与产品的创意与设计，使企业整个价值链上的创新资源都被整合到企业的创新体系中，将会大大提高创新的绩效，同时使创新成本由于分担到整个价值链而大为降低。

(三) 全员创新

人是所有事务的执行者,是将其他因素链接在一起的关键节点,也是创新中最富有活力的因素。全员创新是全面创新的人员基础。根据波特对企业价值链的技术分析,技术包含于企业的每一个价值活动中(如后勤、市场营销、经营、服务、企业基础建设、人力资源管理、技术开发和采购),而技术变革实际上对任何活动都产生影响,从而影响竞争。因此,在激烈的市场竞争中,企业只有充分发挥管理、研发、销售、生产、后勤等在内的所有员工创新的积极性和主动性,充分挖掘员工的创新潜力,实现全员创新,才能持续有效提高创新绩效。正如日本京都陶瓷创始人兼社长稻森胜之所说的,"不论是研究发展、公司管理,或是企业的任何方面,活力的来源是'人'。而每个人有自己的意愿、心智和思考方式。如果员工本身未被充分激励去挑战成长目标,当然就不会成就组织的成长、生产力的提升和产业技术的发展"。

然而,全面创新管理模式下的全员创新并不是简单自上而下要求每个员工提合理化建议,而必须从全要素创新中创造出有效的创新方法,良好的创新机制以保证全员创新的整体性、连续性和高效益。对于企业来说,这种全员创新应该实现以下五个方面的转化:

(1) 从专家创新向集体创新的转化,创造万众一"新",人人争相创新的良好的集体创新氛围。

(2) 从"要我创新"向"我要创新"转化,提高员工创新的积极性和主动性,通过员工自觉创新来提高创新绩效。

(3) 从员工分散创新向全员协同创新转化,通过一些渠道如建立创新小组、跨职能工作团队、网络化工作团队等,强调员工之间相互合作、优势互补、信息共享,实现"1+1>2"的协同创新绩效。

(4) 从着眼于组织发展的创新向着眼于组织与个人发展相结合的创新转化,将个人成长与企业发展紧密地联系在一起,在企业发展的同时,实现自己的人生价值。

(5) 从局限于职务创新向与跨职务创新相结合的转化,在最大范围内激活全员创新潜力。

当然,以上全要素、全员、全时空创新不是孤立分散的,而是需要进行有机协同,如此才能达到创新绩效的最大化。

第三节 研究问题的提出及研究细分

从企业创新实践的角度来看，进入 20 世纪 90 年代以来，经济全球化、网络化趋势更加明显，以 IT 技术、人工智能、云计算、大数据、物联网等的广泛应用为标志的新科技革命浪潮使企业的生存与发展环境、经营目标与方式等发生了根本性的变革。如今的企业面临的环境更加动荡，竞争日益激烈，顾客需求更加多样化、个性化，顾客对企业的反应速度和灵敏度的要求更高。企业仅有良好的生产效率、足够高的质量甚至灵活性已不足以保持市场竞争优势。随着知识经济的发展，越来越多的企业意识到，企业全面创新正日益成为企业生存与发展的不竭源泉和动力。传统的创新管理理论由于受当时条件的限制，缺乏对当今环境剧烈变化和创新过程日益复杂化的认识，无法在新形势下为企业提供一个科学有效的创新管理范式来指导实践。

从创新管理理论发展角度来看，20 世纪末，以组合创新为代表的第二代创新管理基本范式，突破了以前有关创新线性的思维模式和单一、个体和单纯技术创新的范畴，强调了创新系统内各子系统和要素之间的组合协同、互动对创新绩效的重要作用，并强调了多种创新要素的有机组合与协同（如技术创新、组织创新、文化创新等的组合协同）的重要作用。进入 21 世纪以来，在组合创新理论的基础上，随着理论和实践的进一步发展，国内外一些学者相继提出了一些新的创新管理思想，丰富和发展了创新管理理论，以全面创新管理为代表的第三代创新管理正逐步形成，并受到理论界关注。随着时间的推移，时代的变迁，全面创新管理研究也要与时俱进，使其理论体系和具体内容不断丰富和完善。

从上述实践背景来看，我们认为企业亟须适合中国国情的更丰富和完善的全面创新管理理论对之指导，为企业在动荡而又激烈的市场竞争中实现科学高效的创新管理、提高创新绩效，从而赢得持续竞争优势。然而从创新理论发展现状来看，我们的全面创新管理理论研究工作，主要做了一些在"三全一协同"的概念框架上的相对分散的定性的研究和相对简化的定量研究，至于"三全"之间的作用机制究竟如何、全要素创新的各要素间的作用机理又如何、全面创新管理对绩效影响的路径怎样还需要我们进行进一步细致、深入的理论和大样本实证研究，以便更有针对性地指导企业的创新实践。

此外，创新对绩效的正面影响已被许多实证研究所支持（Damanpour and Evan, 1984; Zahra, Belardino and Boxx, 1988），但全面创新管理由于问世不久，其对绩效的正面影响难免受到质疑。过去已有研究表明：全要素创新、全员创新、全时空创新各自对绩效的正面影响已有部分实证研究支持（郑刚，2004；刘景江，2004；谢漳澍，2005；王海威，2006）。2007 年，许庆瑞教授的科研团队，在分析过去创新效益评价研究不足的基础上，提出全面创新管理的效益评价应包括创新过程和创新业绩两部分，并构建了包含 29 个指标的创新效益评价指标体系。通过对海尔集团、中集集团和宝钢集团创新效益分析，说明了全面创新管理使企业取得了显著成效。然而，全面创新管理的"三全"创新机制及其如何共同影响绩效的内在机理尚未得到进一步深入研究。在激烈的竞争与更不确定的环境下，特别是我国经济已由高速增长阶段转向高质量发展阶段的今天，企业为了求生存与成长，创新变得越来越重要，这一研究也显得更加重要。

因此，我们拟对如下几个方面加以深入研究：

（1）企业全员创新、全时空创新和全要素创新作用机制的理论和实证研究；

（2）企业全要素创新中各层次之间的作用机制的理论与实证研究；

（3）企业全要素创新之管理层创新中各要素创新的作用机制的理论与实证研究；

（4）企业全面创新对企业全面绩效的作用机制及路径关系研究；

（5）企业重要环境变量是如何对上述有关机制及路径关系进行影响的实证研究。

本书是在文献综述和对企业的访谈的基础上，发展出三个紧密相关的理论架构：把环境变量引入全面创新管理和全面绩效关系中，构建了研究全面创新管理机制的整体理论模型；把全面创新管理中的全时空创新纳入全员创新和全要素创新的关系中，构建了"三全"机制的理论模型；把全要素创新中"管理层创新"纳入"战略层创新"和"操作层创新"的关系中构建"全要素创新"的三层次理论模型。这三个理论模型的内在关系是："三全"机制的理论模型是全面创新管理机制研究的核心；"全要素创新"的三层次理论模型是对全面创新管理机制研究的进一步深化；把环境变量纳入全面创新管理和全面绩效的整合理论模型是全面创新管理研究的广化。此外，为了进一步研究管理层创新，我们又对管理层内部几个创新要素进行了深入研究。

本书将以制造业企业作为实证研究对象来验证理论架构中各种要素的作用机理，并据以提出管理建议，以资管理实践者参考。

第四节 研究的意义及研究的方法

一 研究意义

我们认为全面创新管理中的全要素创新、全员创新和全时空创新，其地位不完全相同：其主导关系是全员创新除了直接作用于全要素创新外，还通过全时空创新作用于全要素创新，并最终对全面绩效产生综合影响；其辅助关系是在上述主导关系的基础上，全要素创新对全员创新有一定的反作用。我们将通过收集我国制造业企业的有关数据，来实证概念架构中变量间的主要关系。基于上述，我们从理论和实践两个方面来概括本研究的意义。

就理论而言，针对以往的全面创新管理研究不足，首先，我们在研究企业全面创新管理提升企业全面绩效的机制时不仅从"三全"创新（全要素创新、全员创新、全时空创新）上进行整体把握而且还考虑了环境变量；其次，我们在研究全要素创新时，不仅对建立的三层次创新模型进行理论和实证研究，还进一步对具有中介作用的管理层创新内部建立相关研究模型加以深入研究；再次，我们借鉴企业利益相关者的观点，提出从企业股东、企业顾客和企业员工三个方面来考察全面创新管理为企业带来的绩效，分别称为企业财务绩效、企业顾客绩效和企业员工绩效；最后，我们还深入研究了全面创新管理的"三全"创新对企业绩效的三个方面的影响机理。因此，我们认为本书的研究不仅弥补了全面创新管理与全面绩效关系研究中的不足，而且更重要的是对"三全"创新的作用机理以及全要素创新的内层关系等所做的理论与实证研究，客观上也丰富和发展了现有的全面创新管理理论。

就实践而言，由于我国的制造业是国民经济的支柱和主导产业，因此本书选择了我国制造业企业作为实证对象。当今，面对如此世界性的高度竞争、变化剧烈，以及不确定性极高的经营环境，我国制造业企业为求生存和成长，为求从中国制造到中国创造的飞跃，也亟须像全面创新管理这样的先进理论的指导。此外，我们通过大量的实证资料的收集与分析，探讨制造业企业的全面创新管理是如何影响全面绩效，其实证结论可供制造业企业在创新管理的实务运作上参考。总而言之，从实践中来说，本书的研究有利于企业全面提升其自主创新能力，有利于企业取得更持久的竞争优势，有利于我国制造企业为实现从中国制造到中国创造的转变。

二 研究方法

为了实现研究目标，我们采用了规范研究与实证研究相结合的方法，遵循"文献阅读与访谈—提出命题—形成假设—调查数据—实证分析（证实或者证伪假设）—形成结论"的研究思路，对相关议题进行研究。具体来说，本书的研究主要采用如下几类研究方法。

（一）文献研究方法

文献研究主要是指在研究目标和研究问题的引导下，对相关文献和资料进行系统的检索、阅读、归纳、总结和提炼国内外已有的相关主题的研究成果，并在此基础上，构建本书的研究思路、模型和相关命题，为进一步的调查和实证研究提供基础。

（二）实证研究方法

实证研究方法是我们所采用的主要研究方法。贯穿全书的均是在文献研究和理论分析的基础上，提出研究模型和研究命题，然后通过实证研究方法进行检验。实证研究的基础是调查访谈和大样本问卷调查，以获取实证研究的必要数据。

1. 调查访谈

调查访谈是正式数据调研的前期工作。调查访谈为本书的初步构思提供了基础。整个调查访谈是按照研究设计，有计划地进行的，即通过事先拟好的访谈提纲，按照一定的访谈程序进行的。

2. 问卷调查

问卷调查是获取研究数据的主要方法，我们是通过先进的网络调查平台搜集数据。它包括调查问卷的设计、调查问卷的发布、调查过程的质量控制、调查问卷的回收、有效问卷的甄别和调查数据的初步统计分析等步骤。

3. 数据分析

在调查访谈和问卷的基础上，对各类数据进行了相应的分析处理，分析方法包括因子分析、测量效度检验、相关分析、回归分析和方差分析等，分析时所采用的软件工具为 AMOS 17.0 和 SPSS15.0。

第五节 研究的技术路线与内容结构

一 技术路线

本书研究的主要目的是丰富和发展全面创新管理理论,并为企业实践全面创新管理理论提供可操作性较强的管理建议。为达到此目的,我们将依次做如下关键工作:

首先,通过研究全面创新管理和全面绩效的文献,在整合环境变量的基础上,提出全面创新管理机制的理论架构。

其次,在文献和访谈的基础上,以我国制造业企业为对象,收集可靠的数据,为实证研究做充分准备。

最后,在理论研究的基础上,对企业全面创新管理的机制进行实证研究,从而实现丰富和发展全面创新管理理论以及为企业提供管理建议。

上述关键工作,可以用图 1-1 所示的技术路线框架更直观地表现出来。

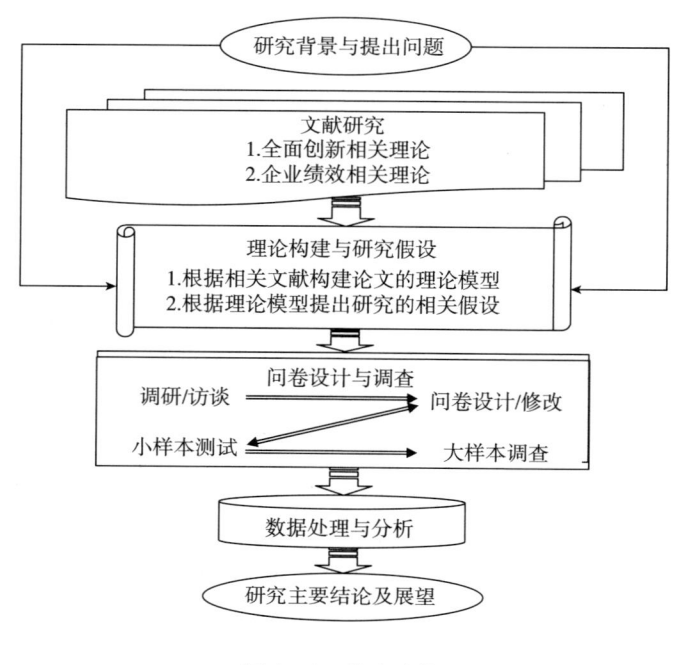

图 1-1 技术路线

二 内容结构

本书内容结构如图 1-2 所示。

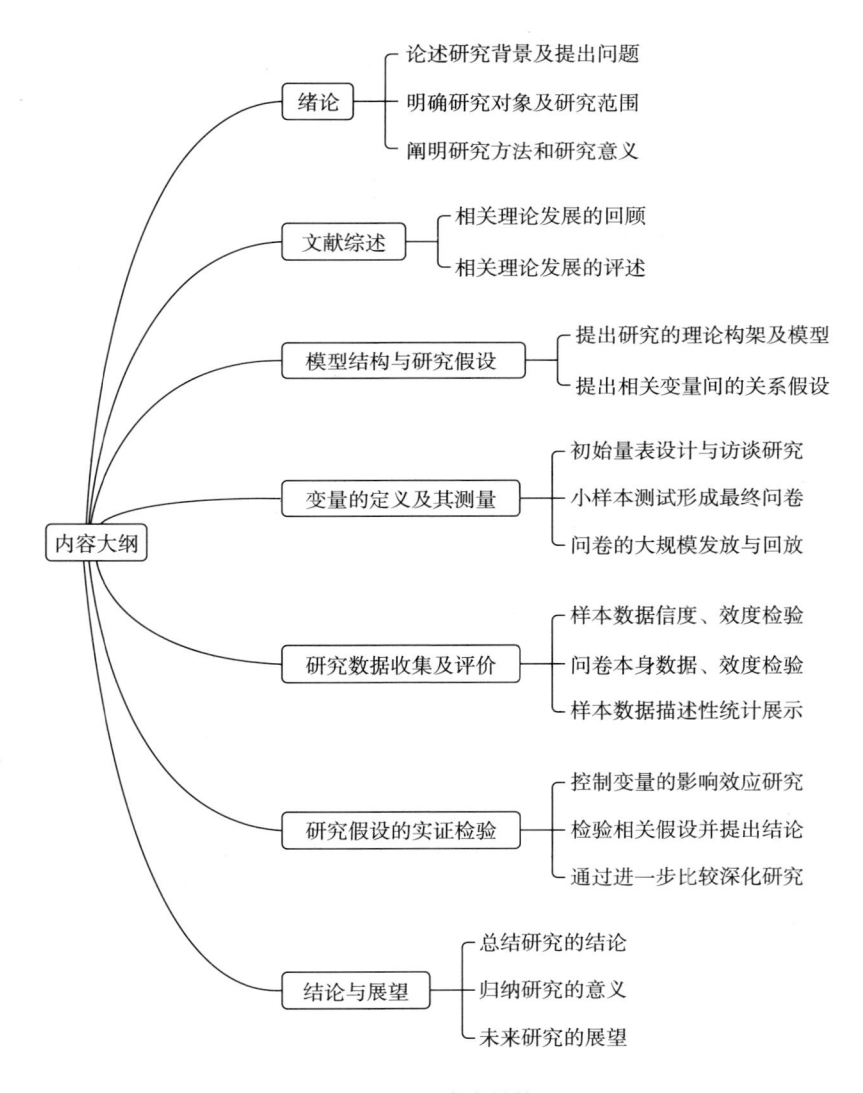

```
内容大纲
├── 绪论
│   ├── 论述研究背景及提出问题
│   ├── 明确研究对象及研究范围
│   └── 阐明研究方法和研究意义
├── 文献综述
│   ├── 相关理论发展的回顾
│   └── 相关理论发展的评述
├── 模型结构与研究假设
│   ├── 提出研究的理论构架及模型
│   └── 提出相关变量间的关系假设
├── 变量的定义及其测量
│   ├── 初始量表设计与访谈研究
│   ├── 小样本测试形成最终问卷
│   └── 问卷的大规模发放与回放
├── 研究数据收集及评价
│   ├── 样本数据信度、效度检验
│   ├── 问卷本身数据、效度检验
│   └── 样本数据描述性统计展示
├── 研究假设的实证检验
│   ├── 控制变量的影响效应研究
│   ├── 检验相关假设并提出结论
│   └── 通过进一步比较深化研究
└── 结论与展望
    ├── 总结研究的结论
    ├── 归纳研究的意义
    └── 未来研究的展望
```

图 1-2 内容结构

第一章：绪论。本章主要阐述企业全面创新管理的必要性、必然性、研究问题、研究目的和意义、研究对象与范围以及采用的研究方法等基本问题。此外，本章还介绍了本书研究的技术路线、内容结构与章节安排。

第二章：研究文献的梳理和评述。本章主要对研究涉及的主要理论和文献进行梳理和评述。首先，梳理和评述全面创新管理的相关理论研究和文献；其次，梳理和评述企业绩效的理论研究和文献；最后，在总结性地指出已有研究不足的基础上，进一步提出本书要探索的主要方向。

第三章：模型的构建与研究假设。本章首先研究了企业全面创新管理的动因；其次，构建了全面创新管理、全面绩效的链式模型，形成本书研究的理论框架；最后，在充分讨论研究模型中各变量之关系的基础上，提出了相应的研究假设。

第四章：研究变量的定义与测量。本章主要研究企业全面创新管理中涉及的有关变量的可操作性定义及其测量题目。为了便于和以往研究的比较，除全面创新各变量外，其他变量的测量均借鉴已有研究的成果。本章是在简单介绍数据如何收集的基础上，展开讨论各变量的可操作性定义及其测量题目。

第五章：研究数据的收集与评价。本章阐明了研究数据的收集与评价问题。首先，论述了数据收集的对象、规模和收集方式；其次，对数据进行描述性统计分析；最后，对数据的质量做出客观的评价。

第六章：控制变量影响效应研究。本章首先探讨了企业组织特征，如规模、发展阶段、地区分布、企业年龄、行业大类等因素，对全面创新管理的控制效应；其次，采用传统的层次相关分析，从变量相关的角度对研究假设进行初步论证。

第七章：研究假设的实证检验。本章基于调查问卷收集的资料，通过结构方程建模来研究企业全面创新管理中各变量之间的数量关系，从而实现对本书所提出的理论假设进行检验。

第八章：研究结论与展望。首先，本章总结和概括了我们的主要结论；其次，进一步讨论了我们的主要理论贡献和实践意义；最后，在指出本书研究不足之处的基础上，对未来的相关研究做出了展望。

第二章 研究文献的梳理和评述

本章主要对本书涉及的主要理论和文献进行梳理和评述。全章共分六个部分：第一，对创新的定义以及创新的类型进行了梳理；第二，梳理和评述了组织创新的理论进展；第三，梳理和评述了创新模式的动态演进；第四，梳理和评述了全面创新的理论进展；第五，梳理和评述了全面绩效的相关研究进展；第六，对创新与绩效关系的研究进行了梳理和评述。本章不仅阐明了本研究的理论基础，还指明了本研究应该探索的主要方向。

第一节 创新的定义及创新的类型

创新的研究内容复杂而且研究方向差异很大，Wolfe（1994）甚至认为，在创新的研究文献中，几乎所有的研究结果都不一致。因此，本节针对创新定义和类型的文献进行回顾与探讨，以厘清创新之内涵。

一 创新的定义

美籍奥地利经济学家约瑟夫·阿罗斯·熊彼特（J. A. Schumpeter）1912年在其著作《经济发展理论》中，首次从经济学角度系统提出了创新理论。他认为，创新是建立一种新的生产函数，即实现生产要素的一种新组合。熊彼特的创新概念包括下列五种情况：创造一种新的产品；采用一种新的生产方法；开辟一个新的市场；取得或控制原材料或半成品的一种新的供给来源；实现任何一种新的产业组织方式或企业重组。

管理大师 Peter Drucker（1985）曾对创新（Innovation）下定义并加以深入探讨，他认为创新是赋予资源创造财富的新能力，他反对创新是"灵机一动"的观点，认为创新是可以训练、可以学习的。Drucker 强调系统化创新，并提出创新机会的七大来源为：

①意料之外的事件；②不一致的状况；③基于程序的需要；④产业或

市场结构突然的改变;⑤人口结构的变动;⑥认知、情绪以及意义上的改变;⑦新知识(包括科学的与非科学的)。

因此,创新是指使用新的知识,提供顾客所需新的服务及产品。它包括发明(Invention)及商业化(Commercialization)。Drucker 提出其看法之后,许多学者也都对创新的定义有所诠释,譬如,Tushman 和 Nadler(1986)认为创新是从事新的产品、服务或工艺的制造;Holt(1988)认为创新是一种运用知识或关键信息而创造或引入有用的东西;Betz(1987)与 Frankle(1990)两位学者认为创新是修正或发明一项新的概念,以使其符合现有或未来潜在的需求,并通过改进与发展使其原有的功能达到商业化目的;Gattiker(1990)认为,创新活动乃是经由个人、群体及组织努力活动所形成的产品或程序,该过程包含了用以创造和采纳新的、有用事物的知识及相关信息;Damanpour(1991)则认为,创新可能是一种新的产品或服务、一种新的工艺技术、一种新的管理系统及结构或是一种组织成员的新计划;有些学者认为,创新是特定公司首次导入含有新创意的产品或工艺(Becker and Whisler,1967;Swanson,1994;Newell and Swan,1995);Nonaka 和 Takeuchi(1995)认为,创新是知识螺旋的运作,是组织内隐知识和外显知识发生互动时,所获得的结果;蔡启通(1998)认为,创新是指组织内部产生或外部购得的设备、工艺和产品(技术层面)以及系统、政策、方案及服务(管理层面)等的新活动。他明确表达了创新来源:内部产生或外部引进。Afuah(1998)则提出创新来源的架构(见图 2-1)。

创新来源的架构表明了创新来源于:①公司内部价值链功能;②外部价值链中的供货商、顾客、互补创新者;③大学、政府及私人实验室;④竞争者与相关行业;⑤其他国家或地区。

此架构使后续研究者对于创新的思考层面更加宽广与严谨。

Jon Sundbo(1998)认为,所有的社会现象都会随着时间而改变。然而,如果创新概念被简化为仅仅意味着社会或经济变革,那么它将失去其适当性。即使是渐进式的创新,引入新元素也必须有质的飞跃。他给出的创新类型如下:

①新产品或新服务;②一种新的生产工艺;③新的组织或管理结构;④一种新型的市场营销或市场上的整体行为,包括与国家和其他官方监管体系、组织特定消费者的不同关系。

还有一些代表性观点诸如:美国经济学家曼斯菲尔德(E. Mansfield)认为,创新就是一项发明的首次应用;英国学者莫尔(V. Mobr)认为,创

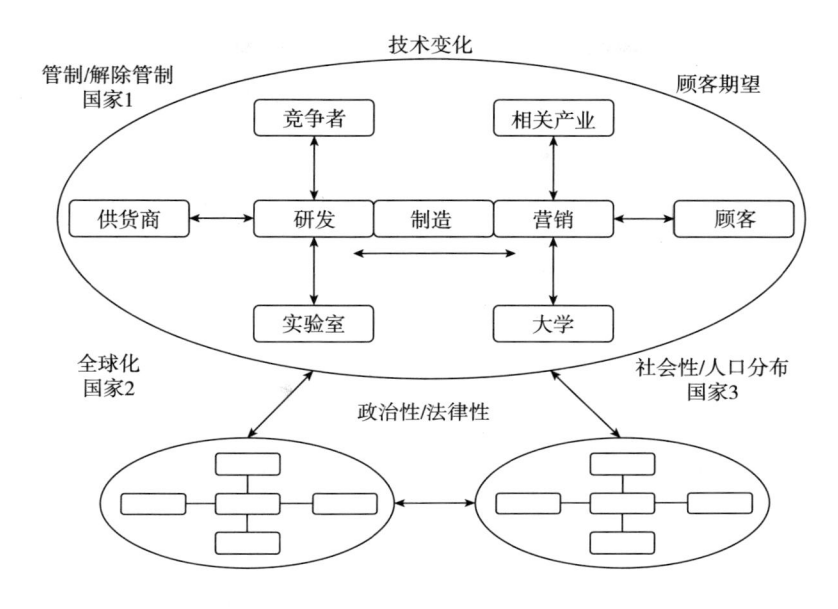

图 2-1 创新的功能性来源

资料来源：Afuah（1998）。

新是技术制品（Technological Artefacts）的创始、演进和开发过程；英国经济学家斯通曼（P. Stoneman）认为，创新是首次将科学发明或研究成果进行开发，并最后通过销售而创造利润的过程；经济合作与发展组织（OECD）认为，创新是使一种设想成为在工业或商业活动过程中销路好的产品；美国国会图书馆研究部认为，创新是一个从新产品或新工艺商业化到市场应用的完整过程，它包括设想的产生、研究开发、商业化生产到扩散这样一系列的活动；美国工业调查协会认为，创新是一个承认新的需要、确定新的解决方式、发展一个在经济上可行的工业产品和服务并最后在市场上获得成功的完整过程。Chesbrough（2003）首次提出开放式创新，Chesbrough 和 Bogers（2014）进一步把企业创新重新定义为"基于跨企业边界的有目的管理的知识流的分布式创新过程"。谢德荪（Edison Tse，2016）在其《重新定义创新：转型期的中国企业智选之道》中，把企业创新分为始创新、流创新和源创新。陈劲（2019）在其《创新引领》文集第一篇中，专门论述了基于科学的创新、朴素式创新、责任式创新、反贫困创新、性别化创新、整合式创新等。

中国工程院院士浙江大学许庆瑞教授领导的创新团队不断发展着中国的创新管理理论，依次提出了二次创新、组合创新以及全面创新管理理论。全面创新管理理论是从更系统、更广泛的领域中整合了技术创新与文化、制度、管理等非技术创新,形成了以全员创新为基础,在全球领域内整合一切创新资源持续不断的,包括全要素、全员、全时空("三全")的立体式创新范式。

综合上述定义可知,创新的范围由窄到广且极为宽泛,不同的学者其研究角度不同,定义自然有所差异,我们关于创新的定义采取比较广的定义方式,也就是我们倡导的全面创新管理中的"全面创新",它包括全员创新、全时空创新和全要素创新。

二 创新的类型

创新的研究领域非常宽广,创新可以从许多不同的观点来加以研究,过去的学者为了了解企业采纳创新的行为与创新的决定因素,常将创新加以分类。表2-1反映了较具代表性的创新分类。

表2-1　　　　　　　　　　创新分类

作者	年份	创新之分类
Knight	1967	产品创新(服务创新) 工艺创新 组织创新 人员创新
Daft	1978	管理创新(Administrative Innovations) 技术创新(Technical Innovations)
Abernathy and Utterback	1978	渐进型创新(Incremental Innovation) 突破型创新(Radical Innovation)
Marquis	1982	渐进型创新(Incremental Innovation) 系统型创新(Systems Innovation) 突破型创新(Radical Innovation)
Damanpour	1984	管理创新(Administrative Innovations) 技术创新(Technical Innovations)
Tushman and Nadler	1986	微变型创新 综合型创新 跳蛙型创新
Holt	1988	原创型创新 采纳型创新 改良型创新

续表

作者	年份	创新之分类
Chacke	1988	产品创新（Product Innovation） 过程创新（Process Innovation） 组织创新（Organizational Innovation）
Henderson and Kim	1990	突破型创新（Radical Innovations） 构架型创新（Architecture Innovation） 组件型创新（Component Innovation） 渐进型创新（Incremental Innovations）
Higgins	1995	产品创新 工艺创新 营销创新 管理创新
Afuah	1998	渐进型创新（Incremental Innovations） 突破型创新（Radical Innovations） 构架型创新（Architecture Innovation）
许庆瑞、陈劲等	2002	全要素创新（All Element Innovation） 全员创新（High Involvement Innovation） 全时空创新（Time-space Innovation）
Christensen, C. M.	2003	持续性创新（Sustaining Innovation） 破坏性创新（Disruptive Innovation）
刘新民	2005	技术创新 管理创新 制度创新
张振刚、陈志明	2013	核创新（包括文化创新和科技创新） 流创新（工艺创新、产品创新、流程创新） 源创新（商业模式创新、建立生态系统）
Chesbrough	2003 2014	封闭式创新 开放式创新
陈劲	2015	大众创新（Mass Innovation） 聚合创新（Integrated Innovation）
谢德荪（Edison Tse）	2012 2016	始创新（科学创新或称自主创新） 流创新（商业创新之持续性创新） 源创新（商业创新之破坏性创新）
路江涌	2018	模式创新 技术创新

资料来源：笔者整理。

还有一种更复杂的分类，是 Schumann（1994）等提出的创新矩阵，认为企业的创新活动可依创新性质（Nature）及创新类别（Class）来交叉分类。

依据创新性质可分为：①产品创新（Product Innovation），即提供给顾客完整且有具体功能的产品或服务，如生产的产品、顾客能使用的产品等；②工艺创新（Process Innovation），即提供一套产品开展、制造的方法或程序，如产品的制造流程等；③程序创新（Procedure Innovation），即为一套将产品或工艺整合融入组织运作的方法。

依据创新类别可分为：①渐进式创新（Incremental Innovation），即现有产品、工艺、程序的渐进式改善，使现有产品或功能有进一步的改善、更方便或更为便宜；②独特性创新（Distinctive Innovation），即对现有产品、工艺、程序所做的显著性的改善，功能的提供；③突破式创新（Breakthrough Innovation），即具有技术或方式上的根本性差异，使功能绩效明显地优于传统功能，甚至完全取代。

开放式创新是指在整个创新过程中，企业整合利用内外部资源及能力，系统地进行新产品、新技术和新知识的开发利用及价值创造的过程（Chesbrough，2014）。开放式创新按照其方向和资金流可细分成矩阵表示（见图2-2）。

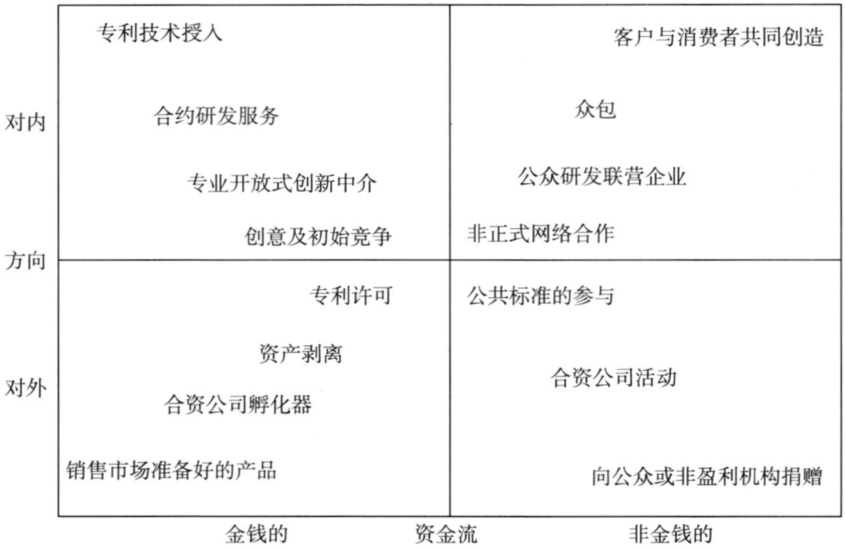

方向	金钱的	非金钱的
对内	专利技术授入 合约研发服务 专业开放式创新中介 创意及初始竞争	客户与消费者共同创造 众包 公众研发联营企业 非正式网络合作
对外	专利许可 资产剥离 合资公司孵化器 销售市场准备好的产品	公共标准的参与 合资公司活动 向公众或非盈利机构捐赠

资金流

图 2-2 开放式创新矩阵

资料来源：Chesbrough（2014）。

第二节 企业创新的理论进展及评述

企业创新的概念从起始的技术创新,逐渐导入管理及战略创新等,从而呈现出创新的多元化。下面主要探讨企业创新相关的文献及实证研究,内容包括:企业创新的定义、相关理论、研究取向、影响因素、衡量工具与实证研究。

一 企业创新的定义

关于企业创新的定义,随着研究者的兴趣及研究焦点的不同,有较显著的差异,所以可以说企业创新的界定问题依旧争执未定(Wolfe,1994)。通常容易与企业创新混淆的名词有创造力(Creativity)及组织变革(Organizational Change)(Kanter,1988;Amabile et al.,1996;Hussey,1997;Hage,1999)。

创新与创造力有相当密切的关系,但并非同一个概念(Hussey,1997)。创造力为在任何领域中产生新奇有用的创意,而创新为在组织中成功地执行创意(Amabile et al.,1996)。Rogers(1954)把创造力定义为以一种新奇关联的产品产生,而把创新定义为从新概念到获得商业上成功的整个实践过程。Burnside(1995)则认为,创新与创造力的区别在于,创造力是个人新的、有用的构想的产生;而创新则更多是必须与团队一起实现特定的构想的实践过程(Amabile,1997)。Majaro(1988)认为,创新为创造力的实现,且必须要同时考虑到创造力的吸引力,以及创新应符合企业本身能力与条件,此外创新也涉及了对利润的追求。简言之,个体创造的过程是创新活动的核心要素,但是个体的创造力仅是一个必要因素,而非充分因素,必须还要能够达到成功的实施(Implementation)。

至于企业创新与变革又如何区别,简单来说,所有的创新都是变革,但并不是所有的变革都是创新。许多变革的发生并没有直接对利益的追求,有可能只是为了响应内外在环境变化的常规性调整。由于许多学者均对企业创新有所定义,我们不再一一赘述,仅以表2-2将较具代表性的学者所提的相关定义列出,以窥其貌。

由上可知,企业创新是相当宽泛的概念,若仅以产品、过程或任何单一指标观点来界定,都难免失之偏颇,无法窥其全貌。于是一些学者倾向支持以多元观点定义企业创新,他们认为过去学者过于强调企业的技术创

表 2-2　　　　　　　　　　不同学者有关企业创新的定义

作者	年份	定义
Schumpeter	1912	创新就是生产函数的变化，即实现生产要素和生产条件的"新组合"，并引入生产体系
Rogers	1954	从新概念到获得商业上成功的整个实践过程
Zaltman，Duncan and Holbek	1973	创新是一种意念或是有形的加工品，在采纳上被知觉为新的
Blau and Mckinley	1979	企业生产或设计的新产品可以获奖或成功上市
Kim	1980	以三种不同的意义阐述企业创新：首先，企业创新是综合两个以上的现有概念或实体产生新配置的创造性过程，这点与发明是相同的意义；其次，企业创新的基本含义在于新颖，因此可视为新创意；最后，企业创新是个人或社会系统接受、发展和执行新创意的过程
Kimberly	1981	企业在创新过程中，所采取的新活动
Kanter	1983	创新是一个过程，它带来任何新的解决问题构想。创新是新产品、工艺或服务的产生、接受与执行
Drucker	1985	创新是一个经济性或社会性用语。它是有企业的、有目的地寻求改变，也是改变资源带给消费者的价值与满足
Tushman and Anderson	1986	对企业单位，任何产品或工艺的创造
Amabile	1988	创新是一个过程，它包括五个阶段：设定议程、设定程序、产生创意、创意测试与实施、结果评估
Kanter	1988	企业创新应为新的构想、工艺、产品或服务的产生、接受与执行，其包含了产生创意、结盟创意、实现创意与迁移创意四个过程。因此在过程观点中，企业创新则包含了新知识的转化运用、信息的联结、服务的改变与资源的再利用等
Burgess	1989	企业产生或设计新的产品
West and Farr	1990	在角色、团体或企业的意念、过程、产品、程序上有意识地介绍与应用新的方法；其目的是使个人、团体及整个社会获益
Damanpour	1991	企业内部自然产生或企业向外购得的特定活动之采纳，该活动对企业而言是新的。该项活动可以是设备、系统、政策、方案、工艺、产品、服务等
Johannessene and Dolva	1994	知识和相关信息的运用过程、目的在创造及引进新的及有用的事物
Dougherty and Bowman	1995	复杂的问题解决过程。它涉及活动包括产品设计、产品创新功能、部门协调、公司资源及结构、战略之配合

续表

作者	年份	定义
Robbins	1996	创新是一种新的意念,可以应用在启动或改进某项产品、工艺或服务。企业创新同时是包括产品创新、新的生产工艺技术、新的结构及管理系统、新的计划及管理方案等
Tidd, Bessant and Pavitt	1997	着重科技变革,这种变革以两种形式呈现,第一种是企业提供及改变的产品或服务,第二种是新颖性程度的高低
Afuah	1998	创新是应用新的市场和新的技术知识,为顾客提供新产品或新服务
蔡启通	1998	企业经由内在产生或由外部购得的技术产品或管理措施的创新广度及深度;创新广度包括设备(Device)、系统(System)、政策(Policy)、方案(Program)、过程(Process)、产品(Product)、服务(Service)等;创新深度则包括各项创新对企业经营之重要性(Importance)、影响程度(Influence)或长期潜在获利性(Profitability Potential)等
Watkins, Ellinger and Valentine	1999	采纳某种新事物的一种改变的形式,而所谓的新事物可能是一种产品、服务或是一项技术,或者也可以是新管理或新的行政活动或是企业中其他部分的改变
许庆瑞等	2007	企业全面创新是不仅将企业各方面创新构成了一个系统的全方位创新,而且同全员创新和全时空领域创新相整合,形成了以全员创新为基础,在全球领域内整合一切创新资源持续不断的,包括全要素、全员、全时空("三全")的立体式创新范式
张振刚、陈志明	2013	企业创新是通过集成内外部创新主体的各类资源,发挥创新主体的各自优势,建立"基础研究—技术开发—工程化—产业化—商业化"的创新链,取得"全要素创新、全时空创新、全员创新"的全面创新管理效果,有效地推动企业自主创新能力的提升
埃德蒙·费尔普斯	2013	创新是指新工艺或新产品在世界上某个地方成为新的生产实践
谢德荪(Edison Tse)	2016	企业始创新需要靠科技研究、实验及观察能力来实现,始创新的成果是知识产权及专利权;企业流创新需要靠营运、产品设计及销售的能力来实现,流创新的成果是增强企业在当前市场的竞争优势;企业的源创新需要对客户十分了解并具有整合资源的能力,源创新的成果是新市场的开拓,而且除了最早推动源创新的企业外,其他加入该生态系统的成员也都会有很大的发展
路江涌	2018	创新是一个过程,也是一个体系,是创新精神、创新思维和创新行动三方面的有机结合

资料来源:笔者整理。

新层面，对于管理创新等非技术层面则多有忽略。技术创新和企业的基本活动直接相关，涵盖产品或工艺创新（Knight，1967；Damanpour and Evan，1984；Damanpour，1988，1991）；管理创新和企业的基本活动仅有间接的关系，但和企业的管理工作具有直接关系（Knight，1967；Damanpour and Evan，1984；Damanpour，1988，1991）。多元观点的主张是企业创新涵盖了技术创新（包括产品、过程和设备）与管理创新（包括系统、政策、方案及服务）两个方面（Damanpour，1988，1991；Daft and Becker，1978；Hage，1980；Hage and Aiken，1970；Zaltman，Duncan and Holbek，1973；Oerlemans et al.，1998；Wood，1998）。开放式企业创新是指在整个创新过程中，企业整合利用内外部资源及能力，系统地进行新产品、新技术和新知识的开发利用及价值创造的过程（Chesbrough，2014）。开放式企业创新通常要求企业组织或积极参与创新生态系统，在创新过程的各个阶段（West and Bogers，2014）整合不同的创新参与者，他们共同创造了创新问题的新颖和有用的解决方案，无论是否有一家核心的公司（Iansiti and Levien，2002；Adner and Kapoor，2010）。本书关于企业创新的定义采取比较广的定义方式，也就是我们倡导的全面创新管理中的"企业全面创新"，它包括企业全员创新、企业全时空创新和企业全要素创新。

二 早期的企业创新的模式研究

早期关于企业创新的模式主要有双核心模式、双边俱利的模式、双核心及双边俱利的模式和突破式的创新模式等。

双核心模式（Dual - core Model）是将企业创新分为管理创新及技术创新（Evan and Black，1967；Daft，1978）。根据双核心模式，机械式结构是适合于管理创新，而有机式结构则有助于技术创新（Daft，1989）。其中专精化、功能化、集权化、垂直化等企业则是支持双核心模式的变量。Damanpour（1991）发现，组织成员的专业性对管理创新及技术创新有等同影响。

双边俱利的模式（Ambidextrous Model）是将企业创新区分为起始（Initiation）阶段及执行（Implementation）阶段（Duncan，1976）。此模式主张，有机式企业有助于创新的执行。Beyer 和 Trice（1978）发现，正式化及集权化程度越高，越会抑制创新的执行。Zmud（1984）的研究则发现，本模式的正式化及集权化对于技术创新是有利的，但对于管理创新是不利的。Damanpour（1991）认为，专家主义之企业特性是不符合此模式之预测，集权化与创新的起始及执行均存在负相关，专精化及功能化则是与创新起始的关系低于创新执行。

双核心及双边俱利的模式是针对交叉分类中的技术创新的起始阶段及管理创新的执行阶段而言的。该模式主张,有机式企业有助于促进起始阶段的技术创新,机械式企业则有助于执行阶段的管理创新(Damanpour,1988)。针对创新起始及执行阶段与技术创新及管理创新的四种组合之调节效果(Moderator Effects),将可以更进一步了解组织因素与创新之间的关系。

Hage(1980)提出突破式(Radical)的创新模式,此模式的主要假设如下:组织若能使主控组织领域的结盟者之正向改变态度以及整合专精主义者共同发挥作用,那么将会促进突破式的创新。Damanpour(1991)验证 Hage 的假设,但管理者面对改变的态度与突破型创新的正向关系低于渐进式的创新,不符合 Hage 的假设。

企业创新理论模式的比较分析如表 2-3 所示。

表 2-3 早期企业创新的理论模式

模式	代表性学者	核心论点	预测变量	被预测变量	与理论模式不一致的变量	受到支持的程度	相关的后续研究
双核心模式	Daft (1978)	有机式结构有助于技术创新,机械式结构有助于管理创新	专精化、功能分化、集权化、垂直分化、专家主义等	技术创新及管理创新	专家主义会等同影响技术及管理创新	得到大部分研究的支持	试图找出技术创新及管理创新的影响因素,如 Kimberly 等(1981)
双边俱利模式	Duncan (1976)	有机式企业有助于创新的起始阶段,机械式企业有助于创新的执行阶段	专家主义、集权化、专精化、功能分化、正式化、内外在沟通、垂直分化等	创新的起始及执行	专家主义	得到少部分研究的支持	试图比较本模式与双核心模式,以助于了解创新的研究课题
双核心及双边俱利的模式	Damanpour (1988)	有机式企业有助于技术创新的起始,机械式企业有助于管理创新的执行	有机式企业及机械式企业	技术创新起始及管理创新执行	有机式企业常有助于技术创新的执行	得到少部分研究的支持	针对创新的起始及执行与技术及管理创新的四种组合的调节效果进行研究

续表

模式	代表性学者	核心论点	预测变量	被预测变量	与理论模式不一致的变量	受到支持的程度	相关的后续研究
突破式的创新模式	Hage (1980)	管理者正向改变态度及整合专精主义者均与突破式的创新存在正相关关系	管理者面对改变的态度及科技知识资源	突破型及渐进型的创新	管理者态度与突破型创新之关系低于渐进式创新	得到少部分研究的支持	试图找出其他变量（如企业结构）来预测突破式及渐进式创新，如Ettlie等(1984)

资料来源：蔡启通（1998）。

三 早期企业创新的研究方向

早期的企业创新每一种方向各有其关注的研究问题、模式及其数据收集方法，主要的研究方向有：创新扩散研究、创新性研究和过程理论研究。

创新扩散是指创新经过一段时间，经由特定的渠道，在某一社会团体的成员中传播的过程（Rogers，1995）。扩散研究重点主要探讨采纳者的创新扩散模式，常用逻辑斯特模型（Logistic Growth Model）来探讨假设的创新扩散模型与真实性的扩散理论的拟合情况。资料收集的主要方法是以横断面大样本的问卷调查、专家判断以及次级数据等为主。

创新性，即企业创新性是用组织采纳创新的数目来衡量。研究重点在探讨企业创新的决定因素，并以企业作为分析单位。通常采用方差或回归分析法来探讨何种相关影响因素对于企业的创新性的解释力较大，主要的资料收集方法是横断面的问卷调查。

过程理论研究的重点在于探讨创新过程的特性，即研究创新是如何（how）及为什么（why）会有出现、发展、成长及结束等过程。研究的模式通常是以阶段/过程模式（Stage/Process Model），来探讨企业创新的阶段/过程，并试图了解各阶段/过程的影响因素，主要的资料收集方法是横断面的回溯调查及深度现场调查。

创新是一动态的过程，因此有许多学者提出企业创新阶段理论。譬如，Abernathy 与 Utterback 所提出创新的三阶段论：流变期（Fluid）、转移期（Transitional）和确定期（Specific）。关于企业如何产生创新行为，有二阶段论与三阶段论之争。二阶段论认为创新可分为发起与执行两阶段（Zaltman，Duncan and Holbek，1973），三阶段论如 Thompson（1967）对创新的定义为：产生、接受与执行三阶段。Majaro（1988）的理论也指出创新产生过程包括创意的产生、创意筛选与可行性分析、执行三阶段。Wolfe（1994）归纳了许多学者对于企业创新阶段的看法并加以整合，结果如表 2-4 所示，Wolfe 并综合整理出 10 个阶段。

表 2-4　　　　　　　　　　早期企业创新的阶段模式

作者	1	2	3	4	5	6	7	8	9	10
Zaltman, Duncan and Holbek (1973)		知识或知觉	态度形成			决策	开始执行		持续执行	
Daft (1978)	概念					计划	采纳或拒绝	执行		
Ettlie (1980)		知觉	评价	试验	采纳或拒绝	执行				
Tornatsky 等 (1983)		知觉	搭配或选择			采纳或拒绝	执行		例行或承诺	
Rogers (1983)		认知			说服	决策	执行	确认		
Meyer and Goes (1988)		知识或知觉	评价或选择			采纳	执行		扩张	
Cooper and Zmud (1990)		开始推或拉				采纳	改良或发展或安装	承诺或习惯	合并或例行	注入
综合意见	概念	知觉	搭配	评价	说服	采纳决策	执行	确认	例行	注入

资料来源：Wolfe（1994）。

此外，早期关于创新扩散、创新性与创新过程理论研究之差异，如表 2-5 所示。

表 2-5　　早期创新扩散、创新性与创新过程理论研究比较

研究方向		问题	被强调的创新阶段	分析单位	变量 自变量	变量 因变量	主要的资料搜集方法	相关研究
企业创新的扩散研究		何为采纳者的创新模式？	采纳	创新（内部组织观点）	➤ 企业特征 ➤ 创新特征 ➤ 倡者特性	➤ 扩散模式 ➤ 扩散程度 ➤ 扩散比率	➤ 横断面问卷调查 ➤ 次级资料	Teece（1980） Norton and Bass（1987） Attewell（1992）
组织的创新性研究		何为组织创新力决定因素？	采纳或执行	组织	➤ 组织特征 ➤ 创新特征 ➤ 管理特征 ➤ 环境特征	创新性：数目、采纳的速度	➤ 横断面问卷调查	Ettlie（1983） Meyer and Goes（1988）
过程理论研究	阶段	组织执行创新时会经历哪些阶段？	经由执行而采纳	创新过程（内部组织观点）	创新特征	阶段：状态与顺序	➤ 横断面追溯回顾 ➤ 问卷调查	Pelz（1983） Ettlie（1983）
过程理论研究	过程	何种因素可能导致创新执行一连串事件？	经由执行而采纳	创新过程（内部组织观点）	➤ 策略、结构、资源、技术力量 ➤ 组织政治	创新过程	➤ 深入实地访谈	Dean（1987） Dyer and Page（1988） Schroeder（1989）

资料来源：笔者整理。

综上所述，早期企业创新的研究课题中 Wolfe（1994）提出的三种研究取向对创新的贡献较大，但是缺乏系统性是当时研究的最大局限。

第三节　创新模式的动态演进与评述

一　企业技术创新的基本模式

技术创新的模式可以从多种角度去理解。从创新的来源、基础和动态过程来考虑，几十年来国际上主要有以下两种主要模式：研究与开发主导型模式（U/A 模式）和二次创新模式。

研究与开发主导型模式（U/A 模式）是 20 世纪 70 年代末美国学者 J. M. Utterback 和 Abernathy 提出的。该模式以较为雄厚的研发实力为基础，往往从基础研究和原创性的突破开始，经过研发、开发过程实现商业化并取得竞争优势，其特征表现为先集中于产品创新，进而过渡到以工艺创新为基础的阶段，继而进入产品创新与工艺创新均趋平稳发展的后继阶段。尽管 U/A 模式已被较广泛接受，但正如许多学者所指出的，它并不具有普适性：例如，U/A 模式更适于大批量的规模化生产的市场，对于那些不具规模经济和学习效应的细分市场，则解释力较弱；此外，U/A 模式更容易产生原始创新的成果，但前提是具有较强的研究与开发能力，因此主要适用于发达国家。

二次创新可以定义为那些建立在技术引进基础上，囿于已有技术范式，沿一次（原始）创新所定义的技术轨迹所进行的创新（吴晓波，1995）。这种模式是基于引进技术而后加以消化吸收并进而再创新的技术创新模式。一般来说，重点是渐进型创新。许多发展中国家都采用了这一模式，典型代表是"二战"后的日本，以这种模式后来居上，进而应用集成创新与原始创新，在 20 世纪 80 年代取得了全面竞争优势。其特征与 R&D 主导型相反，在创新过程中先集中于所引进产品工艺创新，然后在此基础上致力于产品创新。

二次创新根据技术来源可以分为成熟技术引进、新兴技术引进和实验室技术引进三种。可以认为，以成熟技术引进（例如，引进国外企业已经商业化的技术）为代表的创新是最为典型的二次创新，其创新很大程度上受到国外技术范式的制约。二次创新主要是其采用了"主动模仿引进—吸收—改进"的过程模式，而非停留在单纯模仿生产阶段。这一过程可以提高企业对价值活动的控制，实现对新产品及其生产工艺以及销售的控制，同时也可以在产品改进过程中获得自主知识产权。但由于核心技术不足，市场范围受限，其对价值活动和知识产权的控制显然还应该属于一种初级阶段的自主创新。应该指出的是，我国当前对二次创新的争论的关键点不在于要不要引进先进技术，而在于是否花大力气消化吸收和再创新。

二 二次创新模式与后二次创新模式

二次创新是发展中国家企业在相当长期内谋求发展的主要模式，其出发点应以市场为动力源，二次创新过程应是一个渐进积累与有限范围突变相结合的过程。二次创新模式主要有以下三类子模式：一是模仿型创新，指引进技术之后进行设备、工艺重组，然后生产销售；二是创造性模仿，指生产过程采用国产化的流程，进行生产流程的创新，然后进行生产销售；三是改进型创新，指在引进技术之后，不但进行国产化流程创新，而且还对技术进行研发改进，推出改进型产品（吴晓波，2007）。

后二次创新模式是指直接到国外吸收实验室技术和先进流程技术，实现跨国价值活动控制和自主知识产权，这种以实验室和新兴技术引进为代表的创新受囿于技术范式的程度较低，技术引进往往在主导设计确立之前，因此可以被认为是与一般二次创新不同的"后二次创新"（吴晓波，2007）。在全球化背景下，后二次创新的新兴技术和实验室技术都是通过海外研发活动获得的，这样的海外研发活动已经有一定的一次创新特征，但由于其技术还是从发达国家获得，海外研发的目的是在技术先进国家寻求技术资源，所以这样的创新仍可认为是二次创新的一种高级类型。这种模式主要需要依靠在国外投资建厂，进行海外研发和生产活动，从而推动全球市场销售。中国企业通过"二次创新"充分发挥出发展中国家的后发优势，合理配置全球优势资源，积极参与国际市场竞争，显著提升了创新能力，增强了竞争优势，实现了从"追赶"到"超越追赶"的跨越式发展（吴晓波、吴东，2018）。

三 组合创新的模式和演进

产品组合创新（product portfolio innovation）模式是 20 世纪 80 年代美国斯坦福大学 Menke 教授和咨询公司（SDG）提出的。以浙江大学许庆瑞教授等为代表的一批学者于 20 世纪 80—90 年代初运用组合原理，发展了技术组合创新和技术与管理的组合创新理论和模式。

随着竞争的激烈和技术创新活动的深入，人们逐渐开始认识到：技术创新不是孤立的，而是系统性的企业行为。技术创新行为及其有效性在很大程度上受到国家战略、社会经济环境以及企业自身条件与战略目标的影响和制约。因此，必须以系统的观点、从战略高度和组合的角度来研究企业的技术创新行为。

在我国，"以产品为龙头"是我国企业长期以来推进技术创新的传统观念，而用于保证产品生产的工艺，特别是关于提高劳动生产率和性能的工艺，则被认为是从属于产品需要的、次要的。由于缺乏对产品创新和工艺创新的协调考虑，严重影响了企业生产率的提高，并且企业工艺落后的状况已成为企业技术发展和技术能力提高的"瓶颈"，从而导致企业技术水平与国外先进水平差距不断拉大。这种重视产品创新而忽视工艺创新的倾向和行为，在发达国家中也同样存在（见表 2-6）。

表2-6　　　　　　美、日、德企业产品创新与工艺创新投入比

国别	产品创新投入：工艺创新投入
美国企业	2∶1
日本企业	1∶2
德国企业	1∶4
中国企业	2.6∶1

资料来源：许庆瑞：《企业经营管理基本规律与模式》，浙江大学出版社2001年版，第124页。

美国麻省理工学院生产力促进委员会认为，美国大部分产业和企业在20世纪80年代的世界竞争中之所以被击败，一个重要原因就是技术创新投入上的失衡，工艺创新严重落后于产品创新，使其产品在质量、价格、效能上落后于日本与德国企业。

人们在实践中发现，合理的组合创新的整体效益要大于单个创新的效益之和。必须把产品创新与工艺创新、重大创新与渐进创新、使用已有的技术与获取新技术能力、技术创新与组织文化创新结合起来，在创新中整合协调技术、生产和市场的各职能部门的工作，才能成功地进行技术创新。组合创新实质上是企业为保持持续竞争优势，在企业战略目标的导引下而进行的与企业环境、资源和自身组织因素、技术因素相适应的系统性协同创新行为。它是辩证统一规律在创新中的具体体现。

技术创新的组合协同发展是发挥其全面效益的基础，是保证企业持续竞争优势和长期持续发展的重要条件。

对于组合创新的研究和实践，大体经过了四个逐渐深入的阶段：

首先，20世纪70年代，是产品的组合创新阶段。这一阶段对组合创新的研究主要停留在产品创新方面，即研究不同类产品的优化组合，以使有限资源利用最优化，保持企业获得最高的盈利。如何合理搭配和组合产品的创新是当时研究的主要方面。

其次，20世纪80年代，是技术创新的组合阶段。这一阶段重点研究的是技术组合创新中的产品创新与工艺创新的关系。

再次，20世纪90年代，是不同创新的组合阶段。此时的研究已突破了技术创新的组合范畴，超越技术领域而进入了涵盖组织、文化等非技术因素，以及从企业自主创新扩大到整合外部力量合作创新在内的全面组合、协同创新阶段。

最后，20世纪90年代中期以后，是基于核心能力的组合创新阶段。

这一阶段组合创新的研究与实践进一步深入，以普拉哈拉德和哈默尔（C. K. Prahalad and G. Hamel）为代表的核心能力理论被人们广泛接受，并引入组合创新研究领域。人们发现，两者之间存在辩证统一的内在联系：企业核心能力是提高组合创新水平与效率的基石，而组合创新既是将核心能力转化为竞争优势的重要手段，同时也可促进核心能力不断提高。

企业组合创新至少包含了六方面的组合关系（如图 2-3 所示），即产品创新与工艺创新的组合、重大创新与渐进创新的组合、创新的显性效益和隐性效益组合、技术创新与组织创新的组合、企业内部独立创新与外部组织合作创新的组合、连续性创新与非连续性创新的组合等（许庆瑞，2007）。

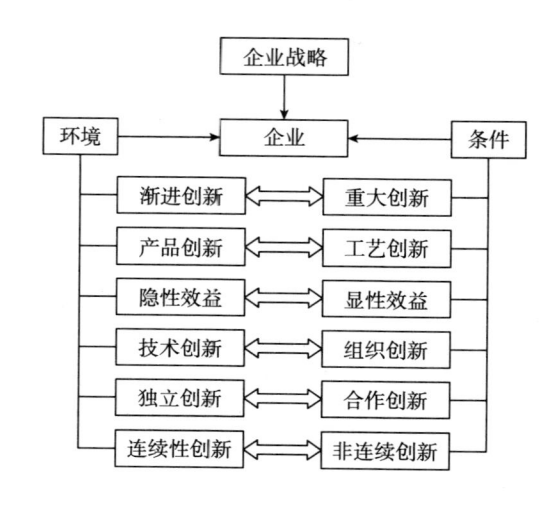

图 2-3 企业创新组合的结构示意

资料来源：RCID 资料库。

四 企业创新组合的详解

（一）渐进创新与重大创新的组合

以美国为代表的学者与大企业的技术创新往往关注于重大创新，而对渐进性创新的重要性相对认识不足。这使许多企业在技术战略的制定上，把技术开发的重点放在根本性的技术创新和全新产品开发上，而在渐进性产品开发上分配较少的资源，导致渐进性产品开发的作用得不到应有的发挥。

但理论与实证研究发现，渐进产品创新的累积效应往往超过重大创新。渐进产品系列的经济效益是依次递增的，并且渐进产品开发从经济效果角度来说是优于全新产品开发的。正是由于渐进产品在技术、生产成本、产品市场等方面的特点，决定了其经济效果上的重要性。这就要求企业在制定产品开发战略时，对重大创新与渐进创新项目有一个适当的组合，使新产品开发活动能有效地促进企业发展战略的实现。

（二）产品创新与工艺创新的组合

20世纪90年代初，许多美国学者对于整个80年代美国产品的国际竞争力被日本、欧洲超过而进行了深刻反思。经过认真调查，他们发现美国和北美的企业相对日本和欧洲企业而言重产品创新轻工艺创新，在技术创新活动中产品创新与工艺创新的严重不平衡是重要原因之一。基于上述认识，美国企业开始更加注重工艺创新，力求工艺创新与产品创新的协调组合，到90年代中后期，不平衡的局面获得很大改观，而美国在大多数工业产品领域重新取得了竞争优势。

因此，注重产品创新和工艺创新的协调发展十分重要。我们必须改变以往对工艺创新忽视的观念，从单纯强调产品创新转向重视产品创新与工艺创新的协调发展。

（三）显性效益与隐性效益的组合

以往对企业创新效益的研究，大多局限于一些显性效益，尤其是一些可用经济指标直接量化的经济效益。表现在企业技术项目选择上，就是缺乏长远的考虑，而把资金都投入到当前的利润获取活动中。但实际上，技术创新项目的进行，不仅对企业具有显性、直接的经济效益，而且存在一些隐性的创新效益。这种隐性效益对企业发展有"长时效"的作用，并通过未来显性效益的增长得以实现。

创新项目对组织创新行为的影响（隐性效益）主要体现在：①增加了知识存量。在创新活动中，无论创新项目成功与否，组织及个人都增加了各种知识的积累。②提高了组织及员工的各方面能力。包括学习能力（"用中学""研发中学"）、消化吸收能力等，在失败的创新中，同样有助于培养项目经理的沟通、领导和组织协调能力等。③掌握了核心技术的框架，特别是丰富了隐性知识（Tacit Knowledge），它是构成核心能力的关键部分——"不可模仿性"的基础。④培育了合作共事的团队精神。⑤提高了创新效率。因此，随着技术创新项目的进行，组织知识存量、员工能力、学习模式、核心能力的培育和团队精神等都发生动态的演化，并最终表现为组织技术能力的积累和提高。这是技术创新效益中最为核心的部分。

总之，无论是成功还是失败的创新项目，都会对组织产生隐性效益，这对我们进行技术项目的选择是很有意义的。也就是说，在进行项目后评价时，应全面考虑其显性效益和隐性效益。

（四）独立创新与合作创新的组合

完全依靠组织内部独立创新有时限于自身资源和能力往往无法完成，即使能完成也可能会花费大量时间或造成资源的浪费和不经济，而完全依赖外部合作创新往往会使企业失去核心技术和核心能力，不利于未来核心竞争力的形成。因此，在经济全球化和网络化的时代背景下，独立创新与合作创新的有效组合对于企业核心能力的培育和未来的生存与发展非常重要。合作创新涉及的内容很广泛，具有多种多样的对象及形式，主要有合同方式、技术许可证、联合研究（产学研合作）、战略联盟、合资、创新网络等（许庆瑞，2010）。

合作创新的成功取决于很多因素，除技术与组织因素外，还包括市场特征、公司的文化、战略考虑、人际关系等。合作创新还包括有效整合外部创新资源为己所用，如引入外部风险投资等资源。

（五）连续性与非连续性创新的组合

根据创新是否连续，可以分为连续性创新和非连续性创新两大类（陈劲、郑刚，2009）。从一个特定企业的角度说，如果创新是建立在原有的技术轨迹、知识基础上的，不断地改进，推出新产品，就是一种连续性创新（Continuous Innovation）。海尔开发出小小神童洗衣机后，在原有基础上经过多年来的技术升级，已从第一代发展到了现在的第48代，不断完善了其性能，就是连续性创新。

非连续性创新（或称间断性创新，Discontinuous Innovation）是指脱离原有的连续性的技术轨迹的创新。UT斯达康推出的小灵通（可移动固话），相对于原有的固定电话创新的轨迹来说就是非连续性创新。

Christensen（1997）根据面向市场的不同将创新分为两种：持续性创新（Sustaining Innovation）与颠覆式创新（Disruptive Innovation）（又称裂变式或排斥性创新）。持续性创新致力于在消费者所重视的维度上对现有产品的改进，向现有市场提供更好的产品，是一种连续性创新；而面向新的细分市场，建立在新的技术轨迹、知识基础上的，就是一种颠覆式创新。颠覆式创新则要么创造新市场，要么提出一种新的价值主张来重塑现有市场，是一种非连续性创新（陈劲、郑刚，2009）。

连续性创新和非连续性创新的组合，或者说持续性创新与颠覆式创新的组合创新，是提升创新总体绩效的有效途径。

（六）技术创新与组织创新的组合

组织创新有广义和狭义之分，狭义的组织创新是指组织结构的渐进性或根本性变化；广义的组织创新包括文化创新、制度创新和狭义的组织创新等。

1. 技术创新与组织创新的组合

这里的组织创新是狭义的组织创新概念，企业技术创新与狭义组织创新的关系主要表现在如下几个方面：

第一，组织创新是技术创新的基础和保障。一定的技术创新要求有一定的企业组织结构与之相适应。技术创新涉及企业组织中的不同部门和人员，通过组织创新创造良好的组织结构协调各部门的行动，调动部门成员的积极性，是技术创新成功的关键。

第二，组织创新能加快技术创新的进程，并提高技术创新的质量。当前，创新速度成为影响创新收益的关键，而提高创新速度主要在于改善组织结构，使 R&D 部门、营销部门、生产部门通力协调合作，提高创新效率；组织创新为生产要素的重新组合提供了合适的条件，从而可提高资源的利用效率，使资源更易集中投入技术创新潜力大的领域。

第三，从历史的经验看，企业组织结构的演化与技术创新的特质密切相关。西方发达国家的企业组织结构的演化大致经历四个阶段，即纯等级结构、职能制结构、分权制结构和权变制结构等。这些组织结构对应的组织文化对创新的促进作用依次增强。

2. 技术创新与文化创新的组合

企业的组织创新和技术创新在影响文化的演化和变迁的同时，自身也受到企业文化的制约。海尔的高速发展，主要得益于技术创新，而技术创新成功与否，首先取决于文化与观念创新。海尔文化的核心也只有两个字：创新。在很多情况下，企业创新失败并非因为缺乏技术能力和市场机会，而是企业现有组织结构和组织文化类型限制了技术能力的发挥和对市场机会的把握。文化也直接影响企业技术创新项目的选择。

3. 技术创新与制度创新的组合

技术创新与制度创新密不可分。就企业层面而言，制度创新和技术创新也是相互作用、相互影响的。

（1）技术创新对制度创新的影响。技术创新为制度创新提供了技术手段。如 IT 与网络技术的发展不仅使分布式技术创新成为可能，而且催生了虚拟组织以及远程协同等合作形式，并引起了相应的制度设计与制度安排的变革。如海尔提出"全球都是我们实验室"，基于"全时空创新"的国际化发展战略，引起海尔组织结构及制度安排的深刻变革。

技术创新能够降低某些制度运营成本。如宝钢建立基于网络的知识管理系统,创新组织学习的途径及其管理制度,为增加企业问题解决的方案池提供了技术支持,降低了企业运行的成本。目前这个系统仍在不断建设中,日益发挥出更大的经济效益。如宝钢技术标准管理部门已经将技术标准管理流程、相关文件、国内外相关技术标准文件、方案、案例等全面实现在线管理,不仅提高集团内技术标准相关知识的共享,而且通过工作流程数字化及其创新,大大提高了工作效率。

技术创新本身催生制度创新。随着技术创新的不断发展,将会对相关制度提出创新需求,进而催生制度创新或新的制度的产生。如聚光科技通过技术创新不断拓展业务范围,由此带来管理的复杂性,而聚光科技通过导入集成产品开发(Integrative Product Development,IPD)流程实现了管理(制度)创新,并基于制度创新与技术创新的有效组合提高了创新系统的产出。

(2)制度创新对技术创新的影响。制度创新是释放技术创新潜力的动力。如20世纪90年代初,经过多年快速发展的联想集团也遇到了一些发展的"瓶颈"和危机,包括管理层老化问题日益严重,极大地阻碍了公司的发展。为了实现公司领导层的新老交替,股权改革是解决这个问题的一个合理的办法。经过联想和中国科学院一年多的磋商,中科院同意对联想股权进行划分,几经争取终于将职工股份比例由当时规定不得超过20%提高到35%。这次产权制度创新,进一步解放了联想的生产力,解决了新老交替问题,显著推动了联想的后续发展。此外,产权制度的创新还体现在企业内部以知识产权为核心的激励制度的创新。如20世纪90年代初宝钢生产一线技术人员工资高于研发人员的工资,使研发部门整体积极性不够。90年代中期开始,公司意识到这个问题,进行了一系列激励制度的改革,到90年代末期,更是采用以尊重科技人员知识产权贡献为中心的产权贡献累积奖励的"铁马制"(职工技术创新累计里程制),实现了对科技人员的长效激励,从根本上释放了集团内技术创新的潜力。

制度创新能够降低技术创新过程中的交易成本,提高技术创新效率。如聚光科技通过导入集成产品开发系统,优化企业研发流程,在使研发管理流程规范化、标准化的同时,将产品开发过程中发生的部件选型、经费管理等都纳入该体系中,提高了研发过程中信息透明度,从而大大减少了研发人员在产品开发过程中可能产生的"寻租"行为,提高了研发效率。

综上可见,企业在技术创新过程中要与合适的制度创新相匹配,才能实现最佳的创新绩效。制度创新是技术创新的保障并为技术创新提供源源不断的动力。

通过本节的文献梳理,不难看出组合创新的模式,已经有了全要素创新的雏形。

第四节 全面创新的理论进展及评述

一 全面创新管理的理论框架

(一) 全面创新管理的内涵

全面创新管理是以培养核心能力、提高核心竞争力为导向,以价值创造与增加为最终目标,以各种创新要素(技术、组织、市场、战略、文化、制度等)的有机组合与协同创新为手段,通过有效的创新管理机制、方法和工具,力求做到全要素、全员和全时空创新协调发展,即做到"三全一协同"。许庆瑞、郑刚(2003)提出了全面创新管理的五角星模型框架(见图2-4)。

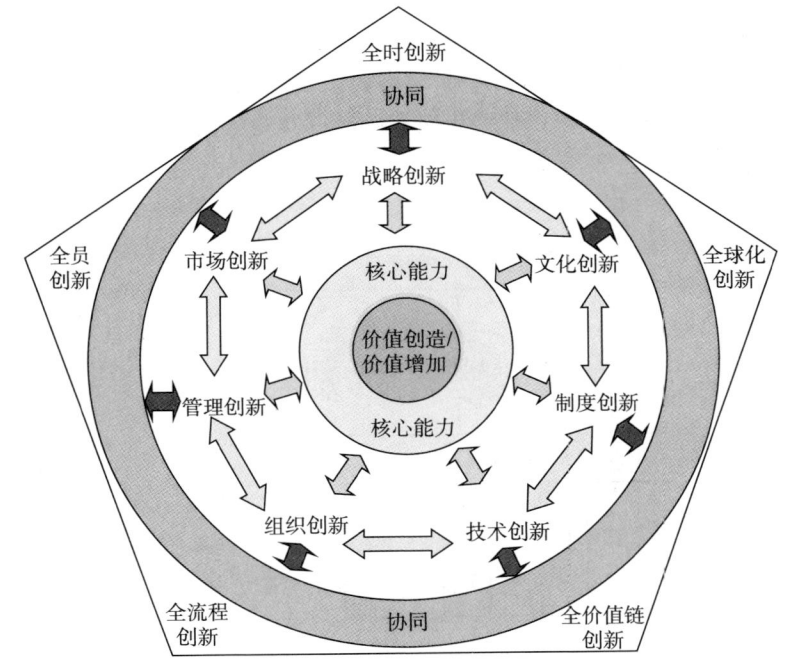

图2-4 企业全面创新管理的五角星模型框架

资料来源:许庆瑞、郑刚等(2003)。

全面创新管理范式的内涵可概括为"三全一协同"(见图 2-5)。

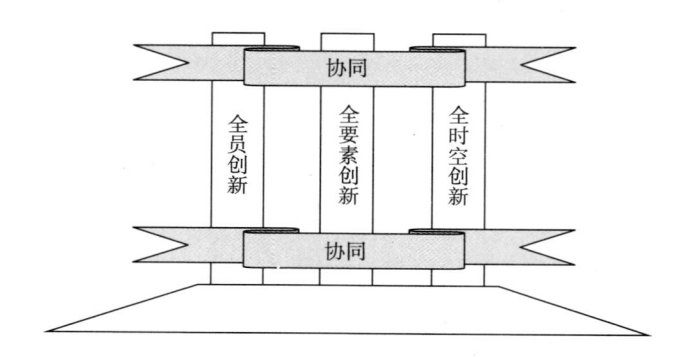

图 2-5　全面创新管理的内涵:"三全一协同"
资料来源:郑刚(2004)。

全面创新管理观与传统创新观的显著区别是突破了以往仅由研发部门孤立创新的格局,突出了以人为本的创新生态观,并使创新的要素与时空范围大大扩展。

(二) 全面创新管理的要点

全面创新管理的要点是:一个目标,一个中心,两个基本点。围绕企业经营战略,以价值创造与价值增加(提高经营绩效)为目标;以培养和提高企业核心能力为中心;以战略导向和协同创新为关键点(见图 2-6)。

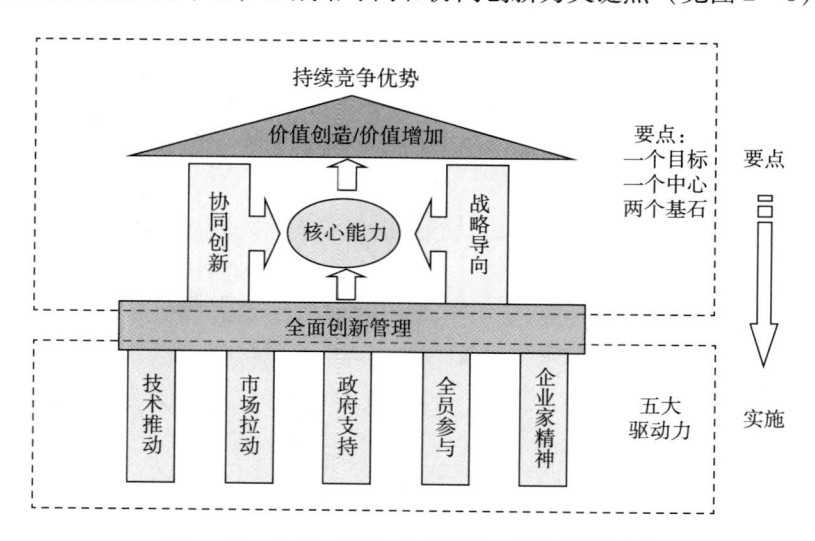

图 2-6　全面创新管理的要点与实施概念模型
资料来源:RDIC 创新数据库。

(三) 全面创新管理 (Total Innovation Management, TIM) 的特征

全面创新管理可以概括为如下五个性。①战略性，以企业经营战略为依据和出发点，以培养和提高企业核心能力为中心；既要满足提高当前经营绩效的需要，又要考虑保持持续竞争优势。②全面性，全面创新管理是一项系统工程，需要各部门的协调配合才能完成。③广泛性，创新活动渗透到组织的每一个流程、每一件事、每位员工。④主导性，强调创新活动在企业经营活动中的主导地位，并制定公司必须遵循的业务准则。⑤开放性，强调整合企业内外各方面资源进行全方位创新。

(四) 全面创新管理与传统创新管理范式的异同

全面创新管理是传统创新管理、组合创新管理的进一步发展，是日益激烈的市场竞争与创新管理理论发展共同作用的结果。它们的区别与联系如表2-7所示。

表2-7 全面创新管理与传统创新管理、组合创新管理的区别与联系

	传统创新管理	组合创新管理	全面创新管理
创新内容与创新要素	● 着眼于单个创新 ● 强调技术创新，忽视其他创新	● 着眼于组合创新 ● 重视组合创新（技术、组织、文化等创新）	● 着眼于各创新要素组合与协同 ● 强调全面创新管理
创新效益评价	● 创新效益评价局限于显性创新效益	● 均衡地考虑显性和隐性创新效益	● 均衡地考虑显性和隐性创新效益
创新的战略性	● 不明显	● 服从于经营战略	● 既以战略为导向，又注意创新与战略互动
创新空间范围	● 企业内部，对合作创新认识不足	● 企业内部为主，独立与合作创新相互补充	● 强调整合全球资源进行创新
与核心能力的关系	● 不注意创新与核心能力间的互动作用	● 重视创新与培育核心能力一体化	● 以培育核心能力、价值创造为中心
创新主体	● 单纯强调研发部门、研发人员创新	● 强调研发人员为主，其他部门协调配合	● 强调全员创新
创新速度	● 响应市场速度较低	● 响应市场速度较高	● 响应市场速度非常高
创新组织形式	● 常用直线职能制结构	● 常用矩阵制组织结构	● 扁平化、网络化、流程型结构
创新源	● 创新源较单一（内部研发）	● 创新源较多样化，如从外部获取创新源	● 创新源多样化，利益相关者和整个价值链

续表

	传统创新管理	组合创新管理	全面创新管理
项目管理方式	• 研发内部项目小组	• 跨职能团队	• 跨职能、跨组织团队，虚拟团队等
创新的目标	• 完成上级任务，被动式的	• 围绕经营目标的要求进行创新，反应式的	• 以提高经营绩效为目标，主动创新

资料来源：许庆瑞等（2007）。

二 全面创新管理的模块化架构理论模型

（一）基于模块化的全面创新管理系统架构模型

模块化理论的三个基本要素——架构、模块和元（简称"模块化三要素"），其中元是组成模块的最小单位或最基本元素，模块将根据系统构成的经济性和通用性进行设计，而架构就是模块进行系统集成的主要规则；同时每个模块都将拥有自身的模块化三要素，因此具备很好的嵌套功能和内生而严密的逻辑性。根据模块化理论的基本概念和应用机理以及对企业全面创新管理系统（TIS）的完整分析，顾良丰等（2005）提出了企业全面创新管理系统的模块化架构模型（Modularity Architecture of TIS，MAo-TIS），如图2-7所示。

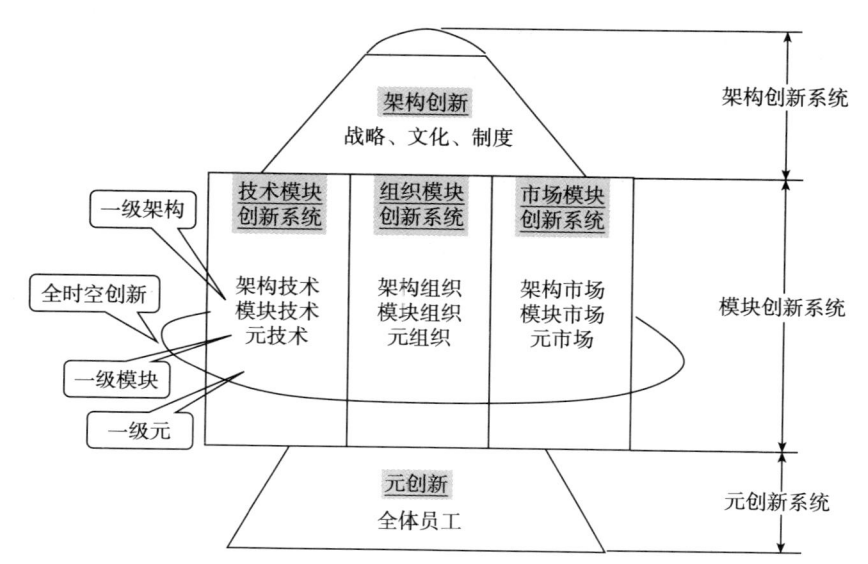

图2-7 企业全面创新系统的模块化架构模型

资料来源：顾良丰：《基于模块化知识管理的企业全面创新管理学习机制及动态模式研究》，博士学位论文，浙江大学，2005年。

架构创新系统是指这一类创新对企业整体架构有主导性影响,包括战略创新、文化创新和制度创新,其中文化创新包含企业家创新精神。架构创新系统也在某种程度上不可避免地受到模块创新系统和元创新系统的影响,特别是一级架构和一级模块对架构创新系统有比较大的反馈影响。

模块创新系统又可细分为三个子系统,即技术模块创新系统、组织模块创新系统和市场模块创新系统,每个子系统又由"架构、模块和元"三部分组成。模块创新为企业的多样化、低成本、低风险和快速创新提供了必要的条件。技术模块创新系统由架构技术创新、模块技术创新和元技术创新三部分组成。架构技术创新将影响产品的总体性能与功能、模块定义与组态、模块之间的接口协议等;模块技术创新将为提高产品某些功能的性能提供新的途径;而元技术创新将直接为模块技术创新提供新的可能。

元创新系统是指企业最基本的创新来源,即每一位员工参与创新,这些创新可以是多种形式,如发明、创意、想法、新的尝试、新的经验或体验等。

MAoTIS 模型通过三个模块创新系统及其蕴含的丰富、动态的组合模式,可以系统、有效地分析企业全球化创新和基于时间的创新,即全时空创新,同时可以与企业创新实践的客观情况紧密结合。

(二)标准模块创新系统的结构模型

为了更进一步清楚地表达模块的嵌套特性,用图 2-8 的标准模块创新系统的结构模型来分析,一个标准一级模块创新系统包括一个一级架构、多个一级模块(模块后面的"n"表示可以是多个模块)和一个一级元,而每个一级模块可以包含一个二级架构、多个二级模块和一个二级元,以此类推。一般大型企业,同时拥有多个一级技术模块创新系统、多个一级组织模块创新系统,甚至多个一级市场模块创新系统。

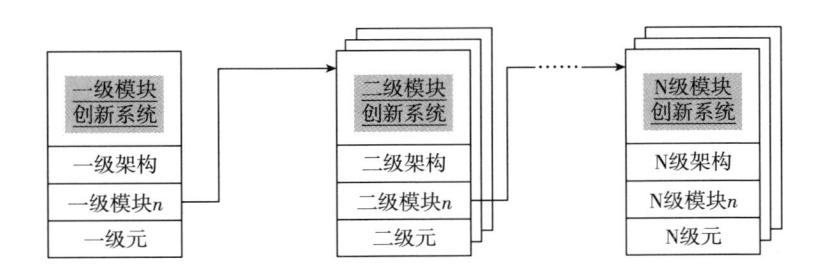

图 2-8 标准模块创新系统的结构模型

资料来源:顾良丰:《基于模块化知识管理的企业全面创新管理学习机制及动态模式研究》,博士学位论文,浙江大学,2005 年。

模块设计的标准是完成某些特定的功能,同时尽可能少地与其他模块交换信息,所以组织模块将履行组织部分综合职能,而不是传统的专业职能。组织模块的优越性体现在如下几个方面:第一,可以提高信息交换质量和降低系统协调成本;第二,可以降低组织模块间的竞争性,增强模块间的信息与知识共享;第三,可以完成对直属下一级的模块组织的领导与协调,减轻直属上一级模块组织的协调工作;第四,由于任何一级的任何一个组织模块都可以是企业外部的组织模块,这就形成了跨企业创新协同;第五,假设有多个企业涉及这一组织模块创新系统,并且其中几个企业有多个组织模块在不同级别上交叉加入这一组织模块创新系统,这就形成了复杂的跨企业创新网络。上述标准模块创新系统的结构特征是 MAoTIS 模型的核心内容,不仅可以合理地解释企业全面创新管理系统的稳定性、全面创新管理模式的多样性和全面创新管理协同的可操作性,而且对 TIM 理论在企业管理实践做出了合理的定位。

(三) MAoTIS 模型的作用与 TIM 理论定位

MAoTIS 模型为企业全面创新管理提供了实际可操作性的管理流程,同时解决了 TIM 理论在管理理论中的定位问题。MAoTIS 模型的主要作用包括三部分:一是为企业全面创新管理的稳定性提供了理论基础;二是为企业全面创新管理的协同管理提供了基本方法;三是为企业 TIM 模式分析与研究提供了基本工具。

企业全面创新管理的稳定性分析:基于模块化的企业 TIS 可以很好地解释企业局部创新行为,而不影响企业全局。即大部分企业创新行动会在某个一级或以下的子模块创新系统中展开,而不会在企业内部同时全面展开,除非遇到公司层面根本性的战略变革,但同样会在一个相对短的时期内按各模块创新系统先后有序展开,而不会期待一蹴而就。MAoTIS 模型内在的模块相对独立性将对创新所引起的扰动起到很好的缓冲作用,增加了企业全面创新管理的稳定性。

企业全面创新管理的协同管理分析:由于每个模块创新系统都拥有架构创新,这样企业模块化创新系统通过环环相扣的架构创新,不仅使每个模块创新子系统产生创新协同的效果,也将通过企业架构创新系统的协同作用完成三个模块创新子系统之间的创新协同,从而达到企业全面创新管理系统的创新协同和企业创新绩效优化的目的。

企业全面创新管理的模式多样性分析:首先,由于在 TIS 中每个模块的状态及其创新的可行性都不一样,所以处于不同的产业、不同的技术发展阶段和企业发展阶段,模块创新的可行性及程度是动态的,而不是一成不变的；其次，由于架构创新及各模块创新组合的多样性，将形成企业全面创新管理途径选择的多样性。所以企业全面创新管理是动态的，由此产生的创新协同也具多样性特征。由于企业全面创新管理是一个系统工程，一般需要一段时期才能完成，因此可以根据企业的发展阶段及环境条件总结、分析或预测企业全面创新管理系统的基本模式。

由于 MAoTIS 模型解决了 TIM 理论在企业管理实践中的可操作性问题，其理论定位问题也迎刃而解。第一，TIM 理论是一种新的创新系统理论，即企业 TIS；第二，具有模块化架构的 MAoTIS 模型为企业全面创新管理实践提供了一体化流程管理思路，可以根据这一思路筹建合理的全面创新管理网络，制定全面创新管理稳定性与风险性控制的有效方法，选择与企业环境和条件相称的全面创新管理模式；第三，可以流程化设计的创新模型，为企业全面创新管理的协同管理提供了坚实的理论基础。所以，可以认为企业全面创新管理的模块化架构理论是关于一体化、流程化与协同创新系统的、新的企业创新管理理论，不仅继承了以往企业技术创新和组合创新的理论成果和精髓，而且从以技术创新为理论核心发展到以企业系统全面协调创新为理论核心，并对理论的可操作性做出了一定的贡献。

三 全面创新管理的其他研究进展

郑刚（2004）对全要素创新协同进行了专门而深入的研究。刘景江（2004）、杨雪梅（2005）对组织创新的机理、模式等在不同行业进行了深入的专门研究。谢章澍（2006）基于全面创新管理（TIM）视角，沿着"是什么—如何运行—如何管理"的逻辑思路，建立了全员创新研究的理论框架，分析 TIM 视角下企业全员创新机理与管理模式，从而为企业创新实践全员创新提供理论指导。朱凌（2006）通过考察技术创新管理相关理论、全面创新管理理论中的全要素创新内涵及企业文化、组织理论和沟通原理等多学科理论，从分析技术创新管理和全要素创新系统中的企业文化的基础性作用入手，提出可以从企业文化的视角来尝试发现企业全面创新管理理论中全要素创新的运作机理，并解决企业技术创新管理中非技术要素（如文化、战略、组织等）与创新任务的匹配问题。毛武兴（2006）对企业全面创新管理能力进行了专门研究。梁欣如（2006）深入探索了企业全面创新管理情境中领导系统的一些规律性特点，从而为更有效指导企业的全面创新管理领导实践奠定了理论基础。许庆瑞等（2007）在《全面创新管理：理论与实践》一书中，阐明了全面创新管理理论，其核心是"三全一协同"，即：全员创新、全要素创新、全时空创新以及之间的协同创新，形成了系统的理论体系，开创了全面创新的新时代。在系统理论研究的基础上，以大型企业为研究对象，探讨了大型企业全面创新管理的特点、过程和机制。许庆瑞等（2012）在 *To Leverage Innovation Capabilities of Chinese Small - & Medium - Sized Enterprises by Total Innovation Management* 一书中，深刻阐明了全面创新管理理论对中小型企业的全面创新实践的指导作用和意义。

然而，上述诸多研究，从研究内容上看，要么是注重全面创新管理的总体框架研究，要么是只注重对全面创新管理的某一方面的片面研究。从研究方法上看，就全面创新的某一方面的研究都有大样本实证研究，但就总体框架研究，只采用了案例法研究，缺乏大样本实证研究。因此，为了从整体把握全面创新管理的各方面的作用机理，我们就有必要对全面创新管理的全员创新、全时空创新和全要素创新建立整合模型，并用大样本实证之，从而进一步深化和丰富全面创新管理理论。

第五节 全面绩效的相关研究及评述

一 绩效的含义

绩效是管理的核心目标之一。尽管绩效的重要性得到广泛认同，但对绩效的衡量问题尚无定论，它始终是管理学者所必须面对的最艰难的问题之一。学者们曾运用多种科学方法与理论模型，如生产管理学、劳动经济学等，为绩效定义出衡量的方法。譬如 Ford 和 Schellenberg（1982）在文献回顾的基础上，得出定义绩效的三种方法：

（1）目标法，由 Etzioni（1964）提出，假定企业追求终级而明确的目标，而用目标之达成状况来定义绩效。

（2）系统资源法（Yuchtman and Seashore, 1967），强调企业与其所处环境的关系，以企业保有稀缺而有价值资源的能力来判定绩效的好坏。

（3）成分法（Steers, 1977），用组织成员与组织或成员间互动行为定义绩效。

Stanley E. Seashore（1965）认为，评价绩效需要考虑三个层次：一是长期目标的实现状况；二是由若干短期指标衡量的组织短期业绩，这些短期目标综合起来将确定最终经营情况；三是从属性低层次指标群所反映的当前状况，这些指标能及时反映最终目标的进展或能反映达到成功的可能性大小。

然而，Ruekert、Walker 和 Roering（1985）却将绩效定义为如下三个维度：

（1）效率（Efficiency），指投入的资源与产出的比率，用投资报酬率表示。

（2）效能（Effectiveness），指提供的产品或服务，通常用销售增长率或市场占有率等表示。

（3）适应性（Adaptability），指面对威胁或机会时的应变能力，用某一时期内成功上市的新产品销售量或销售率表示。

尽管可以从不同的角度和方法来定义组织的绩效，但总的来说，绩效是对组织目标达成程度的一种衡量。从管理学角度看，绩效是组织期望的结果，是组织为实现其目标而展现在不同层面上的有效输出。

二 绩效指标的分类

要深刻地认识绩效指标，并使指标在管理中发挥应有的作用，就需要对绩效指标进行分类。常用的组织绩效分类有财务指标和非财务指标、单一指标和多项指标、硬指标和软指标、长期指标和短期指标等。

（一）财务指标和非财务指标

绩效指标分为财务指标与非财务指标是常用的分类。财务指标可以从年度财务报表中获取，常用的财务指标有获利率、营业额增长率、投资回报率（ROI）、资产报酬率（ROA）等（Dess and Robinson，1984；Venkatraman and Ramanujam，1986）。非财务指标，例如相对市场份额、相对品牌识别度、顾客满意度、顾客忠诚度等，在反映全面绩效方面具有更深层次的意义。

Homburg 和 Pflesser（2000）在研究市场导向的企业文化与绩效关系时，是把绩效分为财务绩效和市场绩效两部分。市场绩效是用企业实现的顾客满意、提供的顾客价值和实现的市场份额等指标来衡量。他们认为，基于关系的顾客满意、忠诚比单纯的利润等财务指标对企业来说更具有长期增长的内涵。他们的研究成果表明，市场导向对全面绩效存在影响，不仅作用于企业的财务绩效，而且作用于市场绩效继而影响财务绩效。Reicheld（1989）研究发现，顾客保留率提高5%，每个顾客的平均价值就会增长25%—100%，因而企业更应关注留住顾客而不仅仅是争取利润。Reicheld 和 Sasser（1996）研究也表明，顾客忠诚、顾客满意、顾客获得的产品及服务的价值、员工能力、员工满意度与忠诚度等企业市场绩效同企业的利润之间存在直接的、牢固的关系（转引自张雪兰，2005）。

Hogan 和 Coote（2014）在对组织文化、创新和绩效研究时，企业绩效是从财务表现和市场表现两个方面测量，其中财务表现主要测量公司主营业务销售额增长、现金流增长和利润增长情况，市场表现主要测量公司市场份额增长和顾客满意度增长情况。杜健等（2019）依据纳入元分析数据库的现有文献，将企业经济绩效的测量划分为市场指标和会计指标两个维度。可见，这种把企业绩效分为财务指标和非财务指标还是比较常用的。

（二）单一指标和多项指标

绩效可分为单一指标和多项指标。单一指标的绩效测量简单可行，因此广受欢迎。Capon、Farley 和 Homing（1990）对 1921—1987 年 320 篇实证研究进行回顾，发现相当一致地采用单一绩效指标。Zahra 和 Covin（1993）的研究指出，以单一指标——销售报酬率作为企业战略与技术战略下的评价指标，有较好的评价效果。

由于组织并非仅仅追求一种目标，而且不同的组织应用不同的指标来衡量，所以多项指标更为合理。因此，目前大部分学者采用多项指标来评价组织绩效。譬如，Kaplan 和 Norton（1990）从四个方面，即财务（包括投资回报率、经济附加值）、顾客（满意度、保留率、市场和顾客占有率）、企业内部流程（质量、成本、推出新产品）和学习与成长（员工满意、信息系统可用性）来衡量组织的经营绩效。

（三）硬指标和软指标

硬指标和软指标也被称为客观指标和主观指标。客观指标指的是诸如销售增长百分比或盈利等实际发生的数据。而主观指标是指通过与竞争者相比较以"非常好""较好""一般""较差""非常差"，或是"非常低""较低""一般""较高""非常高"等来衡量企业的经营业绩。

在管理领域进行绩效的相关研究时，研究者经常面临绩效比较标准不一致或财务资料无法取得的问题，因此，Dess 和 Robinson（1984）建议可以采用主观绩效衡量标准作为衡量工具。Delaney 和 Huselid（1996）认为，在判断一个企业或事业单位有无达成目标时，必须加入一些主观判断来评价组织的绩效，而且认知的指标通常都会与客观指标有高度的相关性。

（四）长期指标和短期指标

Govindarajan（1984）提出的衡量绩效的 12 个指标，是根据 Steers（1975）的建议采用多重维度而非单一维度的自评方式来衡量组织绩效，并将此 12 个衡量绩效的指标根据其性质分成短期绩效与长期绩效两个维度。林义屏（2001）将此两个维度的可操作性定义与衡量变量列述如下：

短期绩效：系指组织在短期内就可看出来的绩效表现，其衡量指标为：①营运净利；②销售获利率；③营运现金的流量；④投资报酬率；⑤营运成本。

长期绩效：系指组织在长期内才能看出来的绩效表现，其衡量指标为：①销售成长率；②市场占有率；③新产品的开发；④市场的拓展；⑤研究与发展的成果；⑥员工生涯的发展；⑦政治与公共的关系。

谢洪明等（2006）在研究市场导向、组织学习、组织创新和组织绩效的关系时，把组织绩效也分为短期绩效和长期绩效。他们所使用的短期测量指标为销售增长率、市场占有率、净利润率、现金流量和投资报酬率；所使用的长期绩效指标为新产品开发、市场开拓、创新能力、运营成本、员工职业生涯发展前景和公司的社会形象等。

（五）多种类指标

倪昌红等（2019）以国际主流组织管理研究期刊中 1043 篇实证研究文献为基础，对企业绩效的界定、测量等基础性问题进行梳理分析。基于指标所属的管理职能领域与文献中对相关指标的划分方式，他们将企业绩效指标进行范畴归类：财务类、市场类、运营类、创新类、竞争类和社会类，如表 2-8 所示。此外，他们还从个人绩效与企业绩效、短期绩效与长期绩效、财务绩效与成长绩效等方面对企业绩效进行结构性划分。

表 2-8 绩效指标种类及典型指标

指标范围	典型指标	代表文献
财务类	ROA（或增长率、增率）、ROE、ROS、ROI、OROA（运营收入比资产账面价值）、EBITDA、P/E、（累计）每日股市收益、托宾 Q 值、市价与账面值之比（类似托宾 Q 值）、净利润（或增长）、持有期非正常收益、资本权益报酬率、净收入、股价变动损益、产品边际净收益、边际运营收益（或边际利润、净边际利润）、收益（或人均、增长率）、新产品收益、技术许可收益、利润增长、财务风险、人均价值附加、每股收益、现金流、股东收益、资本收益、年总收益、股东人均利润、IPO 成功数、詹森 α 值、IPO 价格	Makino et al., 2017; Cho et al., 2016; Pacleman, 2015

续表

指标范围	典型指标	代表文献
市场类	市场收益（或增长）、（人均）销售量（额）、销售收入、销售增长、市场相关性、新市场增长、市场相关需求、市场占有率、销售收入多元化、市场份额（或增长）、销售利润额、企业市价、顾客满意度、顾客保留率	Frank and Obloj, 2014；Jarnse et al., 2014；Zahavi and Lavie, 2013
运营类	产出效率（或增长率）、产品质量、员工增长、系统注册百分比、运营效率、产品质量（或瑕疵及其增量）、实际载客量（如航空公司）、报道量（如新闻杂志）、进出口量（或增长）、利益相关者服务、员工生产率、赢得比赛的比率（足球俱乐部）	Crucke, 2016；Chen et al., 2015；Shaw et al., 2013
创新类	创新（新产品）数量，创新复杂性，专利数，专利影响力，主管创新评价，产品获奖数，开发新产品、新服务，应用新技术，产品、服务的多样性	Kehoe et al., 2015；Patel et al., 2014；Qian et al., 2013
社会类	产品社会绩效、环境社会绩效、公司责任绩效、废弃物排放	Jayachandran et al., 2013；Surroca et al., 2010；Hull and Rothenberg, 2008
竞争类	企业生存、产品生存、适应性、主管评价的企业整体绩效、企业竞争力、企业声誉、目标达成、竞争优势动态能力、CEO 继任背景	Fainshmidt et al., 2016；Georgakakis et al., 2016；Tang and Tang, 2012

资料来源：倪昌红、梁珊珊、邵良杜（2019）。

三 企业绩效的测度

有关绩效的文献中，有以资产回报率、销售成长、新产品成功作为衡量指标（Naver and Slater, 1990；Slater and Naver, 1994），也有以市场占有率和整体绩效（Jaworski and Kohli, 1993）来作为衡量指标。此外，因为市场绩效代表企业在营销活动上的效能，可以用提高顾客满意、顾客价值、顾客保留率、市场占有率等项目来衡量，而且市场绩效观点较能反映出企业的特征（Homburg and Pflesser, 2001）。

至于究竟采用主观评价还是采用客观性指标，来衡量企业的经营绩效，多数学者基于下述原因，采用了主观的自我评价的方式：

其一，正如 Dess 和 Robinson（1984）所指出的，管理人员基于商业敏感或保密的考虑，可能不愿意透露企业业绩的具体数字。Merchant（1981）、Govindarajan（1984）也指出，匿名填答问卷也会造成使用客观资料的困难。

其二，在跨行业利润绩效研究中，主观性指标比客观性指标更为适用，这是由于不同行业的利润水平不一，如果用客观指标可能会混淆各因变量与全面绩效的关系。在这种情况下，采用主观性衡量指标，便于被调查人员在填答问卷时将本企业的绩效与行业的利润水平做比较。

其三，诸如利润等绩效指标并不一定能够准确地反映企业的财务状况。且不谈利润可能因会计处理方法不同而产生差异，假如企业处于不同的投资期间，研发投资或营销活动投入较大，则其盈利能力可能需要较长时间才会体现在报表上。

其四，Dess 和 Robinson（1984），Pearce、Robbins 和 Robinson（1987）以及 Venkatraman 和 Ramanujam（1985）等学者的研究表明，客观绩效和主观绩效之间存在很强的相关关系。Brownell 和 Dunk（1991）也认为，没有证据能证明企业内部的管理会计报表、现金流量表、投资回报率等资料会比自我评价的绩效更客观。

综上所述，对企业绩效的测量需要综合财务指标和市场绩效等非财务指标。虽然财务指标是组织活动在经济上的最终体现，但市场绩效对组织活动与财务绩效之间的调节作用是不能被忽视的。一些企业活动虽然对财务绩效没有直接影响，如企业在公共关系上的投资、对顾客服务的承诺等，都可以产生良好的市场绩效，继而促进销售、提升财务绩效。纯粹考虑财务指标，只顾当前经济效益，容易导致竭泽而渔，寅吃卯粮，不及时对设备维护修理，不进行必要的技术改造和投资，最终必然损害企业的可持续发展。因此，在评价企业绩效时，应综合考虑财务指标和非财务指标，只有这样，才能对组织的经营结果进行尽可能公正和客观的评价，才能从全局上把握企业的经营状况。由此对我们的启发是：全面创新管理的绩效，若还沿用过去的技术创新的绩效来衡量，显然也是不合适的。而且如此衡量与全面创新管理的内涵也不相符。这就要求我们去探寻更适合的全面创新管理绩效的衡量指标。

第六节 创新与绩效关系研究及评述

一 影响创新绩效的变量及其关系

关于影响创新绩效的变量及其各变量和创新绩效的关系的研究有大量的文献可供参考。这里只考虑环境变量和企业特征变量对创新绩效的影响，以便为确定研究模型的控制变量提供依据。为了简明表达，下面用表2-9来概括相关的研究观点。

表2-9　环境变量和企业特征变量对创新绩效的影响研究

变量	关系	代表性观点
竞争 (competition)	正相关	竞争培育创新（Utterback；Kimberly and Evanisko，1981）。通过提供影响企业的新思想，竞争能影响企业创新；此外，竞争激烈的环境迫使经理去审视它们的环境，去寻找好的对现有方法的替代，以及创造一个环境：创新是生存的必要； 王靖宇、付嘉宁和张宏亮（2019）认为，产品市场竞争程度的提高有利于促进企业创新，这种促进作用主要通过降低管理层与股东的代理冲突、提高管理层激励有效性以及提高企业信息透明度这三种路径实现
竞争 (competition)	负相关	Arghya Ghosh、Takao Kato、Hodaka Morita（2016）研究发现激烈的竞争会减少创新； Benoît Mulkay（2019）认为，对于大多数公司而言，竞争对创新有负面影响，这意味着行业中的竞争加剧或市场份额较小会对产品或工艺创新倾向产生负面影响，而且这种影响似乎是对于产品而言，比对工艺创新而言更强； Aamir Rafique Hashmi（2013）通过使用美国上市制造企业的数据，发现竞争（以加成率的倒数来衡量）和创新（以引用加权专利来衡量）之间存在一种温和的负相关关系
竞争 (competition)	倒"U"形	Philippe Aghion等（2005）利用面板数据研究了产品市场竞争与创新的关系，发现了倒"U"形关系的有力证据； Klaus Friesenbichler、Michael Peneder（2016）使用来自欧洲复兴开发银行（EBRD）东欧和中亚商业环境和企业绩效调查（BEEP）的数据证实了竞争对研发的倒"U"形影响； Luca Lambertini、Joanna Poyago-Theotoky、Alessandro Tampieri（2017）认为，由于R&D溢出效应的存在推动创新和竞争之间的倒"U"形关系
竞争 (competition)	不确定	Aamir Rafique Hashmi（2013）为了调和Aghion等（2005）在英国数据中发现的倒"U"形关系，通过修改其理论模型，并证明了修改后的模型可以同时解释负相关关系和倒"U"形关系； Juan A. Correa（2012）认为，创新和竞争的关系是不稳定的：他们用Philippe Aghion等（2005）同样的数据，发现在1973—1982年存在积极的创新与竞争关系，而在1983—1994年则完全没有关系； Joung Yeo Angela No、Boyoung Seo（2014）利用2002—2004年韩国制造业企业的调查数据，发现竞争与创新的关系取决于创新的质量和与前沿的距离。结果表明：①前沿企业比技术落后企业更有可能进行创新；②竞争与市场创新之间呈倒"U"形关系，而与企业创新之间不存在倒"U"形关系；③竞争与创新之间的倒"U"形关系是由前沿驱动的，没有跟随者或落后者；④新进入市场的创新和研发支出显示出与竞争呈倒"U"形关系的相似模式，而新进入企业的只有创新和专利表现出与竞争无关的相似模式

续表

变量	关系	代表性观点
工会（union）	负相关	Fennell（1984）认为，企业有遵照工会要求做事的压力。在这种压力下，企业只能按照预先的具体程序，而不是新的流程行事； Hristos Doucouliagos、Patrice Laroche（2013）发现工会抑制了所有国家企业和行业层面的创新； Daniel Bradley、Incheol Kim、Xuan Tian（2016）研究发现通过工会选举后三年，专利数量（质量）下降了8.7%（12.5%）。研发支出的减少、发明者生产率的降低以及创新发明者的离职似乎是工会阻碍企业创新的合理的潜在机制
工会（union）	正相关	Scott Walsworth（2010）利用加拿大的纵向数据，研究结果并未发现工会与产品创新之间存在负相关关系。令人惊讶的是，工会的存在对公司创新还有一点积极的影响； Tony Fang、Ying Ge（2011）研究了中国企业的工会与创新关系，结果表明与发达经济体不同，中国工会鼓励企业创新和研发投资
年龄（age）	正相关	Kimberly、Evanisko（1981）认为，老的组织有明确的资源基础并表现出很大的生存潜力，这使该组织有能力进行创新； Nurul Nadia Abd Aziz、Sarminah Samad（2016）研究发现企业年龄对创新和竞争优势的链式关系有调节作用
年龄（age）	负相关	Rao、Drazin（2000）认为，老的组织更僵化，更不愿意变化。老的组织建立了正式和非正式的内部和外部的关系，也形成了组织的规范和习惯
年龄（age）	呈"钟"形	Shuangrui Fan、Cong Wang（2019）研究发现企业年龄与研发投资之间的关系总体上呈"钟"形
规模（size）	正相关	César Camisón-Zornoza（2004）对发表在最重要的商业管理期刊上的53个实证研究进行分析，结果证实了规模与创新之间存在显著的正相关关系； Beatriz Minguela-Rata、Jose Fernández-Menéndez、Marta Fossas-Olalla（2014）使用了1952家代表西班牙制造业的企业数据，研究发现企业规模越大，产品创新倾向越大
规模（size）	负相关	J. M. Plehn-Dujowich（2009）研究发现小企业比大企业更具创新能力
规模（size）	不相关	José Pla-Barber、Joaquín Alegre（2007）通过对法国生物技术行业的121家公司进行抽样调查，发现公司规模不是创新的决定因素

资料来源：笔者整理。

从表2-9可以看出,影响绩效的因素众多,且不同的研究其结论有的相同有的相悖。上述文献给我们的启示是:研究全面创新管理及全面创新管理绩效的关系时,有必要纳入企业的特质变量和环境变量,以便反映这些变量对全面创新管理机制及绩效的相关影响。

二 全面创新管理与绩效的关系研究

RCID曾对全面创新管理与绩效的影响关系进行过系列研究。刘景江(2004)通过实证研究发现,文化创新对组织绩效有显著正效应,其直接效应的标准化估计值高达0.717,而且,它还通过促进信息技术创新、组织流程创新和组织结构创新对组织绩效有间接正效应。郑刚(2004)基于面向全国100余家大中型工业企业的211份调查问卷,分析了样本企业各创新要素全面协同的实际情况以及创新绩效情况,结果发现各要素全面协同程度与企业的创新效率和创新效果有较强的正相关性(在0.01显著水平下)。即各创新要素的全面协同程度越好,创新绩效(包括创新效率和创新效果)更好。谢章澍(2005)通过实证研究发现,在0.01显著性水平下,全员创新水平到创新绩效标准化路径系数为0.721,说明了全员创新水平对创新绩效有显著的正效应。朱凌(2006)通过实证研究发现战略创新到企业技术创新绩效之间路径系数的标准化估计值为0.771(P<0.01),组织创新到企业技术创新绩效之间路径系数的标准化估计值为0.436(P<0.01),这说明战略创新、组织创新对企业技术创新绩效有显著正效应。

上述这些研究均是从全面创新管理的某一方面探讨全面创新管理与绩效的关系,然而,全面创新管理的三个"全"相互间有一定的作用关系,全要素创新中的不同要素之间也有一定的作用关系,因此,进一步研究的方向之一就应该是从整体角度来探索全面创新管理对绩效的影响方向和影响程度。我们拟建立一个全面创新管理的整合模型来探讨全面创新管理的三个"全"是如何影响创新绩效。

此外,关于创新对绩效的影响关系,在研究组织创新的领域中,已有许多研究对此关系加以验证,得到的结果大部分均认为,不管是在何种产业的创新均会导致更佳的绩效。如Damanpour和Evan(1984)验证公共事业;Zahra、Debelardine和Boxx(1988)曾验证工业品与消费品的制造业;Subramanian和Nilakanta(1996)曾验证过服务业。

综上所述,研究企业全面创新管理考虑企业全面绩效是有文献支持的,而且我们认为如此研究有利于在比较中深刻认识全面创新管理的作用机理以及对绩效的具体作用路径。

第七节　本章小结

本章对创新管理、企业绩效以及相互间的关系进行了文献考察和研究评述。

通过对创新的概念、创新的类型、企业创新、创新的动态模式、组合创新和全面创新管理等方面的文献考察和研究，我们认为全面创新管理的理论是对创新理论的丰富和发展，然而这一新理论的诸多研究基本上是：要么停留在全面创新管理的总体框架研究，要么是只对全面创新管理的某一方面的片面研究。为了使理论界和实务界从整体上更好地把握全面创新管理的全员创新、全时空创新和全要素创新之间的作用机理，我们就有必要建立整合的全面创新管理模型并加以深入研究，从而进一步深化和丰富全面创新管理理论。同时，为了实证研究，开发一套全面创新管理量表也是势在必行。

通过对绩效的含义、绩效指标的分类、绩效指标的测度等方面的文献考察和研究，我们认为全面创新管理的绩效，若还沿用过去的技术创新的绩效来衡量，是不合适的，而且如此衡量与全面创新管理的内涵也不相符。这就要求我们去探寻更适合的全面创新管理绩效的衡量指标。此外，我们认为，对绩效的衡量用主观评价法有利于获得真实的数据，也便于行业间的比较。

通过对全面创新管理和绩效的关系方面的文献考察和研究，我们认为研究企业全面创新管理理论应考虑企业全面绩效，这不仅受到已有文献的支持，也便于和以往的相关研究加以比较，从而丰富和发展已有的相关理论。此外，已有的文献告诉我们，本书的研究还有必要把企业的诸如规模、年龄等特质变量和诸如技术动荡、市场动荡等环境变量作为控制变量加以研究，以便对全面创新管理实践加以有效指导。

综上所述，企业全面创新管理研究，既有充足的理论支持的一面，又有亟须发展和丰富其理论的一面。

第三章 模型的构建与研究假设

基于前述相关研究的回顾和梳理,本章主要阐述研究的理论框架并提出研究的基本假设。共分三个部分:首先,论述企业全面创新管理的动因;其次,提出本书研究的理论框架模型;最后,讨论研究模型中各变量之间的关系并提出相应假设。

第一节 企业全面创新管理的动因

一 企业技术创新实践发展的需要

进入 21 世纪以来,经济全球化、网络化趋势更加明显,以 IT 技术、互联网和人工智能的广泛应用为标志的新科技革命浪潮使企业的生存与发展环境、经营目标与方式等发生了根本性的变革。企业面临的环境更加动荡,竞争日益激烈。顾客需求的个性化及对速度和灵敏度的要求对企业提出了新的挑战。企业仅有良好的生产效率、足够高的质量甚至灵活性已不足以保持市场竞争优势。随着知识经济时代的来临,越来越多的企业发现,全面创新正日益成为企业生存与发展的不竭源泉和动力。企业只有通过全面创新管理,才可能提供价格更低、质量更高,且迎合消费者的个性化需求的具有竞争优势的产品和服务。目前,一些国际知名创新型企业已经开始推行全面创新的管理,我国少数领先企业,如海尔集团等企业也开始了这方面实践的探索,且已初见成效。例如,海尔集团以战略为导向,以基于市场链的业务流程再造为先导,以人人争做创新 SBU (Strategic Business Unit,策略性经营单位)为特色,展开了技术创新与组织、文化、制度、市场、管理等全要素的协同创新,并初步实现了全员、全要素和全时空创新,取得了显著的创新绩效并最终体现为经营绩效。

传统的创新管理理论由于受当时条件的限制,缺乏对当今环境剧烈变化和创新过程日益复杂化的认识,无法在新形势下为企业提供一个科学有效的创新管理范式来指导实践。企业的技术创新实践迫切需要新的理论指导,为企业在动荡而又激烈的市场竞争中实现科学高效的创新管理、提高创新绩效,从而赢得持续竞争优势提供崭新的理念、范式和框架。

二 创新管理理论进一步发展的需要

如前所述,以组合创新为代表的第二代创新管理基本范式,突破了以前有关创新线性的思维模式和单纯的技术创新范畴,强调了创新系统内各子系统和要素之间的组合协同、互动对创新绩效的重要作用,并强调了多种创新要素的有机组合与协同(如技术创新、组织创新、文化创新等的组合协同)的重要作用。在组合创新理论的基础上,随着理论和实践的进一步发展,国内外一些学者相继提出了一些新的创新管理思想,丰富和发展了创新管理理论,以全面创新管理为代表的第三代创新管理正逐步形成,并受到理论界关注。

三 企业全面创新管理的提出和发展

浙江大学许庆瑞教授等(2001)总结了国内外最新创新理论及我国大量企业经营管理成败的经验教训,在其《企业经营管理基本规律与模式》一书中指出,当今企业为适应环境的变化,必须以企业战略为导向,持续地开展以技术创新为中心的全面创新,培育和提高企业的技术创新能力。并首次从理论上系统提出了企业经营管理的全面创新规律,其规律要点是"一个中心,两个基本点",即"以技术创新为中心,以组合创新和技术与创新能力为基本点"。在此基础上,在2002年举行的第三届技术创新与管理国际会议上进一步提出"全面创新管理"的创新管理新范式,引起了与会者的广泛关注与赞同。郑刚等(2003)进一步总结了全面创新管理范式的产生背景和理论基础,如图3-1所示。

许庆瑞教授等(2007)在其《全面创新管理——理论与实践》一书中指出:二次创新是指引进技术经过消化吸收而进行再次创新;组合创新与集成创新有近似而不雷同,组合创新不局限于技术之集成,而包括技术创新与非技术创新的组合与集成。前者(技术创新的组合)包括产品创新与工艺创新的组合、重大创新与渐进创新的组合。而后者(技术创新与非技术创新的组合)则包括技术创新与组织、文化创新的组合,独立创新与合作创新的组合等。组合创新不只是一个项目的组合,更是项目组合上的战略思想和准则。在实践中,引导了企业走出了孤立进行技术创新的"死胡

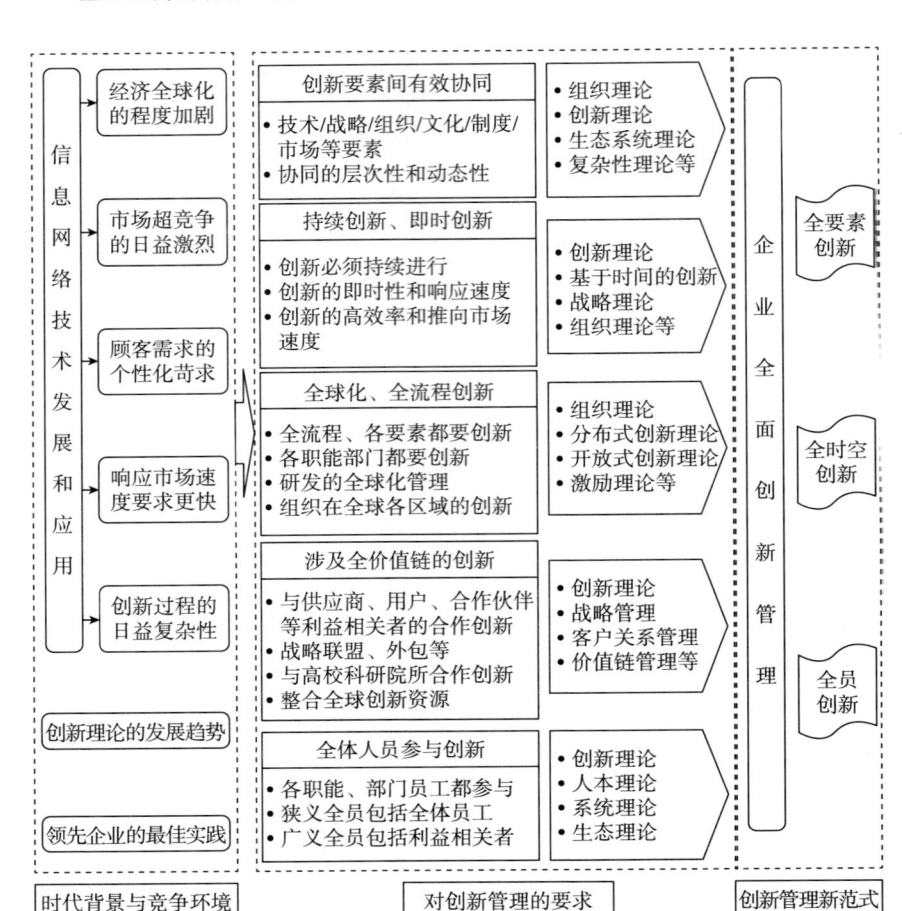

图 3-1 企业全面创新管理产生背景和理论基础

同",迈向了将技术创新同组织创新、文化创新、制度创新相结合之路。

全面创新又将组合创新推进了一大步,从更系统、更广泛的领域中整合了技术创新与文化、制度、管理等创新(非技术创新)。不仅是将企业各方面创新构成了一个系统的全方位创新,而且同全员创新和全时空创新相整合。形成了以全员创新为基础,在全球领域内整合一切创新资源持续不断的,包括全要素、全员、全时空("三全")的立体式创新范式。它在依靠全员创新活力的基础上,通过全方位的持续创新,产生了具有强大竞争优势的整体创新力(Holistic Innovation Force),推动企业的核心能力呈跨越式发展,以快于一般企业所需时间的 1/2—1/3 迈向创新型企业。

全面创新是创新型企业的主要特征,通过构建全面创新体系,跨入创新型企业是国外成功企业走向卓越的途径，也是我国企业以跨越方式走向创新型企业的必由之路。我们就是期望在现有研究的基础上，进一步发展和丰富全面创新管理理论，并在实证研究的基础上提出一些具有可操作性的管理建议，为推动企业快速迈向创新型企业提供指导。

第二节 本书研究的概念模型构建

根据第二章的文献评述，我们发现在创新管理研究中有大量的研究集中在影响技术创新绩效的因素上，而且同一因素对技术创新绩效的影响在不同的研究中结果也不完全一致。至于创新对绩效的影响方面的研究就相对较少，尤其是全面创新管理对绩效影响的实证研究几乎是个空白，因此有必要在研究企业全面创新管理时，进一步探讨全面创新对绩效的作用机理和作用路径。

关于创新影响绩效的逻辑链上的相关情境变量方面的研究也是智者见智，仁者见仁，因此为了深化全面创新管理研究，我们在设计理论框架时也把一些情景变量纳入概念模型，试图建立更完整的模型来解释全面创新和绩效之间的内在关系。鉴于第二章文献研究，我们考虑的情景变量主要有外部的环境变量和内在的条件变量，如技术动荡、市场动荡、企业组织的资源及其主要特征等。

关于创新影响绩效的逻辑链上的绩效的界定也是个很复杂的问题，通过对绩效的含义、绩效指标的分类、绩效指标的测度等方面的文献考察和研究，我们认为全面创新管理的绩效，若还沿用过去的技术创新的绩效来衡量，是不合适的，而且如此衡量与全面创新管理的内涵也不相符。我们借鉴企业利益相关者的观点，从股东、顾客和员工三个方面来考察全面创新管理给企业带来的绩效，我们称之为企业全面创新管理绩效，为了行文方便，我们简称为全面绩效。此外，我们认为对绩效的衡量用主观评价法有利于获得真实的数据，也便于行业间的比较。

创新对创新绩效的正向积极影响作用是创新理论的基本假设，这已经得到前人证实，然而全新的全面创新管理理论所说的全面创新涉及全员创新、全时空创新和全要素创新等多个维度，它们从总体上是如何影响全面绩效？且不同维度的全面创新又是如何影响不同维度的全面绩效？这是全面创新管理理论研究者和实践者普遍关心的问题，因此，我们有必要对全面创新管理和全面绩效的关系给予高度关注。

此外，全面创新内涵是三全一协同：全员创新是基础、全时空创新是关键、全要素创新是目标，全员创新和全要素创新在全时空范围内互相促进。

鉴于上述讨论，我们提出了如图3-2所示的研究概念模型示意图。

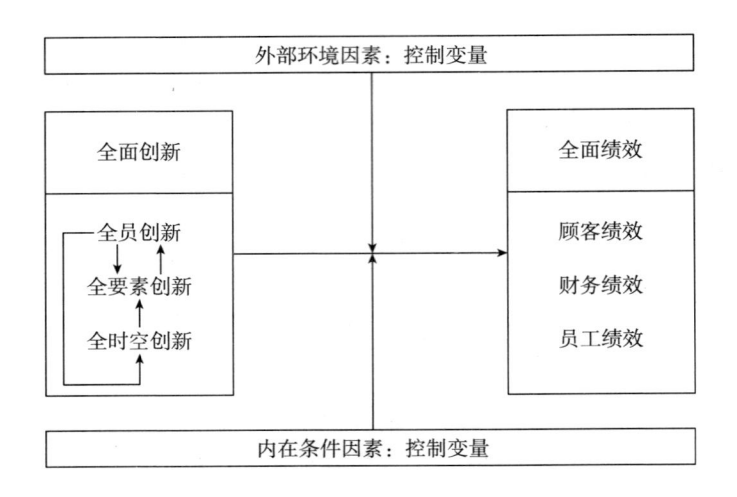

图3-2 本书研究的概念模型

为了使研究更具深度，我们还将把全面创新管理的核心内容全要素创新细分为战略层创新、管理层创新和操作层创新三个层次加以深入研究。

为了拓宽研究广度，我们把一些情景变量也纳入模型，作为控制变量或者调节变量加以考察，以便提供更进一步的管理建议。

第三节 本书研究的主要理论假设

一 全面创新管理的维度及其主要关系

全面创新管理不是对原有创新理论和方法的归纳集成和简单的延伸，而是一次具有革命性的突破。它将彻底改变原有的基于机械观、线性的创新管理思维方式，而以生态观、复杂系统理论等为其理论依据和出发点。无论从其理论基础、目标、战略、结构、要素、时空范围还是管理风格方面，都与传统的创新管理范式有本质的区别，特别是其根据环境的变化突破了原有的时空域和局限于研发部门和研发人员创新的框架，突出强调了新形势下全时创新（24/7 创新）、全球化创新和人人参与创新的全员创新的重要性。因此，在全面创新管理的研究中，专家学者们根据全面创新管理的三个维度，即运行主体、运行时空和运行内容把全面创新管理划分为全员创新、全时空创新和全要素创新，即"三全"创新。在"三全"创新中，全员创新是全面创新管理的运行主体，它是全面创新管理的基础并能动地作用于全时空创新和全要素创新。全时空创新受全员创新的影响并进一步影响全要素创新。TIM 中全员创新与全要素创新、全时空创新的系统关系如图 3-3 所示。

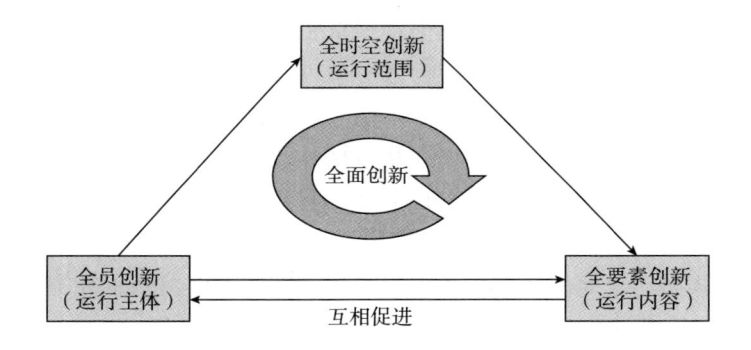

图 3-3　全面创新三个维度的深度关系框架

全员创新有狭义和广义之分：狭义的全员创新是指企业各部门和全体员工人人参与创新（全员创新是全面创新管理的基点）；广义的全员创新是指企业的整个利益相关者（包括员工、供应商、顾客、合作伙伴、股东等）参与创新。全员创新观认为，企业创新不再是某个部门或员工（如企业领导、技术部门或技术人员）的事，而是企业从高层到基层，所有部门的员工广泛参与和支持创新。它所涉及的创新的范围也不局限于 R&D 人员所从事新产品开发、工艺创新等的技术创新，还包括流程改进、解决组织结构问题、新战略战术制定、制度完善等非技术创新在内的广泛内容。企业中每个员工都可以通过个人的创造力发挥，在从创意提出到实现的整个创新过程中，做出自己的贡献。

全时空创新是指整合一切可利用的时间和空间资源来进行企业全面创新管理，它是 TIM 理论的重要组成内容之一。全时空创新是经济全球化、竞争激烈化、需求个性化、管理数字化、价值网络化等现实创新环境的必然产物。全时空创新按内容来划分可分为针对时间的创新和针对空间的创新。针对时间的创新称为全时创新，具体有即兴创新、即时创新和持续创新等形式。针对空间的创新称为全空创新，其主要表现形式为全价值链的创新和全球化创新。

全要素创新是指以提升全面绩效为目的，对企业的战略、组织、文化、制度、市场和技术等各因素的全面创新。因此，全要素创新框架包括战略创新、组织创新、文化创新、制度创新、技术创新、市场创新。战略创新是指企业为了适应市场环境变化和自身发展需要，针对企业战略进行的一系列调整和变革，包括企业战略的渐进性变革和重大变革；组织创新是指组织结构和流程的创新，即对现有业务流程进行局部的更新或全部变革，或者对现有组织的分工、协作、层次与机构设置等进行更新或全部变革；文化创新是指与企业战略的调整、组织结构的变化等相互匹配的企业价值观、员工行为表现以及制度规范等的自我更新或变革；制度创新是指随着企业的发展，对企业制度进行不断的更新或变革；市场创新是企业根据企业经营战略进行的市场发展和新市场开辟的活动，以及以企业市场子系统（主要是市场部门和营销部门）为主体所执行的营销职能的更新或变革；技术创新主要指产品创新和工艺创新。

我们认为，全面创新管理的三个维度之间的深度关系表现为：

（一）全员创新是全要素创新成功的基础

员工的广泛参与不仅可以减少企业创新的阻力，保证创新的成功，而且可以充分发挥每个员工的智慧，提高员工的承诺，进而提高创新水平。如合理化建议活动，企业往往鼓励所有员工提出改进工作的新建议，并给予相应的奖励。而当前广为应用的团队工作，则让更多员工有机会分担责任，讨论各种实际问题，调查问题的起因，并且向管理层提出解决方案。而且，当前越来越多的企业将员工代表纳入董事会，参与管理创新（Robbins，2002）。丰田公司就是全员创新的典型代表：自1951年实施"动脑筋，提方案"的全员合理化提案活动以来，丰田汽车公司的合理化提案每年都有几十万条。丰田公司的全员合理化建议制度、提案制度、创造性思考制度等，其目的就是通过发动群众参与创新，来改善公司的产品和服务质量、降低公司的产品和服务成本。员工广泛参与创新也让丰田汽车公司成为日本最为成功的企业，而且在《财富》世界500强排行榜中，最近十余年都稳居前十位，具体参见表3-1。

表3-1　　日本丰田汽车公司在《财富》世界500强排名

年度	排名	营业收入（百万美元）	利润（百万美元）
2010	5	204106	2256
2011	8	221760.2	4765.7
2012	10	235364	3591.3
2013	8	265701.8	11586.6
2014	9	256454.8	18198.2
2015	9	247702.9	19766.9
2016	8	236591.6	19264.2
2017	5	254694	16899.3
2018	6	265172	22510.1
2019	10	272612	16982
2020	10	275288.3	19096.2

资料来源：笔者整理。

全员创新的实施推动了企业战略、文化、制度、技术、组织等各要素创新。全员创新的实施势必改变由技术专家主导的创新格局，向基层员工扩展，强调不同职能部门如技术、市场、生产等各领域的合作创新，不仅推动企业新的战略目标的实现，而且引发阻碍员工创新的协调关系、自主权力、资源分配等创新，使企业向着组织扁平化、网络化等方向发展，并重新制定不同员工参与创新的权利义务以及员工之间关联的权责利关系处理的规章制度。同时，全员创新也可以理解为对全体员工行为规范、意识形态的重新塑造，必将有助于鼓励创新的企业文化的树立以及新的规范和激励员工制度体系的构建。

GE的全员创新对全要素创新的影响十分突出。自20世纪80年代初，韦尔奇亲自发起并开展了一直持续到现在的群策群力全员创新活动。GE已经举行过成百上千次"群策群力"的会议，其涉及范围包括全球数十万员工、业务范围从喷气发动机到电灯泡和信用卡公司。帮助GE精简机构、向员工授权，并彻底改变许多旧的交易方式，也使全员创新成为GE公司DNA的一部分。依托"群策群力"的全员创新的实践，GE已经实现了新产品推出达到25%的年增长率。正如韦尔奇告诫继任者，"热爱你的员工，拥抱你的员工，用钱包来奖励、用心灵来奖励你最好的员工——工资、大量的期权，令人振奋的工作，使人激动的工作气氛。这是一切事业成功的基础"。正是依靠20世纪80年代初以来实施的群策群力的全员创新活动，推动了GE全面创新管理体系的构建。GE先后在组织上实施组织结构调整，组织结构从原有的 9 级减少为 4 级；在制度上，强化了变革的激励制度，具体措施包括：工资增长计划、股票与期权、灵活的物质激励、职位晋升、海外工作机会、给员工荣誉等；在战略上，GE 强调了公司所有业务必须在市场上处于数一数二的地位的经营目标；在文化上，GE 强调了尊重每个员工的创意，摒弃官僚作风。

因此，我们提出如下研究假设：

研究假设 H1：在全面创新管理中全员创新对全要素创新有积极的影响作用。

(二) 创新主体的多样性是全时空创新的关键

随着企业创新活动的日益系统化以及在管理领域的不断延伸，企业创新主体日益多元化，包括了内部所有员工以及用户、供应商等外部利益相关者。创新主体的多元化推动了企业开放性创新的发展，使得企业可以利用网络环境，与外部创新主体，如顾客、供应商、合作者之间进行全时空的创新。不同创新主体的参与创新将创新的作用范围扩展到企业每一时刻、每一地方、每一件事、每一环节；并通过互联网信息网络，着眼于优化全球化的创新资源，从而提高资源利用效益。例如，宝洁公司把一般公司的研发（R&D）改名为联发（Connect + Develop，C + D），即"联系与发展"的意思。宝洁有几十名"技术企业家"专门负责搜索互联网、数据库和科学文献，以大海捞针的方式，从中找到或许对公司有利的重要的技术突破；宝洁在互联网上加入三个科学家网站[①]：NineSigma.com、InnoCentive.com 和 YourEncore.com，通过这些网站与外部发明家、科学家建立联系，买下合适的创新方案。宝洁公司还加强了与供应商在创新方面的合作，把它们看作自己"实验室的延伸"。这样，宝洁公司不仅拥有企业内部几万人的技术人员，而且还可以充分利用上百万人的外部科技资源，为企业创新所用。外部创新与内部研发结合的做法降低了创新的失败率，节省了研发费用，为宝洁公司带来的是超过所有财务指标的"满堂红"。前哈佛大学商学院教授、现加州大学伯克利分校教授亨利·切斯布劳提出

---

① NineSigma.com 将 50 多万名研究人员联结在一起。宝洁公司可以在上面发帖子，提出技术问题，从世界各地得到各种建议性的解决方案，如果觉得某个方案合适，就和方案的提出者谈判买下方案的条件，NineSigma 从中提成。宝洁公司加入的第二个网站是 InnoCentive.com，该网是美国礼来制药公司（EliLilly）的下属公司，联结了 7 万名科学家，他们也为技术问题提供解决方案。最后，宝洁公司与礼来公司一起创办 YourEncore.com，该网联结的是已经退休的科学家，他们可提供咨询。

的"开放性创新"概念中,始终把宝洁公司作为典范(肖妍,2005)。[①]
2007年8月22日宝洁推出"联系与发展"英文网站,建立了自己的创意集市,最大化地吸引和利用更多的来自英语国家和地区的外部创新资源。2009年3月26日,宝洁的"联系与发展"中文网站正式启动,这为吸引和利用习惯于中文表达的创新资源提供了便利(张振刚、陈志明,2013)。

因此,我们提出如下研究假设:

研究假设H2:在全面创新管理中全员创新对全时空创新有积极的影响作用。

(三)全时空创新是全要素创新成功的前提

网络信息技术的发展使企业在跨地域和跨国界进行全时空创新成为可能。许多跨国企业在全球范围设立制造、研发和采购基地,且产品面向不同的市场。依赖于网络信息技术,企业通过全时空创新整合了分布于企业内外的可利用资源,包括价值链上游的供应商和下游的客户及战略联盟的资源。此外,全时空创新,不仅对企业的战略、组织、文化、制度、技术和市场等要素提出新要求,从而促进了全要素创新,而且通过整合全时空资源也强化了全要素创新。

譬如,网络信息技术下,产品设计和开发系统提供了一种在产品开发项目中获取和控制所有成员和过程的方法,即通过即时交流(Instant Messaging)和网络会议(Web Conference)在主要供应商、原始设备供应商、工程师、市场人员、设计师、客户之间实现全球化的低成本实时链接和交流。使用了设计和开发系统的企业已在更短的时间内生产出了质量更高、更能满足客户特定需求的产品,而且没有出现传统设计流程中存在的交叉问题。显然,这在整合了全时空资源的同时,必然引起全要素创新。全时空创新也为企业赢得了利益。例如,美国国家半导体公司(National Semiconductor)允许其客户和供应链上合作伙伴利用以早期电路设计为基础的产品设计系统来开展合作,这样既节约了时间和金钱,又创造出更合适的终端产品。又如,我国海尔集团在2001年4月开发蓝牙网络家电时,就是与合作伙伴爱立信采用全时空创新方式,实现24小时不间断的接力式开发,从而大大缩短了产品开发周期,也节约了开发费用。海尔尝到甜头后,其全时空创新得到了持续不断的发展:2009年,海尔开放式创新中心成立;2013年,HOPE(Haier Open Partnership Ecosystem)平台1.0正式上线,发展为线上和线下并进;2014年,HOPE 2.0开始实施,平台遵

---

① http://finance.sina.com.cn/leadership/jygl/20051018/14212042783.shtml.

循开放合作和创新分享的理念，通过整合优秀的创意，为平台用户提供创新解决方案；2016年12月，为了提升用户体验，海尔开放创新平台升级创新合伙人计划，邀请各领域专家加入，正式开启创新社群模式探索；2018年7月，由海尔主导的两项国际标准在IEEE协会成功立项（杨磊、刘海兵，2020）。

总之，企业在整合时空资源前，对企业的战略创新、组织创新、文化创新、制度创新、市场创新和技术创新提出了新的要求；在整合时空资源后，更有利于这些要素创新的进行，即全要素创新。

因此，我们提出如下研究假设：

研究假设H3：在全面创新管理中全时空创新对全要素创新有积极的影响作用。

（四）全要素创新对全员创新有一定的影响

全要素创新是如何影响全员创新的？从人本原理和实践中看，全员创新是全面创新原理的基础，也是全要素创新的基础。但从另一个方面来看，全要素创新是全员创新的支撑平台与基石。

（1）战略创新可以从以下几个方面对全员创新产生影响：①战略创新根据变化的环境和企业愿景，提出全员创新的方向和各发展阶段的任务；②战略管理及其创新把企业的任务，逐级地分配到各部门、各小组直至每个员工；③通过战略规划及其管理创新，将创新所需资源分配到各部门、各小组和各个员工；④创新长期计划工作及其工作改进创新的计划管理工作，等等。

（2）文化创新对全员创新的影响如下：①培植创新文化，包括风险文化和容忍文化；②培植学习文化；③培养企业间、部门间合作协同文化；④培养知识共享文化，等等。战略创新与文化创新，增强了全员创新的思想、文化基础。

（3）组织创新对全员创新的影响有以下几个方面：①使组织扁平化，有利于发挥员工的创造性和积极性；②分权，将权力下放到最基层，让每个员工有责有权并积极地从事创新；③扩大员工自主权，让员工感到自己是真正的主人，如海尔实现人人是SBU（人人是战略经营单位）；④组织跨职能的部门和团队，有利于加强各部门/个人间的信息沟通，等等。这些构成了全员创新的组织基础。

（4）制度创新对全员创新产生的影响：①建立合理的管理制度，让员工的建议得到及时的答复；②建立对创新的激励制度，及时奖励有贡献的创新员工；③建立专利管理制度；④建立学习和培训制度，等等。这些构成和增强了全员创新的制度安排。

(5) 技术创新和市场创新在以下方面为全员创新创造条件：①技术创新和市场创新的成功，为全员创新提供精神和物质上的激励成为可能；②建立信息系统，为全员创新建立所需的信息化核算文化，包括投入—产出，计量和盈亏核算成为可能；③大数据、云计算、移动互联、人工智能等新技术的广泛应用，为全员创新构筑技术物质支持基础。

因此，我们提出如下研究假设：

研究假设 H0：在全面创新管理中全要素创新对全员创新有积极的影响作用。

二　全要素创新的层次及其主要关系

企业全面创新管理理论的核心在于企业在进行创新时，要系统性地考虑多要素之间的关系，全员创新是全要素创新的人员基础，全时空创新是全要素创新的前提，全要素创新是全面创新管理的内容所在。因此，我们将对全要素创新内部的主要关系进一步加以深入探讨。

有组织研究者指出，在组织这个基本单元内（Inter-unit）也存在层级分析，分析对象主要是对构成基本单元的相关要素结构和功能分析（梁磊、邢欣，2003）。Baum 指出，在组织演化中存在组织内层级（Infra-organizational Level），组织内层级由组织各要素构成，研究重点侧重于在组织过程中各要素的协同效应（Baum，2002）。因此，对于组织内各要素创新进行层级化的结构和功能分析，有助于进一步区分出要素创新的不同层次，从而为企业实施全面创新管理提供具体的理论指导。恩格尔伯特曾提出了组织活动（或组织工作）的 A、B、C 三个层次的观点（转引自 Senge，1992）。他认为，组织工作最明显的层次是 A 层次，它包括企业产品或服务的开发、制造和销售，企业大多数人员和资源都集中在这个层次。B 层次则包括设计能使一个企业开发、生产和销售其产品或服务的系统和过程，如果没有 B 层次所起到的安排和指导作用，A 层次无法有效运转并发挥它的作用。然而，最不明显而又最具潜在影响力的层次是 C 层次，它负责制定和执行组织战略，决定了组织怎样思考和行动，从根本上决定了组织所设计的系统和过程的质量（B 层次），以及组织所提供的产品或服务的质量（C 层次）（张钢，2000）。正是这三个层次活动的有机结合，才形成了完整的企业组织活动。

众所周知，企业全要素创新中的六个主要素在全面创新管理中的作用也不是均等的，它们也有明显的层次结构。为了便于进一步深入分析，我们借鉴恩格尔伯特的思想，将全要素区分为三个有一定作用方向的子层次。由此，得出企业全要素创新的三层次模型（见图3-4）。

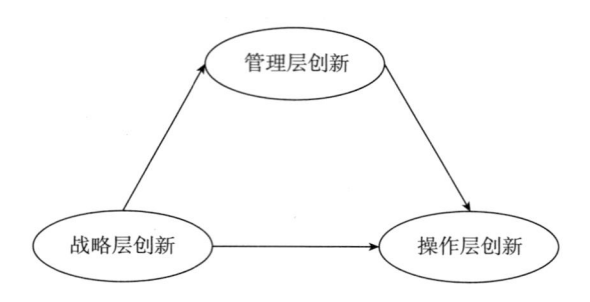

图3-4 全要素三个层面的主要关系框架

（1）操作层，包括技术创新与市场创新。以价值链分析为特征，主要目标是通过一系列相互联系的技术、市场创新从而最终实现组织绩效。一般来说技术创新和市场创新在企业中是正式而清晰的，它所完成的是恩格尔伯特意义上的A层次的活动或工作。

（2）管理层，包括组织创新、制度创新和文化创新。管理层是承上启下的关键环节。其上承战略层，体现了战略实现的组织安排；其下联操作层，对技术、市场创新运作起到了支撑和管理作用。它所完成的工作主要是恩格尔伯特意义上的B层次的活动或工作。

（3）战略层，主要包括战略创新。战略是关于企业存在和发展的假设说明、组织的使命和任务。战略层决定了组织如何识别环境中的机会，如何获取和利用企业资源，最终达成企业全面绩效。战略层相当于恩格尔伯特意义上的C层次，它负责制定和执行组织战略，决定了组织怎样思考和行动。

企业全面创新管理的全面性决定了其在实施过程中，势必使企业改变以往只考虑单一创新而忽视整体的创新，只注重分散创新而缺乏系统集成创新，只强调企业内部资源的整合而忽略企业外部资源的利用，只重视专业人员的创新而漠视普通员工创造潜力发挥的思维模式和行为方式，从而确立创新在组织中的战略地位，并紧密围绕企业价值的增加与创造、核心能力的持续提高等方面来开展。因此，TIM作为企业创新管理的新范式，首先意味着企业的战略创新。在战略创新主导下，通过制度、组织、文化等管理层要素的创新，进一步影响操作层要素创新。

全要素创新中的战略创新主导性，体现在其对其他要素的决定作用。着重于企业目标制定以及资源分配的战略，不仅决定企业技术发展方向、具体产品研发，而且规定企业分工组织结构，业务单元间协调、运作等的流程和规范,以及需要什么样的企业文化来取得员工行为的一致性。正如钱德勒的著名论断所描述的,战略决定结构,结构跟随战略。RCID 收集的华为和 IBM 案例也印证了上述观点,具体如表 3-2 和表 3-3 所示。

表 3-2　　　　　华为战略创新与管理层和操作层创新的关系

自变量	因变量	自变量对因变量的作用	来源
战略创新	组织创新	为保证企业在技术领域的可持续发展,华为强调与全球同行在技术、制造和市场开发领域的合作。华为已经与西门子、NEC、松下、英特尔、SUN、IBM 等多家公司开展多方面的研发和市场合作。除采取合作方式来保持技术的先进性外,华为还将研究所搬到了国外,美国、印度、瑞典、俄罗斯等均设有华为的海外研究所。1997 年 4 月,华为与俄罗斯企业在莫斯科建立了合资公司贝托华为,开始合作研发;1999 年,在印度成立研发中心,2000 年又在美国成立研究所,吸收全球人才资源;2003 年,华为与竞争对手思科建立合作关系,之后又与众多一流企业建立了合作研发的关系	胡银花(2005)杨磊和刘海兵(2020)
	制度创新	建立完善的培训体系,打造学习型企业,服务于企业市场开拓,是华为战略的重要组成部分;TUP 是一种激励机制,反映了华为与员工形成利益共同体的价值观与"华为式"的产权制度创新	赵继军(2005)齐宝鑫和武亚军(2018)
	文化创新	文化建设必须配合公司战略来进行,例如:"客户导向文化""高绩效文化""诚信文化""团队文化""敬业奉献文化""不断进步""成本意识"等;以岗定级、以级定薪的激励文化	赵继军(2005)齐宝鑫和武亚军(2018)
	技术创新	1992 年,华为面对的市场环境是:巨大的需求和有限的供给。扩大供给的壁垒就是技术。一旦国内厂商实现技术进步,并以低成本进入市场,就会揭开电信市场的利润空间。2015 年,华为宣布了 10 亿美元的"沃土计划",打造面向开发者伙伴的开发使能平台和联合创新	程东升和刘丽丽(2004)杨磊和刘海兵(2020)
	市场创新	(进入以开发自主产品为主要盈利模式的高速发展阶段)华为的销售模式也必须随着改变,技术和服务在销售中的作用越来越突出;华为 2000 年引进 IBM 的 IPD(集成产品开发)流程后,通过全方位的市场调查及未来产品分析,解决了市场需求不明的问题;采用"农村包围城市"的多层次市场策略	程东升和刘丽丽(2005)许庆瑞等(2019)

表 3-3　　IBM 战略创新与管理层和操作层创新的关系

自变量	因变量	自变量对因变量的作用	来源
战略创新	技术创新	小沃森主张打孔机已经过时，公司的重心应该转移到计算机上。 1995 年，IBM 在很多人还不知道电子商务为何物的情况下，提出了"电子商务"的战略理念，从而驱使 IBM 实现硬件厂商到"软件+硬件"的技术转型。2012 年提出"智慧地球"的概念，将基于云计算的智能化综合管理服务作为 IBM 公司战略转型。这次转型使 IBM 不仅提供 IT 服务解决方案，也提供商业和战略咨询	杰克·沃特曼（2004）黎群（2016）
	市场创新	一切以客户为导向，把 IBM 转变为一家以市场为驱动力的公司。 在服务转型的历程中，IBM 开发了很多基于产品的增值服务，比如说基于 IBM 硬件产品的优化调试、系统整合、存储系统的设计，乃至互联网数据中心的设计，甚至包括互联网数据中心的机房建设、运营维护系统、安全系统等	郭士纳（2004）黎群（2016）
	制度创新	每名 IBM 的员工，都要制定各自的"个人业务承诺"——IBM 整体战略目标分解到个人所需完成的工作。 打破终身雇用制度；废除固定着装制度；所有员工入职时接受的"魔鬼训练"；个人成长计划（IPD）	郭慧文（2006）
	组织创新	对地区性事业部进行改组，改组后的地区性事业部是以战略性为中心的领导体制。组建亚洲太平洋集团的战略核心——日本 IBM 实施变革的首要任务之一就是改变 IBM 内部的基本权利结构	仲英（2002）郭士纳（2004）
	文化创新	为给 IBM 转型创造条件，保证战略的顺利实施，必须对 IBM 的原有文化进行重新阐释。 战略的转型促使 IBM 确立新的价值观：成就客户、创新为要、诚信负责	郭士纳（2004）黎群（2016）

据上所述，我们提出如下研究假设：

研究假设 H4：战略层创新对操作层创新有积极的影响。

H4.1：战略创新对技术创新有积极的影响作用。

H4.2：战略创新对市场创新有积极的影响作用。

研究假设 H5：战略层创新对管理层创新有一定的影响。
H5.1：战略创新对组织创新有积极的影响作用。
H5.2：战略创新对制度创新有积极的影响作用。
H5.3：战略创新对文化创新有积极的影响作用。

  管理层是承上启下的关键环节。其上承战略层，体现了战略实现的组织安排；其下联操作层，对技术、市场创新运作起到了支撑和管理作用。也就是说，技术创新和市场创新的顺利开展，离不开一个完整的管理基础。如果没有管理层创新的支持（例如，制度创新、组织创新和文化创新等），技术创新和市场创新就难以高效、持续地进行。我们对国内外制造业的案例研究也充分说明了管理层面的创新对操作层面的创新有积极的影响，表 3-4 和表 3-5 就是国内外的一个具体例证。

表 3-4　　　　　　　IBM 管理层创新对操作层创新的影响

自变量	因变量	自变量对因变量的作用	来源
制度创新	技术创新	IBM 对有成功创新经历的人，授予"IBM 会员资格"，还提供 5 年的时间和必要的物质支持，从而使其有足够的时间和资金进行创新活动	郭慧文（2006）
	市场创新	由于个人电脑的特殊性，埃斯特奇安排了一个有争议的计划，让经销商销售个人电脑，这是 IBM 产品第一次由非 IMB 业务代表的人销售	杰克·沃特曼（2004）
组织创新	技术创新	郭士纳按照金融、教育、卫生、商业等专业组成 12 个行业推销单位，打破地区界限，开展专业对口联系。这样就大大增强了知识基础，使员工可以以行家里手的身份共同探讨企业的技术改造问题，有利于技术创新的产生	杰克·沃特曼（2004）
	市场创新	郭士纳大刀阔斧地精简机构，撤销中间管理阶层，合并工厂，裁减员工，取消终身雇用制。他改变了 IBM 包揽一切、自成体系的传统经营模式	杰克·沃特曼（2004）
文化创新	技术创新	IBM 基本原则之一：尊重个人，尊重人才，追求卓越	周筱云（2002）
	市场创新	IBM 基本原则之二：顾客至上，一切以顾客为导向，以市场为驱动力	周筱云（2002）

表3-5　　　　　　　华为管理层创新对操作层创新的影响

自变量	因变量	自变量对因变量的作用	来源
制度创新	技术创新	华为在产品开发过程中，始终遵循国际上最规范的软件工程化设计方法，工程化设计方法使软件的开发设计摆脱了对单个人才的依赖。 2015年华为通过构建开放实验室对云操作系统等新技术进行合作探索，构建开放的产业生态链以探索新的业务方向	程东升和刘丽丽（2005） 张洁和何代欣等（2018）
	市场创新	华为称：通过建立利益共同体，达到巩固市场、拓展市场和占领市场之目的；利益关系代替买卖关系"； 华为认为，销售提成是一种"刺激"方式，可以提高销售人员增加短期收益的积极性，但是却无助于销售人员与客户形成长期稳定的关系。而普遍客户关系和长期客户关系，是华为的看家法宝。所以，明确规定不给销售人员提成。 通过把客户升级为合作者、鼓励员工创业成为代理商等制度，来稳定和扩大市场	程东升和刘丽丽（2004） 许庆瑞（2007）
组织创新	技术创新	通过流程改造，华为取得了显著的成效：新产品的开发时间减少一半，成本节约30%	黄磊和武颂（2003）
	市场创新	华为引入Mercer做组织结构调整的另一目的是，力图建立一个与国际接轨的Marketing体系（包括公司级、区域、产品和大客户等子体系），以适应国际市场甚至本土市场上客户越来越明显的咨询式营销需求	郭开森和张鹏（2004）
文化创新	技术创新	随着技术复杂程度的提高、学科的交叉，技术创新越来越依靠集体智慧。 进入华为公司，可以鲜明感受到华为人惊人的相似点，当谈到业务时都像打了"鸡血"一样。背后的原因是，除了财富、权力、成就感的激励外，多年来华为的组织文化建设始终呈现多样性、丰富性、变化性	程东升和刘丽丽（2005） 田涛（2016）
	市场创新	随着企业规模的壮大、市场层次的丰富，营销也必须依靠团队的力量才能完成。华为的技术研发、市场销售也都是通过团队实现的，因此，任正非特别强调集体奋斗，强调集体英雄主义	程东升和刘丽丽（2005）

综上所述，我们提出如下研究假设：

研究假设H6：管理层创新对操作层创新有一定的影响。

H6.1：制度创新对技术创新有积极的影响作用。

H6.2：制度创新对市场创新有积极的影响作用。

H6.3：文化创新对技术创新有积极的影响作用。

H6.4：文化创新对市场创新有积极的影响作用。

H6.5：组织创新对技术创新有积极的影响作用。

H6.6：组织创新对市场创新有积极的影响作用。

管理层创新主要包括组织创新、制度创新和文化创新。当企业的战略创新后，就必然要求组织创新和文化创新与之相适应，进而导致制度创新，可见管理层创新的落脚点是制度创新。我们对国内外制造业的案例研究也充分说明了管理层面创新各要素间的主要关系，表3-6就是国内外典型企业的具体例证。

表3-6　　　　　管理层内部各创新要素的关系举例

	企业	自变量对因变量的作用	来源
组织创新对制度创新的影响	海尔	"市场链"模式的关键在于实施了彻底的标准化操作。人事考评采用了标准化的评价系统和考评软件，或者完全执行唯成果主义，尽量避免人的主观因素	海尔大学（2004）
	惠普	设立分部的基本目的就是希望给予他们相当的自主权，能够创造一种环境，促进个人努力、主动性和创造力，并提供自由空间，以完成共同目标 适应走动式管理，建立尊重人的员工激励制度	大卫帕克（2001） 许庆瑞（2007）
	丰田	丰田汽车新产品开发为实现无接缝组织创新过程，建立了全面招聘制度、个性对口鉴定制度、自己申报制度和个别谈话制度等	许庆瑞（2007）
	华为	与动态组织结构、扁平化相适应的人才评价制度、短期和长期指标评价制度	许庆瑞（2007）
文化创新对制度创新的影响	华为	规模发展阶段的竞争型文化、加班文化，产生了大规模招聘制度、高工资激励制度；以效益为中心阶段的集体奋斗、持续学习，导致人才评价制度、IPD（集成产品研发）考核制度	许庆瑞（2007）
	惠普	基于开放型企业文化和人人都想做好工作的理念，建立了统一的制度标准，强化激励机制	许庆瑞（2007）

续表

企业		自变量对因变量的作用	来源
文化创新对制度创新的影响	丰田	为了让 Kaizen 成为每个员工的自觉行为,丰田建立了不断反省自己的制度,要求在总结报告中一定要提出反省点,以便以后能予以克服,不断追求完美	许庆瑞(2007)
	三星	在李会长"我喜欢惹是生非的人"的精神指导下,三星建立了相应的奖惩制度,使对公司有利的建设性意见、发明、研究成果直接与个人利益联系起来	姜亚丽和文逸(2004)

综上所述,我们提出如下研究假设:

研究假设 H7:管理创新层内部各要素间有一定的影响。

H7.1:组织创新对制度创新有积极的影响作用。

H7.2:文化创新对制度创新有积极的影响作用。

任何的经济活动都是在市场环境下进行运作的,任何技术创新都要通过市场才能够证明自身的创新成功。技术创新和市场创新是处在同一价值链层次上的企业行为,两者之间有紧密的信息、资源和价值传递联系,是企业全要素创新的落脚点。通过对国内著名企业的案例分析,我们发现市场创新可以为企业提供技术创新思路和技术创新机会,而且市场创新带来新的利润增长点,诱发企业积极从事技术创新,因此,我们说市场创新持续不断地影响着企业技术创新。例如,海尔在市场创新过程中,发现夏季存在小容量洗衣机市场,从而为小小神童洗衣机的技术研发提供了明确的产品要求和市场定位。而第三种洗衣方式——双动力技术的研发成功,使海尔开发出一系列洗净率高,又不伤衣服的洗衣机,该产品技术领先,而且利润率较高,海尔赢得了市场效益和美誉度的"双丰收"。据此我们提出如下假设:

研究假设 H8:操作创新层内部的市场创新对技术创新有积极的影响作用。

三 全面创新管理与全面绩效的关系

RCID 曾对全面创新管理的各维度对绩效的影响进行过相关研究。刘景江(2004)通过实证研究发现,文化创新对组织绩效有显著正效应,其直接效应的标准化估计值高达 0.717,而且,它还通过促进信息技术创新、组织流程创新和组织结构创新对组织绩效有间接正效应。郑刚(2004)基于面向全国 100 余家大中型工业企业的 211 份调查问卷分析了样本企业各创新要素全面协同的实际情况以及创新绩效情况，结果发现各要素全面协同程度与企业的创新效率和创新效果有较强的正相关性（在0.01显著性水平下）。即各创新要素的全面协同程度越好，创新绩效（包括创新效率和创新效果）更好。谢章澍（2005）通过实证研究发现，在0.01显著性水平下，全员创新水平到创新绩效标准化路径系数为0.721，说明了全员创新水平对创新绩效有显著的正效应。刘新民（2005）通过对企业创新三维因素的互动及与绩效的关系研究，认为企业创新可归结为制度创新、管理创新、技术创新，三类创新因素呈互动的关系，共同构成了企业核心竞争能力的主体，并从根本上影响企业的绩效。谢洪明、刘常勇和陈春辉（2006）在对珠三角地区企业的实证研究中证实了管理创新对组织绩效有直接的正面影响，技术创新则不然，但技术创新对管理创新有直接的正面影响。朱凌（2006）通过实证研究发现战略创新到企业技术创新绩效之间路径系数的标准化估计值为0.771（$p<0.01$），组织创新到企业技术创新绩效之间路径系数的标准化估计值为0.436（$p<0.01$），这说明战略创新、组织创新对企业技术创新绩效有显著正效应。姚山季、王永贵和贾鹤（2009）通过19篇文献的36个效应值，对产品创新与企业绩效之间的关系进行了Meta分析，发现二者之间的相关系数为0.234（$p<0.001$），并进一步指出，企业应该旗帜鲜明地支持产品创新活动。潘佳、刘益和王良（2014）通过137个样本企业的实证研究，得出的结论是：就国有企业而言，技术创新对企业市场责任绩效、环境绩效和社会贡献度都具有正向作用；就民营企业而言，技术创新只对企业市场责任绩效有促进作用。蒋天旭、朱敏（2016）以我国创业板上市公司为研究案例，验证了企业技术创新与企业经济绩效之间存在的正相关关系。谢彦明、汪戎和纳鹏杰（2016）以海尔1991—2013年时间序列数据为研究样本，采用格兰杰因果检验、IRF脉冲响应函数和方差分解方法，揭示了战略创新、市场创新、技术创新和企业绩效之间的因果关系和互动机制。高鹏斌、吴伟伟和于渤（2017）基于47个实证研究结果，利用元分析方法得出管理创新和企业绩效之间的关系是正向显著的。

许多学者研究发现：大多数企业认为，创新直接关系到一个企业的绩效。而且，创新成功的企业普遍认为其公司业绩高于创新失败的公司（Bougrain and Haudeville，2002；Damanpour and Evan，1984；Markham and Griffin，1998；Pelham and Wilson，1996；Souder，Sherman and Davies - Cooper，1998；Tjosvold and McNeely，1988）。我们对中国的诸如海尔集团、中集集团、宝钢集团等企业的调研结果表明，全面创新管理与企业的绩效具有正相关关系（许庆瑞，2007）。胡超颖和金中坤（2017）采用定量文献综述的元分析方法，基于72篇实证研究文献的223个效应值，考察探索式创新、利用式创新与企业绩效的关系。研究结果表明：探索式创新和利用式创新都与企业绩效呈中等程度的正相关，探索式创新对长期竞争优势的影响更明显，利用式创新对短期财务绩效的影响更强；探索式创新和利用式创新的匹配方式，不论是双元平衡还是双元联合，都对企业绩效有显著的正向影响，且双元联合的影响比双元平衡强。吴旻佳和赵增耀（2019）认为：纵观过去近30年创新与企业绩效关系的诸多研究，有关于创新与企业绩效的研究结论并不统一，但通过构建理论模型，运用Meta分析技术，对国内外37篇实证研究分析表明，中小企业创新与其绩效之间具有显著正向关系。

根据上述，我们提出如下待检验的研究假设：

研究假设H9：全面创新管理对全面绩效有一定的影响。

研究假设H9.1：全员创新对全面绩效有积极的影响作用。

H9.1.1：全员创新对企业顾客绩效有积极的影响作用。

H9.1.2：全员创新对企业财务绩效有积极的影响作用。

H9.1.3：全员创新对企业员工绩效有积极的影响作用。

研究假设H9.2：全时空创新对全面绩效有积极的影响作用。

H9.2.1：全时空创新对企业顾客绩效有积极的影响作用。

H9.2.2：全时空创新对企业财务绩效有积极的影响作用。

H9.2.3：全时空创新对企业员工绩效有积极的影响作用。

研究假设H9.3：全要素创新对全面绩效有积极的影响作用。

H9.3.1：全要素创新对企业顾客绩效有积极的影响作用。

H9.3.2：全要素创新对企业财务绩效有积极的影响作用。

H9.3.3：全要素创新对企业员工绩效有积极的影响作用。

四 变量间关系的研究假设归纳

根据上述分析，我们共提出大小35个假设。就假设层次来细分：一级假设10个、二级假设16个、三级假设9个；按照假设的对象来细分：全要素创新三层次模型中有18个假设，全面创新管理的"三全"关系有4个假设，全面创新管理与全面绩效的关系有13个假设。表3-7是本书研究的三级假设的汇总，图3-5是三全创新及全面创新绩效之间的主要假设，图3-6是全要素创新各要素之间的主要假设。

表 3-7　　　　　　　　　研究的三级假设汇总

假设等级	假设编号和假设描述
一级假设	H0：在全面创新管理中全要素创新对全员创新有积极的影响作用 H1：在全面创新管理中全员创新对全要素创新有积极的影响作用 H2：在全面创新管理中全员创新对全时空创新有积极的影响作用 H3：在全面创新管理中全时空创新对全要素创新有积极的影响作用 H4：战略层创新对操作层创新有积极的影响 H5：战略层创新对管理层创新有一定的影响 H6：管理层创新对操作层创新有一定的影响 H7：管理创新层内部各要素间有一定的影响 H8：操作创新层内部的市场创新对技术创新有积极的影响作用 H9：全面创新管理对全面绩效有一定的影响
二级假设	H4.1：战略创新对技术创新有积极的影响作用 H4.2：战略创新对市场创新有积极的影响作用 H5.1：战略创新对组织创新有积极的影响作用 H5.2：战略创新对制度创新有积极的影响作用 H5.3：战略创新对文化创新有积极的影响作用 H6.1：制度创新对技术创新有积极的影响作用 H6.2：制度创新对市场创新有积极的影响作用 H6.3：文化创新对技术创新有积极的影响作用 H6.4：文化创新对市场创新有积极的影响作用 H6.5：组织创新对技术创新有积极的影响作用 H6.6：组织创新对市场创新有积极的影响作用 H7.1：组织创新对制度创新有积极的影响作用 H7.2：文化创新对制度创新有积极的影响作用 H9.1：全员创新对全面绩效有积极的影响作用 H9.2：全时空创新对全面绩效有积极的影响作用 H9.3：全要素创新对全面绩效有积极的影响作用
三级假设	H9.1.1：全员创新对企业顾客绩效有积极的影响作用 H9.1.2：全员创新对企业财务绩效有积极的影响作用 H9.1.3：全员创新对企业员工绩效有积极的影响作用 H9.2.1：全时空创新对企业顾客绩效有积极的影响作用 H9.2.2：全时空创新对企业财务绩效有积极的影响作用 H9.2.3：全时空创新对企业员工绩效有积极的影响作用 H9.3.1：全要素创新对企业顾客绩效有积极的影响作用 H9.3.2：全要素创新对企业财务绩效有积极的影响作用 H9.3.3：全要素创新对企业员工绩效有积极的影响作用

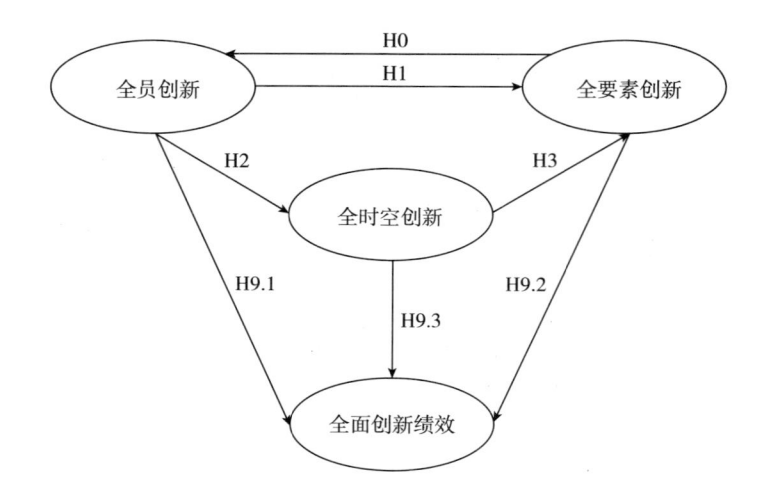

图 3-5　三全创新及全面创新绩效之间的主要假设

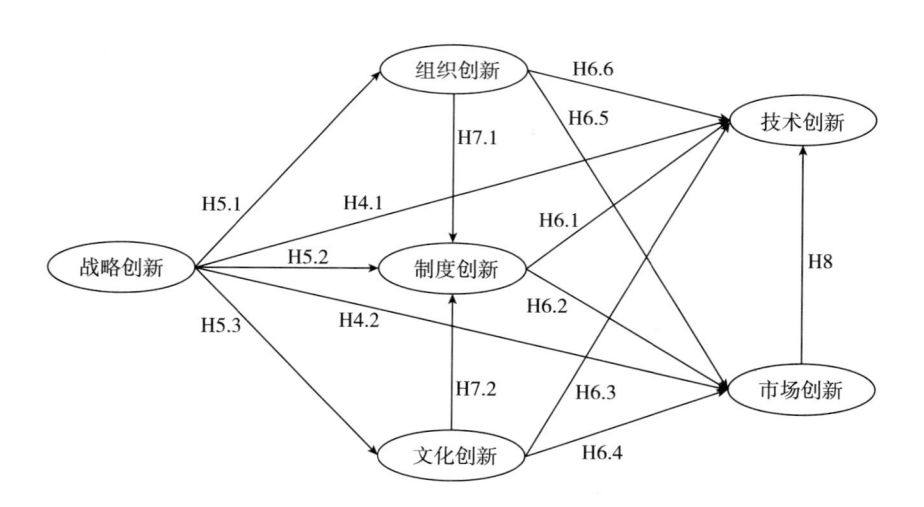

图 3-6　全要素创新各要素之间的主要假设

第四节　本章小结

本章首先对企业全面创新管理提出的动因进行了讨论，并在第二章文献探讨的基础上，提出了包含控制变量和调节变量在内的全面创新管理与全面绩效关系的概念模型。

其次，本章根据全面创新管理的三个维度，即运行主体、运行范围和运行内容，提出全员创新、全时空创新和全要素创新，即"三全"创新的机制模型。我们认为，在"三全"创新中：全员创新是全面创新管理的运行主体，它不仅是全面创新管理的基础，而且能动地作用于全时空创新和全要素创新；全时空创新受全员创新的影响并进一步影响全要素创新；全要素创新反作用于全员创新。

再次，为了使研究更具深度，我们进一步把全要素创新这一全面创新管理的核心内容细分为战略层创新、管理层创新以及操作层创新，并提出全要素创新的三层次模型以便对全要素创新内部机制加以深入研究。

最后，本章在文献探讨、企业访谈及案例研究的基础上提出了 10 个一级假设、16 个二级假设和 9 个三级假设的假设体系。

第四章 研究变量的定义与测量

本章主要研究企业全面创新管理中涉及的有关变量的操作性定义及其测量题目。为了便于和以往研究作比较,我们除了全面创新各变量外,其他变量的测量均借鉴已有研究的成果。本章在简单介绍数据如何收集的基础上展开各变量的可操作性定义和测量题目,最后还对本章内容进行小结。

第一节 研究数据收集流程概述

变量间的科学关系研究,首先需要对变量进行定义和测量,然后通过调查来收集变量的相关数据。而实施调查则需要一个科学有效的调查问卷和严格的收集资料程序。一般来说,收集数据要经过多个步骤,其流程如图 4-1 所示。

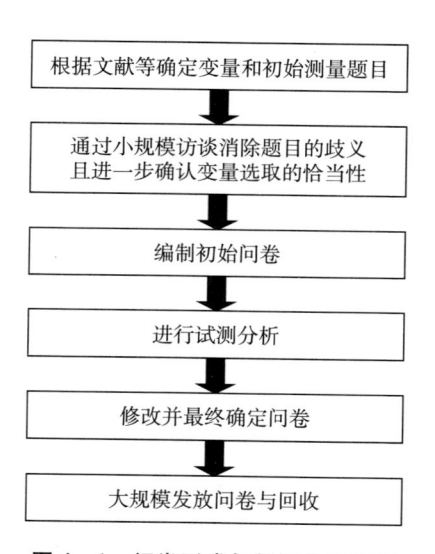

```
根据文献等确定变量和初始测量题目
          ↓
通过小规模访谈消除题目的歧义
且进一步确认变量选取的恰当性
          ↓
      编制初始问卷
          ↓
      进行试测分析
          ↓
    修改并最终确定问卷
          ↓
    大规模发放问卷与回收
```

图 4-1 问卷形成与数据收集流程

概括起来，问卷调查收集数据至少经过以下四个环节（马庆国，2004）：

第一，收集相关文献，为变量的测量奠定基础。为了便于与已有的研究结论做对比分析，保持研究的连贯性和持续性，必须通过整理国内外相关研究的重要文献，并结合研究对象、文化环境的特点形成各考察变量的初步测量问项。

第二，小规模访谈，形成初始调查问卷。以相关文献探讨为基础，并根据访谈内容进一步确认设计中变量选择的恰当性，并消除问项的歧义和不明确之处，完成调查问卷初稿。

第三，小规模试测及结果分析。在进行正式大规模发放问卷之前，要进行试测分析。针对有关企业发放试测问卷，目的是依据被调查者填答的结果，进行信度、效度分析来筛选出最能度量所需测量变量的题目，形成最终用于大规模发放的简洁有效问卷。

第四，正式大规模发放问卷并收集数据。通过各种形式大规模发放问卷并回收数据。问卷回收后将以SPSS15.0进行基本描述统计分析、信度分析、效度分析，用AMOS 17.0进行验证性因子分析和结构方程模型分析。

本书的研究是在以前研究的基础上进行的深度研究，为了和过去研究做对比分析，所以我们所用的变量均采用以往的相关研究的变量，省去了量表的构建问题研究，直接给出问卷调查所使用的有关变量的定义和测量量表。

第二节　全面绩效的定义及测量

鉴于第二章所述的理由，我们采取自评的主观衡量方法，以多重指标衡量企业绩效，请被调查人评价其所属公司达成各利益关联者对绩效的期望水平，分别对应顾客绩效、财务绩效以及员工绩效三个方面。顾客绩效的可操作性定义是：企业达成顾客的要求水平。财务绩效的可操作性定义是：企业达成股东的要求水平。员工绩效的可操作性定义是：企业达成员工要求的水平。其中顾客绩效及员工绩效参考Kirca、Jayachsndran和Bearden（2005）的内容并做了适当修改，各维度包含3个题目，共6个题目；财务绩效则是参考Luo、Slotegraaf和Pan（2006）所使用量表，包含3个题目。上述量表使用李克特7点尺度，1分表示非常不同意，7分表示非常同意。变量的可操作性定义、各题目的具体表述以及已有文献中相应量表的质量情况如表4-1所示。

表4-1 全面绩效可操作性定义与衡量

维度	可操作性定义	题目	量表质量
顾客绩效	企业达成顾客的要求水平	我们公司产品（服务）的顾客忠诚度很高 顾客很满意我们公司的产品（服务）质量 顾客愿与我们公司长期往来	$\alpha=0.816$ $CR=0.822$ $AVE=0.608$
财务绩效	企业达成股东的要求水平	过去三年来，我们公司产品（服务）的市场占有率持续增加 过去三年来，我们公司产品（服务）的营业额持续成长 我们公司产品（服务）的毛利率比主要竞争者高	$\alpha=0.856$ $CR=0.746$ $AVE=0.595$
员工绩效	企业达成员工的要求水平	我们公司员工的流失率比主要竞争者低 我们公司员工对公司的向心力比主要竞争者高 我们公司员工能有效达成公司制定的工作目标	$\alpha=0.844$ $CR=0.818$ $AVE=0.601$

资料来源：Yang Zongru, "The Relationships among Market Orientation, Entrepreneurial Orientation, Product Innovation, and Organisational Performance", The Dissertation of National Dong Hua University, 2007。

第三节 环境变量的定义及测量

为避免企业基本特征不同而影响研究结果，我们将公司的人数规模、成立年数、发展阶段、所属地区及所属行业等变量纳入模型作为控制变量。在测量时，人数规模分3个等级，发展阶段分5个等级，所属地区分34个区域（包括各省、自治区、直辖市和特别行政区），行业分31个制造业大类。此外，我们还纳入企业外部环境及内部资源变量，比较其对各主要变量关系的调节效果。对企业外部环境，我们将其定义为：企业所处产业的技术和市场变化程度。外部环境的测量参考 Menguc 和 Auh（2006）、Jayachandran 等（2005）所使用量表，包含市场动荡与技术动荡两个维度，各维度包含3个题目，共6个题目。对内部资源则定义为：组织有足够资源以投入各项活动。其测量工具则是参考并修改 Atuahene - Gima（2005）所使用量表，为单一维度，共3个题目。各变量的可操作性定义、题目具体表述以及 Yang Zongru（2007）使用该量表的信度和效度等质量指标汇总如表4-2所示。

表4-2　　　外部环境及内部资源可操作性定义与测量

维度	可操作性定义	题目	量表质量
市场动荡	顾客偏好及竞争者的变化速度	我们的产业环境变化很快 我们产业的竞争者很积极地改变经营活动 我们产业的顾客对产品（服务）的偏好很难预测	$\alpha = 0.816$ $CR = 0.822$ $AVE = 0.608$
技术动荡	产业技术的变化速度	我们产业内的技术变化很快 对于产业技术的改变常常是提供发展的好机会 产业内如有开发出新技术，对业者的经营影响很大	$\alpha = 0.856$ $CR = 0.746$ $AVE = 0.595$
企业资源	组织有足够资源以投入各项活动	我们公司有充分的资金支持发起新的创新活动 我们公司提供足够的自由时间开展各项新的计划 我们公司为员工创新提供必要的实验设备与空间	$\alpha = 0.844$ $CR = 0.818$ $AVE = 0.601$

资料来源：Yang Zongru, "The Relationships among Market Orientation, Entrepreneurial Orientation, Product Innovation, and Organisational Performance", The Dissertation of National Dong Hua University, 2007。

第四节　全面创新的定义及测量

一　全面创新的概念性构建

建构全面创新测量量表时，我们是以多元观点定义全面创新，除了考虑传统的技术创新、管理创新的定义外，也试图将开放型创新等纳入定义之中，许多学者也持相同的看法（Daft, 1978; Damanpour, 1987, 1991; Ettlie, et al., 1984; Russell, 1995; Robbins, 1996; H. W. Chesbrough, 2003; Dahlander, 2005；许庆瑞、陈劲、郑刚等，2002—2019）。

初步评价架构参考的文献包括：Daft（1978）、Kimberly 与 Evanisko（1981）、Amabile（1988, 1996）、Grossi（1990）、Damanpour（1984, 1987, 1991, 1996, 2000, 2001）、Wolfe（1994）、Schumann（1994）、Higgins（1995）、Tushman 和 O'Reilly（1997）、Yamin, Gunasekaran 与 Mavondo（1999）、谢洪明和陈春辉（2005）、许庆瑞（2002—2007）、陈

劲（2002—2007）、郑刚（2004）、刘景江（2004）、顾良丰（2005）、谢漳澍（2005）、朱凌（2006）、毛武兴（2006）、梁欣如（2007）等创新管理之相关实证研究文献，并参考对专家、学者及企业主管访谈结果整合而成。

根据已有研究的初步归纳，全面创新管理的三大系统维度分别是全要素创新、全员创新和全时空创新，此吸收融合并发展了核心模式的学者观点（Evan and Black, 1967; Daft, 1978; Daft, 1989; Damanpour, 1991）。至于全要素维度中又有技术创新（Daft, 1978; Kimberly, 1981; Damanpour, 1984; Schumann et al., 1994）、市场创新（Higgins, 1995）、组织创新、制度创新、文化创新、战略创新（Daft, 1978; Kimberly, 1981; Damanpour, 1984, 1987, 1991, 1996; Tushman and O'Reilly, 1996）等是与过去有关学者看法一致。我们综合了许多文献与学者专家之意见，因此也能与过去学者所提的主张相呼应与相互验证。我们拟定的概念性架构如表4-3所示。

表4-3　　　　　　　　　全面创新的概念性架构

全面创新	全员创新	—
	全时空创新	—
	全要素创新	战略创新 组织创新 文化创新 制度创新 技术创新 市场创新

二　全面创新量表评价

为了提高问卷的效度与信度，在大规模发放问卷和收集数据之前进行问卷前测（Pretest），以便对相关变量的测量有效性进行分析，并最终得到精简的变量测量量表。我们主要用两个方法来精简变量的测量题目（item）：效度评价法和信度评价法（Book and Kim, 2002; Bock et al., 2005）。

(一) 效度评价及筛选标准

本测量量表维度和题目，是在吸收了大量相关文献精华的基础上，结合企业调研的结论建构而成。我们初步拟用八个维度（战略创新、技术创新、市场创新、组织创新、文化创新、制度创新、全员创新、全时空创新）分别设计问项。

关于效度的评价有内容效度与建构效度之分。为了提高量表的内容效度，我们是在初步编制完成的量表维度与题目后，请相关专家学者，进行内容效度与适切性评价（Assessment of Content Validity and Relevance）和筛选。

首先，请他们对所有维度及每一题目所归属的维度是否合适加以评定。其次，请他们对不甚合适的维度或题目，提出具体的修正意见，以便确保量表的内容效度。根据专家学者对量表初稿所提的所有修改意见，并与统计调查专家等反复讨论修正。最后，形成正式试测量表。而且为了使国内企业员工易于填写并兼具良好的内容效度，我们还对题目进行适度修正。正式试测的全面创新管理量表，有八个维度50个题目，具体如表4-4所示。

表4-4　　　　　正式试测量表维度、题目及其文献来源

维度	题目（与同行业比较）	文献来源
战略创新	·公司能顺应外部环境并把握好市场机会 ·公司组织文化有助于实施与开展各项创新 ·公司尽可能满足利益相关者（如供应商、消费者、竞争对手等）的要求与期望 ·公司会采取合适的战略联盟（如研究开发联盟、供求联盟、市场共享联盟等）应对外部环境变化 ·公司会依据客户需求改变服务项目及改善服务方式	Damanpour（1984，1987，1991，1996，2000，2001） Wolfe（1994） Schumann（1994） Higgins（1995） Tushman and O'Reilly（1997） Yamin，Gunasekaran and Mavondo（1999） 毛武兴（2006） 许庆瑞（2007）
技术创新	·公司经常开发一些新产品或服务 ·公司的产品或新技术在市场上创造出许多商机 ·公司推出的新产品常采用先进的技术 ·公司很少推出和目前产品截然不同的新产品或服务 ·公司在产品创新方面是相当有名的 ·公司的新产品曾得过创新方面的奖项 ·公司会引进一些可以改善工艺或作业流程的新技术 ·公司能在短时间内调整生产的产量	Damanpour（1984，2001） Schumann（1994） Higgins（1995） 蔡启通（1998） Yamin，Gunasekaran and Mavondo（1999） 郭斌（1998） 郑刚（2004） 毛武兴（2006）

续表

维度	题目（与同行业比较）	文献来源
组织创新	·公司专业化程度很高 ·公司采取参与式的工作方式让员工更认同组织 ·公司管理层对组织变革（对组织的权利结构、组织规模、沟通渠道、角色设定等进行系统的调整、革新）表现出极大的兴趣 ·公司组织变革有利于创意到市场化的顺利延伸 ·公司研发部门和市场部门联系紧密度很高 ·公司的各部门（如研发、生产、市场）为创新提供了优良的服务	Amabile（1988，1996） Grossi（1990） Damanpour（1984，1987，1991，1996，2000，2001） 蔡启通（1998） Yamin，Gunasekaran and Mavondo（1999） 毛武兴（2006） 许庆瑞（2007）
文化创新	·公司鼓励员工的个人创造性的开发 ·公司对失败能善意地视而不见 ·公司员工可以自由提出自己的见解 ·公司每年评选最佳创新员工或团队 ·公司的创新行为经常发布于公司媒体	朱凌（2006） 毛武兴（2006） 许庆瑞（2007）
制度创新	·公司会采用新的管理方式 ·公司会应用新的领导手段调动员工的工作积极性 ·公司绩效评价方案能正确地评价出员工的贡献 ·公司不断改进的员工聘用制度有效提高了工作效率 ·公司薪酬制度可有效地促使员工努力完成任务 ·公司财务控制系统能有效地检视实际绩效与目标差距 ·公司不断改进和完善员工的学习培训制度	Daft（1978） Amabile（1988） Grossi（1990） Damanpour（1984，2001） Schumann（1994） Higgins（1995） Tushman 与 O'Reilly（1997） Yamin，Gunasekaran and Mavondo（1999）
市场创新	·公司经常是市场上第一个推出崭新的促销活动 ·公司推出营销活动总是领导产业发展的方向 ·公司的营销活动是创新导向 ·公司的广告曾得到过创新方面的奖项 ·公司目前有新的客户申诉处理方案，可以有效解决客户抱怨 ·公司重视客户关系管理（CRM） ·公司乐于寻求新客户勇于开拓新市场	Damanpour（1984，1987，1991，1996，2000，2001） Higgins（1995） Tushman and O'Reilly（1997） 蔡启通（1998） 毛武兴（2006） 许庆瑞（2007）

续表

维度	题目（与同行业比较）	文献来源
全员创新	·公司让员工觉得可以自由发挥水平 ·公司员工经常因提出合理化建议而得到奖励 ·公司鼓励每位员工用新颖的方式解决问题 ·公司各级领导经常引导员工以新观点看旧问题 ·公司各级领导经常会征求员工的合理化建议 ·公司开会时大家会表达自己的意见并讨论想法	Amabile（1988，1996） Damanpour（1984，1987，1991，1996，2000，2001） Tushman and O'Reilly（1997） 谢漳澍（2006） 毛武兴（2006） 许庆瑞（2007）
全时空创新	·公司新产品研发周期短 ·公司建立了网上创意信箱 ·公司建立了创新成功与失败的案例库 ·公司的创新工作对网络的依赖性大 ·公司有良好的外部联系并可获得相应的创新资源 ·公司采用开放的沟通环境并有良好的沟通管道	H. W. Chesbrough（2003） Dahlander（2005） 徐静（2006） 许庆瑞、陈劲等（2002—2007）

建构效度（Construct Validity）是指问卷中的问题（测量项目）与被研究的理论概念之间的一致性程度（Straub，1989；Boudreau，et al.，2001）。建构效度关注的焦点，就同一个隐变量所设置的测量项目而言，是看它们是否"走向"一起，形成一个整体；但就不同隐变量所设置的测量项目而言，是看它们是否有明显的区别。因此，对测量量表进行建构效度评价时，主要从两个方面进行：收敛效度（Convergent Validity）和区分效度（Discriminant Validity）（Boudreau et al.，2001；Shook et al.，2004；Bock and Kim，2002；Bock et al.，2005；Straub，1989）。

1. 收敛效度

收敛效度是指测量同一概念的不同问题（测量项目）的一致性（Simonni，1999）。收敛效度评价的主要作用是通过评价，剔除和净化所谓的"垃圾项目"（Garbage Items），从而减少测量项目的多因子现象（Churchill，1979），提高测量因子的解释能力。在具体分析中，主要采用项目分析（Item Analysis），通过评价同一概念中的每一个测量项目与该概念中的其他项目总和的相关系数（又被称为纠正项目的总相关系数，Corrected - Item Total Correlation，CITC）来进行评价，对于 CITC 低于 0.5 的项目，就认为其收敛效度较差，应该予以剔除（Bock and Kim，2002；Bock et al.，2005）。我们采用这个标准来筛选题目，以便提高测量的收敛效度。

2. 区分效度

区分效度是指不同变量测量之间的差异化程度（Simonni，1999）。区分效度的评价方法主要采用因子分析法：探索性因子分析（Explorative Factor Analysis，EFA）和确证性因子分析（Confirmation Factor Analysis，CFA）。即通过评价测量项目的因子载荷，进行评价和筛选。我们在此采用的是 EFA 法，它主要利用主成分方法（Principle Component Methods），并采用最大方差法（Varimax）来进行旋转，以便给公共因子命名。在因子个数的选择方面，采用特征值（Eigenvalue）大于 1 的标准。同时，在评价分析过程中对题目的筛选遵循的几个原则如下：

首先，一个项目自成一个因子时，则删除，因为其没有内部一致性。其次，一个项目在两个或两个以上因子的载荷大于 0.5，属于横跨因子现象，应该删除。最后，若每一项目其所对应的因子载荷皆大于 0.5，同时在其他因子上的载荷小于 0.3，则表明区分效度较高。

通过上述标准筛选，可以保证每一个概念测量的单因子性，同时防止了测量项目横跨因子现象，经过上述处理后，不同变量测量项目之间的区分效度将大幅度提高。

（二）信度评价及筛选标准

信度（Reliability）主要是指论证方法和数据的可信性，在测量中，是指同一测量工具对同一测量对象得到一致结果（数据或结论）的可能性，一般采用包括不同时点的"稳定性"（Stability）、不同测试对象的"等值性"（Equivalence）以及题目间的"内部一致性"（Internal Consistency）三个指标予以测量（Shook，Ketchen，Hult and Kacmar，2004）。内部一致性在结构方程模型（Structural Equation Model，SEM）中要求甚高，对于隐变量（Latent Variable）的测量可能需要一系列的问题进行测试，这要求所有问题之间具有一致性。内部一致性评价通常采用折半分析法和克朗巴哈 α（Cronbach's α）系数法。折半分析法适合题目折半分类，Cronbach's α 系数法适合定距尺度的测试量表（如李克特量表），在 SEM 中常用，计算公式如下：

$$\alpha = \frac{k}{k-1} \left| 1 - \frac{\sum_{i=1}^{k} \sigma_i^2}{\sum_{i=1}^{k} \sigma_i^2 + 2 \sum_{i=1}^{k} \sum_{j=1}^{k} \sigma_{i,j}} \right|$$

其中，k 为测量项目的个数，σ 为每一题目得分的标准差。

根据 Bock 和 Kim（2002）、Bock 等（2005）的研究，我们的信度评价主要针对测量项目内部一致性，具体评价指标采用 Cronbach's α 系数，通过上式计算每一个隐变量的 Cronbach's α 系数。关于信度的接受阈值，众说纷纭：在结构方程模型中，认为变量测量信度达到 0.5 就可以接受；然而在文献中，有些学者认为 0.7 是一个合适的标准阈值（Fornell and Larcker，1981；Shook et al.，2004；Bock et al.，2005），也有学者如 Nummally（1978）则认为，若 Cronbach's α 达到 0.6 即可接受。事实上，究竟如何选择阈值标准，关键看量表是否新开发的。一般来说，新开发量表的阈值可以低一些，因此我们以 0.5 为接受标准。

三　对量表的修正与评价

（一）前测样本数据的收集概况

为了提高研究数据的质量，我们通过前测对量表的效度和信度进行分析，并进一步对测量题目进行净化处理。前测是在问卷大量发放和回收之前，对设计好的问卷实验性测试研究。我们的前测是通过专业调查网站——100 调查网进行的。前测共回收问卷 300 份，经筛选后有效问卷只有 99 份。我们筛选有效问卷的程序是：首先，根据答题开始时间和答题的结束时间，来剔除答题时间明显不足的问卷。我们认为答题时间若低于 6 分钟，增加了随意选择的可能，故剔除之。其次，在前一步的基础上，再剔除对问卷特别设计的检验题回答不正确的问卷。我们为了筛选不认真阅读题目就随意选择答案的问卷，在问卷的中部和后部特别设计了两个一致性检验题。如若前后回答得不一致，则视为无效问卷。最后，在前两步的基础上，进一步检查问卷，把整个问卷回答结果几乎无变化或者有缺失数据的问卷也剔除掉。

回收问卷从企业人数规模来看，样本企业中小企业占 86.1%，大企业占 13.9%，这与我国的大中小企业分布基本一致。从企业的发展阶段看，有 85.8% 的企业处于成长和成熟阶段，这正是我们的研究重点所在。从分布的区域看，涉及范围广泛，除贵州和西藏外都有样本点，而且近 70% 的企业分布在广东、上海、北京、山东、浙江、江苏，这与我国企业的地区分布情况一致。

（二）收敛效度评价及筛选

对测量题目的收敛效度评价和筛选，我们是通过计算每个题目的 CITC 值来判断：若 CITC 值大于 0.5 则认为是合理的，否则通过删除该题目来达到提高收敛效度的目的。CITC 值是同一个变量的每一个题目得分与其他题目得分之和的相关系数，其计算结果如表4-5所示。

表4-5 收敛效度评价与筛选

变量	测量题目	CITC 值	评价
战略创新	X11	0.648	合理
	X12	0.662	合理
	X13	0.512	合理
	X14	0.711	合理
	X15	0.536	合理
技术创新	X21	0.727	合理
	X22	0.798	合理
	X23	0.711	合理
	X25	0.815	合理
	X26	0.690	合理
	X27	0.700	合理
	X28	0.472	删除
组织创新	X31	0.568	合理
	X32	0.710	合理
	X33	0.716	合理
	X34	0.711	合理
	X35	0.684	合理
	X36	0.718	合理
文化创新	X41	0.574	合理
	X42	0.074	删除
	X43	0.434	删除
	X44	0.563	合理
	X45	0.534	合理
制度创新	X51	0.592	合理
	X52	0.767	合理
	X53	0.696	合理
	X54	0.693	合理
	X55	0.590	合理
	X56	0.667	合理
	X57	0.511	合理

续表

变量	测量题目	CITC 值	评价
全员创新	X61	0.581	合理
	X62	0.703	合理
	X63	0.777	合理
	X64	0.738	合理
	X65	0.737	合理
	X66	0.743	合理
市场创新	X71	0.633	合理
	X72	0.693	合理
	X73	0.753	合理
	X74	0.671	合理
	X75	0.532	合理
	X76	0.427	删除
	X77	0.402	删除
全时空创新	X81	0.474	删除
	X82	0.629	合理
	X83	0.735	合理
	X84	0.644	合理
	X85	0.553	合理
	X86	0.705	合理

由表 4-5 可以看出，所有测量题目中有 6 个 CITC 的值小于 0.5，它们是技术创新中的 X28、文化创新中的 X42 和 X43、市场创新中的 X76 和 X77、全时空创新中的 X81。根据收敛效度的评判和筛选准则它们将被删除。

(三) 区分效度评价及筛选

我们对区分效度的评价及筛选采用 SPSS15.0 中的因子分析的方法。因子分析的前提是不同变量之间具有相关性，如果变量之间的相关性较低，则因子分析将失去意义。因此，在做区分效度检验时，首先需要检验变量之间的相关性，因为只有相关性较高时，才适合做因子分析。做变量之间的相关性检验的方法，主要有两类（马庆国，2002）：

(1) KMO 样本测量 (Kaiser – Meyer – Olkin Measure of Sampling Adequacy)。KMO 值越接近 1，越适合于做因子分析；反之亦然。是否适合做

因子分析，一般采用的主观标准是：0.9 以上，非常适合；0.8—0.9，很适合；0.7—0.8，适合；0.7 以下，不太适合；低于 0.5，被认为不适合。

（2）Bartlett 球体检验（Bartlett Test of Sphericity）。该统计量是从整个相关系数矩阵来考虑问题的，其零假设 H_0 是相关系数矩阵为单位矩阵，可以用常规的假设检验判断相关系数矩阵是否显著异于零，当拒绝 H_0 时，说明可以做因子分析。

基于上述，我们首先对 8 个变量 43 个测量项目（原计有效项目 49 个，根据收敛效度评价，删除 6 个）进行了 KMO 和 Bartlett 球体检验，其结果如表 4-6 所示。

表 4-6　　　　　　　　KMO 与 Bartlett 检验结果

Kaiser – Meyer – Olkin 检验		0.891
Bartlett 检验	近似卡方值	3400.576
	自由度	903
	显著性水平	0.000

由表 4-6 可知，KMO 系数为 0.891，介于 0.8—0.9；而且 Bartlett 检验显著，根据前述判断标准，我们认为 43 个项目适合进一步做因子分析。

根据有关效度评价及题目筛选原则，我们运用 SPSS15.0 软件进行因子分析时，采用特征值大于 1 为因子选择标准，利用主成分计算方法，并采用 Varimax 旋转，经过总计 18 次计算后收敛，得到不同项目的因子载荷系数，通过将因子与变量进行一一对应，得到表 4-7。

表 4-7　　　　　　　　因子分析结果

变量	题目标号	因子							
		1	2	3	4	5	6	7	8
战略创新	X11	0.774							
	X12	0.742							
	X13	0.712							
	X14	0.724							
	X15	0.638							

续表

变量	题目标号	因子							
		1	2	3	4	5	6	7	8
技术创新	X21		0.751						
	X22		0.754						
	X23		0.761						
	X25		0.766						
	X26		0.716						
	X27		0.686						
组织创新	X31			**0.545**					
	X32			0.695					
	X33			0.689					
	X34			0.649					
	X35			0.762					
	X36			0.79					
文化创新	X41				0.721				
	X44				0.652				
	X45				0.696				
制度创新	X51					0.624			
	X52					0.676			
	X53					0.717			
	X54					0.759			
	X55					0.83			
	X56					0.696			
	X57					0.637			
全员创新	X61						0.734		
	X62						0.699		
	X63						0.74		
	X64						0.795		
	X65						0.721		
	X66						0.726		
市场创新	X71							0.78	
	X72							0.751	
	X73							0.721	

续表

变量	题目标号	因子							
		1	2	3	4	5	6	7	8
市场创新	X74							0.773	
	X75							**0.522**	
全时空创新	X82								0.745
	X83								0.823
	X84								0.697
	X85								0.667
	X86								0.766

由表4-7可见，探索性因子分析得到的特征根大于1的因子，总共8个，分别对应于8个研究变量，它们总共解释了方差变异的71.68%。经过 Varimax 旋转后，发现同属一个变量的测量项目，其最大载荷具有聚积性，即同一变量的测量项目在对应的变量（因子），相对于其他因子而言，具有最大载荷（超过0.5）。这说明了目前的测量量表具有一定的区分效度。

根据题目的筛选准则，我们把2个因子载荷值小于0.6的题目删除，它们是组织创新的X31和市场创新的X75。

（四）量表的信度评价

通过收敛效度和区分效度评价并筛选后的题目，是否可信，这是本节要解决的问题。由于我们的测量量表是李克特7级量表形式，所以信度分析采用的是计算 Cronbach's α 系数法。通过使用 SPSS15.0 统计软件计算的 Cronbach's α 系数如表4-8所示。

表4-8　　　　　　　　变量测量的信度评价结果

变量	测量题目数量	信度（Cronbach's α）
战略创新	5	0.820
技术创新	6	0.905
组织创新	5	0.874
文化创新	3	0.780
制度创新	7	0.869
全员创新	6	0.892

续表

变量	测量题目数量	信度（Cronbach's α）
市场创新	4	0.877
全时空创新	5	0.842
合计	41	—

根据已有探索性研究（Nunnally，1978）所采用标准，若变量的 Cronbach's α 值大于 0.7 则说明内部一致性好，即量表信度是可靠的。由表 4-8 可以看出 Cronbach's α 值，除文化创新是 0.78 外，其余均大于 0.8，这说明通过净化后的测量题目对相应的变量测定是相当稳定和一致的。因此，我们的结论是上述变量的测量是可信的。

第五节 本章小结

本章除了根据已有的文献确定了全面绩效和有关环境变量的操作性定义和测量题目外，重点研究了全面创新管理各变量的测量问题：第一，根据现有的中外主要文献，我们初步在全面创新管理的八个方面（战略创新、技术创新、市场创新、组织创新、文化创新、制度创新、全员创新、全时空创新），分别设计测量题目；第二，根据企业访谈以及和专家学者讨论，并结合我国的文化背景以及问卷实施的可行性，我们删减了其中的不合适题项形成初始测量量表；第三，根据初始量表的 49 个有效题项，设计了相应的调查问卷并进行了预调查研究；第四，根据预调查获得的 99 份有效问卷，对量表的题目进行收敛效度和区分效度评价和筛选，最终得到由 41 个题目构成的具有高信度和高效度的测量量表。

第五章 研究数据的收集与评价

本章阐明数据的收集与评价问题。主要包括三部分内容：①实证所用数据收集时应回答的一般问题；②对收集到的数据进行描述性统计分析；③对收集到的数据的质量评价。

第一节 数据收集的一般问题

一 调查对象的确定

我们关注的是在中国文化背景下，企业的全面创新管理的有关问题，其实证部分用的是中国制造业的数据。因此，我们在确定调查对象时，就限定在制造业。制造业是指经物理变化或化学变化后成为新的产品，不论是动力机械制造，还是手工制作；也不论产品是批发销售，还是零售，均视为制造。它包括30个大类，具体如下（《国民经济行业分类》，2002）：农副食品加工业；食品制造业；饮料制造业；烟草制品业；纺织业；纺织服装、鞋、帽制造业；皮革、毛皮、羽毛（绒）及其制品业；木材加工及木、竹、藤、棕、草制品业；家具制造业；造纸及纸制品业；印刷业和记录媒介的复制；文教体育用品制造业；石油加工、炼焦及核燃料加工业；化学原料及化学制品制造业；医药制造业；化学纤维制造业；橡胶制品业；塑料制品业；非金属矿物制品业；黑色金属冶炼及压延加工业；有色金属冶炼及压延加工业；金属制品业；通用设备制造业；专用设备制造业；交通运输设备制造业；电气机械及器材制造业；通信设备、计算机及其他电子设备制造业；仪器仪表及文化、办公用机械制造业；工艺品及其他制造业；废弃资源和废旧材料回收加工业。我们试图选出能代表整个行业的样本单位进行研究，因而在获取样本企业时尽可能涉及上述30个制造业大类。

二 样本容量的确定

关于样本容量的确定问题，在统计上指的是确定必要的样本容量。这是因为从经济角度看，我们希望调查的人力、物力和财力花费得越少越好，显然样本容量越小，我们花费的就越少；然而，从调查的质量角度看，我们希望调查准确性高些，显然在其他条件不变的情况下，样本容量越大，调查的准确性就越高。为了解决这一矛盾，统计学家提出了确定必要的样本容量这一概念。一般来说，样本容量与研究对象的变异程度、调查控制的误差大小、抽样组织方式以及抽样方法等因素有关。若研究对象变异程度大、控制的抽样调查误差小、重复抽样、简单纯随机抽样，则样本容量就应该大些；反之亦然。

实际研究中样本规模的大小与所使用的研究方法关系十分密切，我们将主要使用结构方程模型（SEM）进行分析，因此还需要考虑结构方程对样本的要求。对 SEM 而言，通常需要较大样本才能够维持估计的精确性（Accuracy of Estimates）、确保样本对总体的代表性（Representativeness）以及有关统计量的稳健性（Robustness）（黄芳铭，2005）。总体来看，随着样本容量的增加，协方差的准确性增强，从而使结构方程分析能够提供更加准确的结果。

但到底多大样本才是合适的，学者们没有统一的意见。MacCallum 等（1996）指出，自由度多的模型与自由度少的模型相比，自由度较大的模型要使统计能力水平达到 0.8，则要求样本达到 200 个或者更大一点，而自由度较小的模型要达到同等的统计能力，样本要求达到 1000 个左右。Bagozzi 和 Yi（1998）认为，使用线性结构方程进行分析时，样本数量至少超过 50 个，最好能够达到估计参数的 5 倍以上。Gerbing 和 Anderson（1988）建议在应用结构方程的样本数量至少为 100—150 个。Hair 等（1998）认为用最大似然估计法进行参数估计时，样本数量起码要大于 100 个，但是样本也不能太大，如果太大，如超过了 400 个，则最大似然估计法将会变得非常敏感，从而使所有的适合度指标变得很差。Boomsma（1982，1983）认为 400 个是最恰当的样本容量，因为这样得到的统计结果最适当。Hu、Bentler 和 Kano（1992）的研究表明，对某些研究而言，5000 个样本仍嫌不足。Shumacker 和 Lomax（1996）的一项研究表明，大部分使用 SEM 的研究，其样本规模在 200—500 个。Bentler 和 Chou（1987）的建议是，样本量的大小，在近似正态分布时要满足测量项目和样本容量比例保持为 1∶5 就足够了，否则最好达到 1∶10（转引自黄芳铭，

2005)。

综合上述不同学者的观点,运用结构方程进行分析时,采用的一般原则是使样本容量与测量题目的比例介于 5∶1 和 10∶1 之间,并且估计的参数越多（自由度越小）,样本容量就要越大。当然,随着样本容量的增加,一些模型判断标准将变得不合适,因此,需要同时参考更多的标准来确定模型的估计和拟合情况。因为共有 133 个题目,所以对整体模型而言,研究样本规模在 665—1330 个就比较理想。然而,对局部模型而言则视模型的变量数与测量变量的题目数而定,显然样本规模可以小很多。

三 问卷发放方式

问卷的发放方式,主要有网络电子问卷和传统纸质问卷两种收集方式。两者在数据收集上各有千秋。网络电子问卷调查方式是将问卷置于网络上,并在目标网站的网页上醒目处放置问卷调查的超级链接,让使用者可以链接到问卷网页进行问卷填答。该种方式优点如下（转引自陈进成,2003）:①由于网页图形化的使用接口,利用鼠标点击即可作答,降低回答问卷的复杂性,而回收之问卷可立即交由计算机编码、过滤,可节省不少人力及时间。②无地域限制,也无回答时间的限制,并可通过网络随时迅速回收。③利用网络传送问卷,可减少调查成本,若直接通过程序编码,亦可减少人工输入之错误。④受访者会较其他方式的调查方法减少焦虑及戒心,并可免除第三者之干扰。⑤网络互动性强,能增加受访者对回答问卷的控制和注意。正是基于这些优点,我们选择了这种发放问卷的方式。但是,毋庸置疑,这种方式也有缺点,我们针对缺陷采取了相应的补救措施。例如:①问卷是由网络使用者主动回答,因此回复者可能不符合调查方法中的随机抽样。对此,我们租用专门的调查网站,利用其庞大的会员数据库进行抽样。②在线调查不能太长。被调查者不愿意回答太长的在线问卷,NFO Research, Inc. 的调查经验表明,在线问卷太长,则回应的比例将大大降低,调查表明网络问卷最好不要超过 40 个问题,因此,网络问卷中,有些变量得不到很好的测量（Szymanski and Hise, 2000）。对此,我们通过给网站付酬,以便网站能对被调查者支付奖励的形式,来鼓励符合条件的人员积极接受调查。

为了提高数据质量,我们通过签订合法的合同,租用了专业网络调查系统来收集数据。我们使用的 100 调查网（www.data100.com.cn）是会员制,会员有详细的个人资料便于控制抽样。对认真参与调查的会员还给予积分或者现金奖励,这样既可以保证质量又可以取得较多的样本。为确保数据质量，网站还有严格的质量监控机制——五层机制：第一，会员注册时注册信息验证。例如：填写的籍贯、性别、生日等与身份证是否吻合。第二，注册时邮件地址验证。在确认邮件地址有效后再进行详细的注册。第三，回答质量复核。通过人工抽取部分样本回答数据电话复核；程序自动检查答卷的完整情况及逻辑关系是否符合。第四，回答质量验证。系统程序将样本填写的背景信息与注册时的背景信息进行核对，检查是否一致。第五，回答质量确认。客服人员会根据最后程序验证的具体数据进一步随机抽样复核，以确保最终样本的准确性。

此外，网站的执行人员除了把问卷挂在网站的首页并给予积分奖励来鼓励符合条件的会员答题之外，还从系统内部抽取符合条件且信誉度比较高的会员，把问卷的链接直接发到他们的邮箱当中来方便答题，这样便可以及时获得数据质量更高的高回收率问卷。

我们针对试调查阶段回收率高，但有效率低的实际情况，在正式调查时对会员提出了更高的要求，并告知将实行严厉的惩罚措施，以便提高回收问卷的有效率。从执行结果看，尽管每天回收的问卷减少了，但有效问卷的数量却有大幅度提高。

第二节 研究数据的描述统计

一 样本企业的数据收集概况

我们采用借助于网络的问卷调查法来收集数据，所使用的最终问卷中除了第四章开发的全面创新管理量表的 41 个题目外，还包括对组织绩效、环境变量等的测量题目 18 个。另外还附加了 2 个用来验证问卷质量的题目，以及进行深入分析用的企业规模、企业发展阶段、企业成立的年数及企业所属的具体行业大类等问题。问卷变量与测量的题目数汇总情况如表 5-1 所示。

本问卷调查共收回问卷 1452 份，其中有效问卷 723 份，有效率为近50%。剔除的问卷有下列几种情况：

（1）从答题时间上判断，如果答题的开始时间和结束时间的差在 10 秒钟到 7 分钟之间的问卷，视为无效问卷予以剔除。一般来说，回答问卷时间长，说明答题的认真程度高（但若在每页停留超过 5 分钟，系统会自动取消其答题资格），本问卷通过测试 7 分钟以上是合理的答题时间，故把 7

表 5-1　　　　　　　　　问卷变量与测量题目数的汇总

测量对象	变量名称	测量题目数	测量方式
全面创新	战略创新	5	李克特 7 点量表
	技术创新	6	李克特 7 点量表
	组织创新	5	李克特 7 点量表
	文化创新	3	李克特 7 点量表
	制度创新	7	李克特 7 点量表
	全员创新	6	李克特 7 点量表
	市场创新	4	李克特 7 点量表
	全时空创新	5	李克特 7 点量表
组织绩效	顾客绩效	3	李克特 7 点量表
	财务绩效	3	李克特 7 点量表
	员工绩效	3	李克特 7 点量表
环境变量	市场动荡	3	李克特 7 点量表
	技术动荡	3	李克特 7 点量表
	企业资源	3	李克特 7 点量表
其他变量	问卷检测	2	李克特 7 点量表
	企业规模	3	单选题
	发展阶段	5	单选题
	地区分布	34	单选题
	行业大类	30	单选题
合计	—	133	—

分钟作为剔除问卷的时间界限之一。另外，本问卷需要点击 74 次才回答完问题，还要点击 3 次进行翻页和提交问卷，再加上寻找点击位置的时间至少要花费 10 秒钟。故把回答问卷时间在 10 秒钟以下的回收问卷，视为计时系统故障所引起的假无效问卷予以保留。

（2）在上述筛选后，根据问卷特别设计的两个检查问题，对前后回答不一致的问卷予以剔除。本问卷第 2 题第 4 问项和第 11 题第 6 问项是暗藏在问卷刚开始和快结束部分的两个检验题，它们分别和相应题中第 1 问项和第 4 问项是同一个问题的不同表述，如若它们中有任何一对被回答不一致，我们有理由认为此问卷可能是胡乱作答问卷，故予以剔除。

（3）本问卷中还设计了一个反向问题，通过正反问题信息对比，把明显有问题的问卷也予以剔除。如企业员工的凝聚力比主要竞争者高和企业员工的流失比主要竞争者严重（R），若这两个问项得分都是 1、2、6、7 则予以剔除。

（4）有缺失数据的问卷视为无效问卷予以剔除。

（5）若所有问题的得分值相同，则视为无效问卷予以剔除。

但为了和其他研究便于比较，我们还剔除掉港澳台地区的 15 家企业，因此，用来实证分析的样本企业数为 708 家。

二 样本企业的基本情况统计

（一）样本企业的规模分布

708 家样本企业按照我国现行的分类标准，职工人数在 300 人以下的小企业 372 家，占 52.54%；职工人数在 300—2000 人的中型企业 248 家，占 35.03%；职工人数在 2000 人以上的大型企业 88 家，占 12.43%。其直观比较具体如图 5-1 所示。

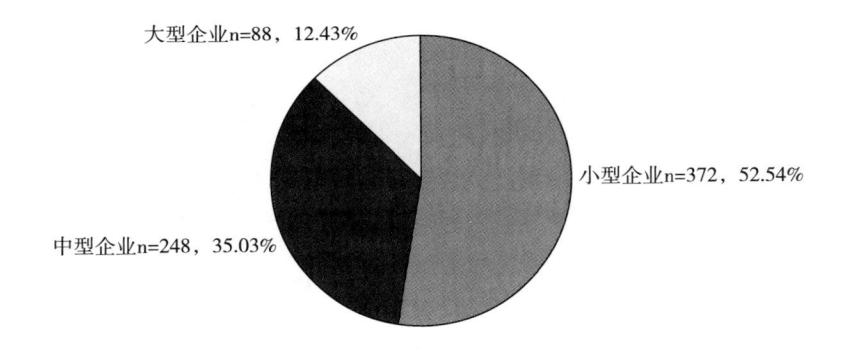

图 5-1　样本企业人数规模分布情况

根据我国制造业企业的规模分布情况，并结合图 5-1，可以看出样本企业具有较充分的代表性。

（二）样本企业的发展阶段分布

方妙玲（1997）对战略人力资源管理与组织生命周期进行相关研究中，将组织生命周期分为五个发展阶段，来解释其动态演进，其各阶段重要特性如下：

诞生阶段：企业规模小，业务多为单一产品或服务为主，并试图以创新来建立产业地位；此阶段的组织结构及管理制度复杂性低，因而创业者主导经营大局，故集权性高。成长阶段：此阶段成长快速，企业规模由中型迈入大型，业绩的成长为其经营目标，产品多样化。组织结构趋于正式,部门间必须分工才能完成营运业务,管理制度与程序已明确化。成熟阶段:此阶段的企业产业地位稳定,组织以稳定市场、保持商誉以及其形成的独特性为其目标。至于组织结构则因规模、技术、环境等因素而呈现官僚化,具有高度复杂性。衰退阶段:此阶段之业绩处于衰退状态,拥有的产品将被迫退出市场,管理制度及方式呈现停滞、守旧。再生阶段:企业的发展阶段与生物之生命周期有极大差异,生物终究将步入死亡,企业则不然。因而,管理学家将企业视为生命的组织体时,当企业在经历了上述各阶段后,若能探寻到较高层次的创新经营策略,使企业继续生存下去,则称为再生阶段。

以上述分类为标准,样本企业的发展阶段分布情况具体如图 5-2 所示。

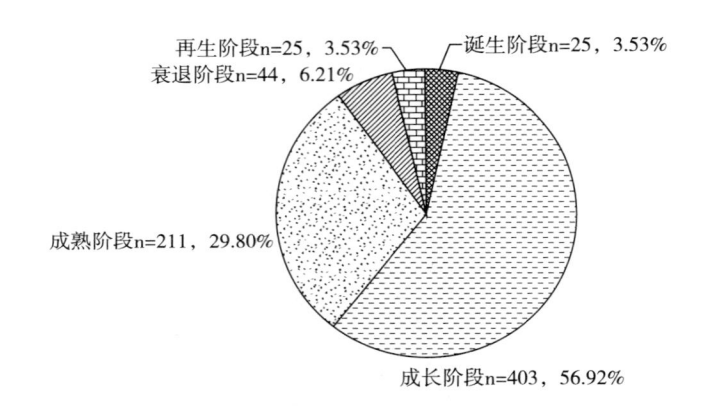

图 5-2 样本企业发展阶段分布情况

从图 5-2 可以看出,各种发展阶段的企业都有一定的数量,但成长与成熟阶段的企业数占绝大多数,分别为 403 家和 211 家,占样本企业总数的比重分别为 56.92% 和 29.80%。诞生阶段、衰退阶段和再生阶段的企业数相对少些,分别占 3.53%、6.21% 和 3.53%。这和我国制造业所有企业的发展阶段分布比较接近,说明样本具有较好的代表性。

(三)样本企业的已生存年龄分布

年龄是表示生命体在生命周期中所处位置及状态的测度。企业作为生命体与自然界中的有机生命体一样,可以用年龄来描述其从诞生到死亡所走过的生命历程。企业的已生存年龄也称企业的自然年龄,是指企业自诞生之日起所经历的时间,主要表明企业存在时间的长短。有效问卷对应的

708家企业的生存年龄的变化范围是104年、标准差是15.203年；其均值（Mean）为13.37、中位数（Median）为9年、众数（Mode）为5年；偏度（Skewness）是2.940年，峰度（Kurtosis）是10.670；从这些反映年龄的指标可以看出，样本的分布和正态分布比较是既偏离又尖峭。事实上我国制造业企业的已生存年限也大致如此，所以我们认为样本对总体有较好的代表性。

为了便于分析，我们把企业年龄进行分组。关于企业年龄的分组，我们借用国家统计局重庆调查总队在分析重庆市规模以下工业企业的年龄分布时所使用的标准。他们大致仿照人的年龄阶段，结合统计上年龄分组的特点，把企业年龄分成5个年龄段，分别称作企业的5个年龄期，据此统计结果如图5-3所示。

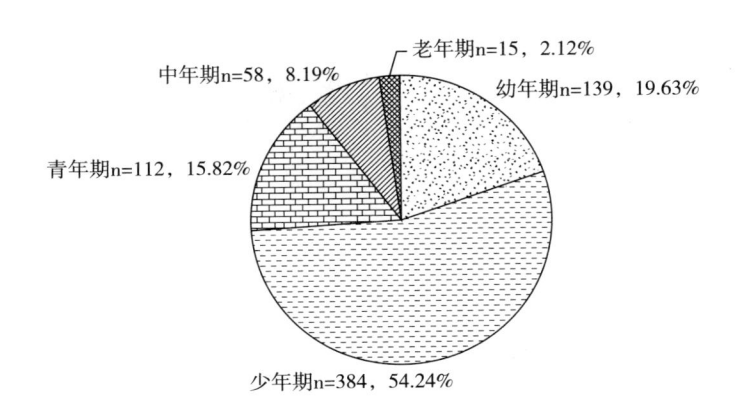

图5-3 样本企业生存年龄分布情况

从图5-3可以看出，生存年龄在幼年期、少年期和青年期的企业数较多，分别为139家、384家和112家，其占总样本企业数的比重分别是19.63%、54.24%和15.82%。生存年龄在中年期的企业数58家，占比为8.19%；生存年龄在老年期的有15家，占比为2.12%。

（四）样本企业的地区分布

样本企业708家分布于全国各地，但相比较而言，广东、江苏、山东、北京、福建、辽宁、浙江、上海等东部地区所占比例较高，分别达到19.2%、12.9%、10.5%、6.6%、5.7%、5.5%、5.0%、5.0%，累计达到70.4%。这与我国制造业企业在全国的分布基本一致。为了便于比较，我们再把各省、自治区、直辖市归并到东部、中部、西部三个区域来研究。我国划分为东部、中部、西部三个地区的时间始于1986年，由全国人大六届四次会议通过的"七五"计划正式公布。目前，西部地区包括的省级行政区共12个，分别是四川、重庆、贵州、云南、西藏、陕西、甘肃、青海、宁夏、新疆、广西、内蒙古；中部地区有8个省级行政区，分别是山西、吉林、黑龙江、安徽、江西、河南、湖北、湖南；东部地区包括的11个分别是北京、天津、河北、辽宁、上海、江苏、浙江、福建、山东、广东和海南。经统计，东部地区共有样本企业563家，占样本企业总数的79.52%。中部地区和西部地区共有企业145家，两个地区合计占样本企业总数的20.48%。样本企业的地区分布情况如图5-4所示。

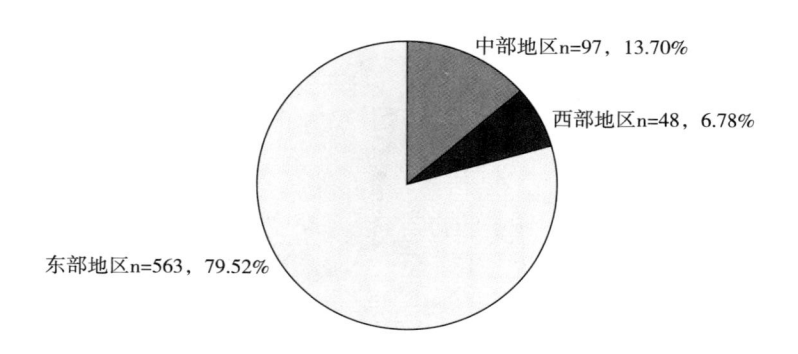

图5-4 样本企业地区分布情况

（五）样本企业的行业分布

按照最新的行业分类标准（《国民经济行业分类》，2002），制造业分为30个大类，本次研究回收的有效问卷中涉及了所有行业大类，但不同大类所包含的企业不尽相同。其中通信设备、计算机及其他电子设备制造业企业最多，有144家，占样本容量的20.3%；其他样本企业数大于30个的行业大类是文教体育用品制造业（50），食品制造业（48），电气机械及器材制造业（42），交通运输设备制造业（41），医药制造业（37），纺织服装、鞋、帽制造业（35），化学原料及化学制品制造业（31）等，它们的占比分别是7.1%、6.8%、5.9%、5.8%、5.2%、4.9%、4.4%。其他行业大类的样本容量与占比如表5-2所示。

表 5-2　　　　　　　　样本企业在行业大类中的分布情况

制造业大类	企业数	所占比重（%）
农副食品加工业	27	3.8
食品制造业	48	6.8
饮料制造业	18	2.5
烟草制品业	8	1.1
纺织业	18	2.5
纺织服装、鞋、帽制造业	35	4.9
皮革、毛皮、羽毛（绒）及其制品业	4	0.6
木材加工及木、竹、藤、棕、草制品业	5	0.7
家具制造业	14	2.0
造纸及纸制品业	5	0.7
印刷业和记录媒介的复制	22	3.1
文教体育用品制造业	50	7.1
石油加工、炼焦及核燃料加工业	10	1.4
化学原料及化学制品制造业	31	4.4
医药制造业	37	5.2
化学纤维制造业	3	0.4
橡胶制品业	5	0.7
塑料制品业	12	1.7
非金属矿物制品业	8	1.1
黑色金属冶炼及压延加工业	7	1.0
有色金属冶炼及压延加工业	4	0.6
金属制品业	17	2.4
通用设备制造业	18	2.5
专用设备制造业	22	3.1
交通运输设备制造业	41	5.8
电气机械及器材制造业	42	5.9
通信设备、计算机及其他电子设备制造业	144	20.3
仪器仪表及文化、办公用机械制造业	20	2.8
工艺品及其他制造业	29	4.1
废弃资源和废旧材料回收加工业	4	0.6
合计	708	100.0

注：由于四舍五入的原因，计算结果有可能不等于100%，下同。

具有大样本的行业大类企业的直观分布如图 5-5 所示。

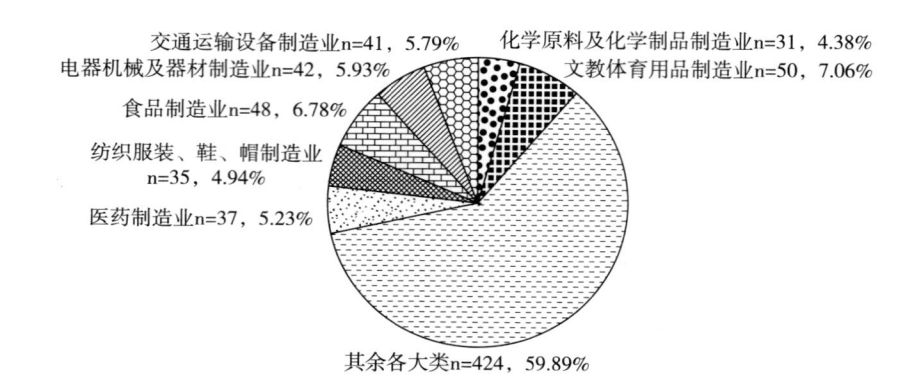

饼图标注：
- 交通运输设备制造业 n=41，5.79%
- 化学原料及化学制品制造业 n=31，4.38%
- 电器机械及器材制造业 n=42，5.93%
- 文教体育用品制造业 n=50，7.06%
- 食品制造业 n=48，6.78%
- 纺织服装、鞋、帽制造业 n=35，4.94%
- 医药制造业 n=37，5.23%
- 其余各大类 n=424，59.89%

图 5-5　大样本行业大类的企业地区分布情况

三　对测量变量的描述性统计

变量测量项目的最小值、最大值、均值、标准差、偏度和峰度等描述性统计量的值，如表 5-3 所示。从各项目的统计量来看，变量的项目大多近似服从于正态分布。

表 5-3　　　　　样本企业变量测量的描述性统计指标

变量	最小值	最大值	平均值	标准差	偏度	峰度
X11	1	7	4.92	1.362	-0.670	0.167
X12	1	7	4.95	1.349	-0.619	-0.125
X13	1	7	4.96	1.336	-0.587	-0.257
X14	1	7	5.16	1.301	-0.818	0.467
X15	1	7	5.31	1.239	-0.821	0.633
X21	1	7	4.89	1.327	-0.565	0.141
X22	1	7	4.85	1.314	-0.319	-0.390
X23	1	7	4.79	1.287	-0.353	-0.102
X25	1	7	4.28	1.295	-0.075	-0.162
X26	1	7	4.29	1.541	-0.183	-0.574
X27	1	7	4.88	1.272	-0.505	0.065
X32	1	7	4.75	1.251	-0.431	-0.040

续表

变量	最小值	最大值	平均值	标准差	偏度	峰度
X33	1	7	4.68	1.294	-0.295	-0.108
X34	1	7	4.86	1.227	-0.480	0.226
X35	1	7	4.73	1.389	-0.483	-0.107
X36	1	7	4.79	1.340	-0.421	0.009
X41	1	7	4.86	1.307	-0.488	0.064
X44	1	7	4.71	1.585	-0.513	-0.376
X45	1	7	4.30	1.531	-0.351	-0.588
X51	1	7	4.62	1.297	-0.373	-0.137
X52	1	7	4.65	1.342	-0.410	-0.323
X53	1	7	4.59	1.410	-0.457	-0.159
X54	1	7	4.58	1.428	-0.433	-0.169
X55	1	7	4.63	1.522	-0.485	-0.252
X56	1	7	4.55	1.376	-0.419	-0.111
X57	1	7	4.78	1.392	-0.550	0.019
X61	1	7	4.52	1.417	-0.470	-0.115
X62	1	7	4.48	1.479	-0.489	-0.227
X63	1	7	4.63	1.338	-0.387	-0.210
X64	1	7	4.53	1.368	-0.454	-0.053
X65	1	7	4.61	1.353	-0.569	0.138
X66	1	7	4.76	1.373	-0.508	0.141
X71	1	7	4.05	1.399	-0.251	-0.360
X72	1	7	4.25	1.375	-0.287	-0.214
X73	1	7	4.34	1.361	-0.382	-0.151
X74	1	7	3.99	1.522	-0.208	-0.532
X82	1	7	4.24	1.596	-0.317	-0.660
X83	1	7	4.16	1.494	-0.262	-0.586
X84	1	7	4.09	1.488	-0.208	-0.395
X85	1	7	4.80	1.299	-0.500	0.136
X86	1	7	4.77	1.347	-0.462	-0.022
X101	1	7	4.97	1.258	-0.377	0.069
X102	1	7	4.95	1.186	-0.361	0.167
X103	1	7	5.12	1.192	-0.477	0.407

续表

变量	最小值	最大值	平均值	标准差	偏度	峰度
X104	1	7	4.84	1.243	-0.438	0.286
X105	1	7	4.95	1.249	-0.494	0.355
X106	1	7	4.69	1.244	-0.241	-0.046
X107	1	7	4.15	1.158	-0.100	1.255
X108	1	7	4.46	1.205	-0.396	0.550
X109	1	7	4.98	1.103	-0.394	0.190
X111	1	7	4.69	1.235	-0.350	-0.051
X112	1	7	5.13	1.097	-0.558	0.567
X113	1	7	4.56	1.220	-0.246	0.020
X114	1	7	4.68	1.232	-0.211	-0.213
X115	1	7	5.11	1.163	-0.345	-0.021
X116	1	7	4.63	1.222	-0.155	-0.030
X117	1	7	4.99	1.184	-0.285	-0.010
X118	1	7	4.79	1.281	-0.401	0.147
X119	1	7	4.64	1.291	-0.386	0.135
X120	1	7	4.53	1.399	-0.459	-0.056

第三节 样本数据的质量评价

样本数据的统计描述旨在判断和分析样本的分布特征和总体的分布特征是否一致，这是我们用样本数量特征推断总体数量特征的基础。但这只是用样本数据进行实证研究之前应做的一个方面的工作，即判断样本是否可以较好地代表总体。至于我们研究所使用变量其测量是否具有信度和效度，特别是我们直接借用前人研究所使用的测量项目在本书的研究中是否具有信度和效度，这是我们实证研究之前必须做的另一方面的工作，即样本数据的质量评价。本节借助于 AMOS 17.0 软件，采用学者们更认同的结构方程中的验证性因子分析（Confirmation Factor Analysis，CFA）的方法来进行测量效度和信度评价（Bock et al., 2005；黄芳铭, 2005）。

一 数据质量评价的理论与方法

本节的数据质量评价是运用结构方程模型（Structural Equation Modeling，SEM）进行的。结构方程模型融合了因子分析（Factor Analysis）和路径分析（Path Analysis），它包括测量方程（Measurement Equation）和结构方程（Structural Equation）两部分。测量方程描述的是潜变量（Latent Variables）与观测指标（Observable Indicators）之间的关系，其本质就是验证性因子分析（Confirmatory Factor Analysis, CFA）。结构方程描述潜变量之间的关系，其实质就是进行路径分析。本节所涉及的就是测量方程的相关理论和方法。

（一）测量模型的数学表达

结构方程模型中的测量模型实质上就是验证性因子分析。验证性因子分析是在对研究问题有所了解的基础上，判断观测变量可以定义潜变量的程度（黄芳铭, 2005）。在进行验证性因子分析时必须明确：公共因子的个数、观测变量的个数、观测变量与公共因子之间的关系、观测变量与特殊因子之间的关系以及特殊因子之间的关系。

观测变量与公共因子之间的关系（有的也称指标与潜变量之间的关系）通常写成如下测量方程：

$x = \Lambda_x \xi + \delta$

$y = \Lambda_y \eta + \varepsilon$

其中：

x 表示外生（Exogenous）观测指标组成的向量。

y 表示内生（Endogenous）观测指标组成的向量。

Λ_x 表示外生观测指标与外生潜变量之间的关系，即外生观测指标在外生潜变量上的因子负荷矩阵。

Λ_y 表示内生观测指标与内源潜变量之间的关系，即内生观测指标在内生潜变量上的因子负荷矩阵。

δ 表示外生观测指标 x 的误差项。

ε 表示内生观测指标 y 的误差项。

取得上述测量模型最优解的前提假设有：①模型所有的变量，包括观测变量、潜变量、误差，都设定其平均值为 0；②公共因子与误差项之间相互独立；③各独立因子之间相互独立，这一条件有时可以放宽；④观测变量数大于公共因子数。

在验证性因子分析中，由于自变量（潜变量）是不可观测的，所以因子方程不能直接估计，为此要导出它的观测变量的协方差矩阵之间的关系，对于上述基本测量方程，我们可以得到协方差方程：

$$\sum\nolimits_x = (\Lambda_x \Phi \Lambda_x' + \Theta_\delta)$$

$$\sum\nolimits_y = (\Lambda_y \Phi \Lambda_y' + \Theta_\varepsilon)$$

其中：

$\sum\nolimits_x$ 和 $\sum\nolimits_y$ 是观测变量 x 和 y 它们各自的协方差矩阵；

Λ_x 和 Λ_y 是观测变量的负荷矩阵；

Φ 是潜变量之间的协方差矩阵；

Θ 则是测量模型中误差项之间的协方差矩阵。

该方程把观测变量的协方差分解为负荷矩阵、潜变量的协方差矩阵和误差项的协方差矩阵。模型的估计就是求解协方差方程中的各个参数的估计值，以便重新产生观测变量的协方差矩阵。

（二）测量模型分析的步骤

运用测量模型进行分析，也就是进行验证性因子分析，它一般分为如下五步：

1. 模型定义

根据理论假设，定义观测变量与潜在变量之间的关系，潜在变量之间的关系以及特殊因子之间的关系。在进行验证性因子分析之前，一定要考虑模型在理论上的合理性。一个没有理论意义的模型，有再好的拟合最终是没有用的。

2. 模型识别

一个因子模型是否可识别有如下判断方法：

必要条件：也就是所谓的 t 规则（t-rule）。假设模型中等待估计参数个数为 t，观测变量个数为 q，则模型可以识别的必要条件是 $t \leq q(q+1)/2$。当等式成立时模型恰好识别；当小于式成立时模型过度识别。

充分条件一：如果潜变量之间的协方差矩阵为单位矩阵（$\Phi = I$），即潜变量之间相互独立且方差为 1，并且因子负荷矩阵（Λ）的 K 列中至少有 $K-1$ 列为规定的元素，则模型可识别。如果潜变量之间的协方差矩阵不是单位矩阵，但对角线上的元素是相同的，即潜变量之间方差相同，且因子负荷矩阵（Λ）的每一列至少有 $S-1$ 个值为规定的元素（S 为模型中公共因子的个数），则模型可识别。

充分条件二：三指标法则（Three-indicator Rule）。如果：①每个潜变量有三个或以上的测量变量；②因子负荷矩阵每一行有且只有一个非零值，即一个测量变量只测量一个特质量；③残差的协方差矩阵为对角矩阵，即特殊因子之间相互独立。同时满足上述三个条件，则模型可识别。

充分条件三：二指标法则（Two‑indicator Rule）。如果：①每个潜变量至少有两个非零的测量变量；②因子负荷矩阵每一行有且只有一个非零值，即一个测量变量只测量一个特质量；③残差的协方差矩阵为对角矩阵，即特殊因子之间相互独立；④潜变量的协方差矩阵的非主对角线上至少有一个非零值，即至少有两个潜变量之间相关，或潜变量的协方差矩阵的每一行，非主对角线上至少有一个非零元素，即对于每个潜变量而言，至少有一个潜变量与之相关。如果同时满足上述四个条件，则模型可识别。

模型的识别是一个比较复杂的过程。结构方程分析软件一般可以提供关于模型能否识别的信息，但并不指明怎样修正模型可以让其识别，因此仍需要做模型识别的事前判断。

3. 参数估计

总体协方差矩阵 $\sum_x$ 和 $\sum_y$ 仍是由协方差方程 $\sum_x = (\Lambda_x \Phi \Lambda_x' + \Theta_\delta)$ 和 $\sum_y = (\Lambda_y \Phi \Lambda_y' + \Theta_\varepsilon)$ 估计总体参数来确定的。参数估计值必须在满足模型限定的情况下，使它得出的协方差矩阵尽可能地接近样本协方差矩阵。常用的参数估计方法有未加权最小二乘法（ULS）、广义最小二乘法（GLS）和极大似然法（ML）。其中极大似然法（ML）是验证性因子分析中最常用的参数估计方法。

4. 模型评价

模型评价包括三个方面：①是否违反常规估计；②是否整体拟合得较好；③是否内在结构上拟合较好。若有负的误差，或者有太接近1的标准化系数，或者有太大的标准误存在，就认为是违反了常规估计。判断整体拟合好坏的指标有三类，具体如表5-4所示。在评价一个验证性因子分析模型时，必须检查多个拟合指数，而不能依赖某一个指数，一般都要考虑的指数有 χ^2 统计量、GFI、AGFI、RMSEA、CFI 和 NFI 等。

5. 模型修正

如果模型不能很好地拟合数据，就需要对模型进行修正和再次设定。模型的修正需要决定如何删除、增加和修改模型参数，以增进模型的拟合程度，任何一次模型的修正和设定都要重复上述五个步骤。

表 5-4 验证性因子分析模型整体拟合程度的常用判别指标及参考标准

类型	拟合指标	参考标准	备注
绝对拟合指标	χ^2/df 统计量	2—5	多组比较时有用、样本量影响大
	拟合优度指数 GFI	>0.90	应用不同模型评价表现稳定
	调整的拟合优度指数 AGFI	>0.90	增加自由度时调整 GFI
	近似均方根误差 RMSEA	<0.10	模型不简约时加以惩罚
相对拟合指标	标准拟合指数 NFI	≥0.90	对非正态和小样本容量敏感
	Tucker-Lewis 指数 NNFI	>0.90	可用来比较嵌套模型
	相对拟合指数 CFI	>0.90	对比较嵌套模型特别有用
	递增拟合指数 IFI	>0.90	应用最小二乘时，比 NNFI 要好
简效拟合指标	PNFI	>0.50	有实质差异的标准是 0.06—0.09
	PGFI	>0.50	值越大表示模型越简效
	CN	≥200	判断样本容量是否足够

资料来源：黄芳铭：《结构方程模式：理论与应用》，中国税务出版社 2005 年版，第 145—159 页；候杰泰等：《结构方程模型及应用》，教育科学出版社 2004 年版，第 154—165 页。

（三）测量模型的评价标准

结构方程的内在结构拟合评价问题包括两个方面：测量模型的评价和结构模型的评价。本部分涉及测量模型评价，是用验证型因子分析来判断观测变量是否足够反映对应的潜变量，它主要检验如下几个方面（黄芳铭，2005）。

1. 项目信度

测量项目的信度可用标准化负荷系数的平方表示。Bagozzi 和 Yi（1988）对于测量项目信度可接受的要求信度应大于等于 0.50，这样一来，其标准化负荷必须大于 0.71，其信度才可以大于 0.50。事实上，这种严格门槛，会经常使测量模式没有通过标准，使结构模式系数的解释产生问题。所以，一般对测量项目信度检验所采用的标准是：标准化因子负荷大于 0.5，且 t 值大于显著性水平。

2. 因子信度

测量因子信度是评价一组观测指标分享该对应的潜变量（因素）的程度，称为建构信度，也叫组合信度（Composite Reliability）（黄芳铭，2005）。其计算公式为：

$$CR = \frac{(\sum \lambda)^2}{[(\sum \lambda)^2 + \sum(\theta)]}$$

其中，CR 表示建构信度；

λ 表示观察变量在潜变量上的标准化负荷；

θ 表示观察变量的测量误差。

Bagozzi 和 Yi（1988）认为，潜变量的建构信度宜大于 0.60，而有些学者认为大于 0.5 即可（Raines - Eudy，2000）。也有人认为信度系数在 0.9 以上是"优秀的"，0.8 左右是"非常好的"，0.7 则是"适中"，0.5 以上可以接受，低于 0.5 表示至少有一半的观察变异来自随机误差，因此其信度不足，不能接受（Kline，1998）。因此，潜在变量的信度大于 0.5 作为接受标准。

3. 聚合效度

在 SEM 分析中，聚合效度通常由潜变量提取的平均方差（Average Variance Extracted，AVE）来说明。其计算公式如下：

$$AVE = \frac{\sum \lambda^2}{[\sum \lambda^2 + \sum(\theta)]}$$

AVE 评价了潜变量相对于测量误差来说所解释的方差总量。如果提取的平均方差在 0.5 或以上则表示构思变量的测量有足够的聚合效度，AVE 的最低水平为 0.5（Bagozzi and Yi，1989；Bock et al.，2005）。

4. 区分效度

在验证性因子分析中，对于区分效度的评价有两种方法：其一，根据 Fornell 和 Larcker（1981）的建议，将平均方差抽取量 AVE 的平方根，与该潜变量和其他潜变量之间的相关系数进行比较，如果前者远远大于后者，则说明每一个潜变量与其自身的测量项目分享的方差，大于与其他测量项目分享的方差，这表明不同潜变量的测量项目之间具有明显的区分效度（Fornell and Larcker，1981；Bock et al.，2005）。其二，针对结构方程模型中的测量方程，两个因子之间的区分效度检验，可以通过求限制模型与未限制模型间的卡方 χ^2 值差，若两者的卡方 χ^2 值差距越大，表示两个因子的区分度越大，因此，如果卡方 χ^2 值的差距达到显著水平（$p < 0.05$），则表示两个因子具有较高的区分效度。

上述两类方法在实际研究中，均有较广泛的应用，根据 Bock 等（2005）的建议，我们的区分效度检验拟采用第二种方法。

二 验证性因子分析：信度与效度评价

根据 Bollen（2000）的建议，研究测量模型的评价可以逐个部分进行匹配检验。每个维度均包含一些潜在构思变量，因此我们对测量信度和效度的评价分部分来进行。

（一）全面绩效测量的验证性因子分析

1. 因子模型设定

反映全面绩效的三个潜变量是顾客绩效、财务绩效和员工绩效。三个潜变量分别由三个或者两个指标来测量。因此，验证性因子模型共涉及3个潜变量和8个测量指标，具体如图5-6所示。

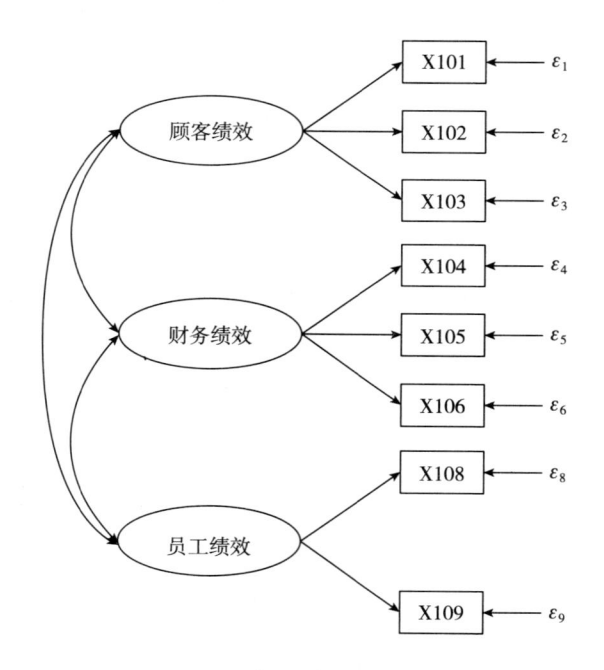

图 5-6 企业绩效的验证性因子分析模型

2. 因子模型识别

根据 t 规则，本验证性因子模型共有 8 个测量指标，因此 $q(q+1)/2 = 36$，模型要估计 5 个因子负荷，8 个测量指标的误差方差，3 个因子方差和 3 个因子间相关系数，共要估计 19 个参数，$t = 19$ 小于 36，满足模型识别的必要条件。

从验证性因子分析模型识别的二指标法则（Two-indicator Rule）上看，本模型满足：

（1）每个潜变量至少有两个非零的测量变量；

（2）因子负荷矩阵每一行有且只有一个非零值，即一个测量变量只测量一个潜变量的特质量；

（3）残差的协方差矩阵为对角矩阵，即特殊因子之间相互独立；

（4）潜变量的协方差矩阵的非主对角线上至少有一个非零值，即至少有两个潜变量之间相关。

因此本验证性因子分析模型满足识别的充分条件。

综上所述，模型识别的必要条件和充分条件皆满足，故模型可识别。

3. 模型整体评价

借助于 AMOS 17.0 软件，运用极大似然法并采用固定负荷，对模型进行了计算分析，其整体拟合结果如表 5-5 所示。

表 5-5　　　　全面绩效验证性因子分析的整体拟合指标

类型	拟合指标	参考标准	实际值
绝对拟合指标	χ^2（17）=83.795 的 p 值	<0.05	0.000
	拟合优度指数 GFI	>0.90	0.971
	调整的拟合优度指数 AGFI	>0.90	0.939
	近似均方根误差 RMSEA	<0.10	0.074
相对拟合指标	标准拟合指数 NFI	≥0.90	0.974
	相对拟合指数 CFI	>0.90	0.979
	递增拟合指数 IFI	>0.90	0.979
简效拟合指标	简效标准拟合指数 PNFI	>0.50	0.591
	简效拟合优度指数 PGFI	>0.50	0.594

从表 5-5 中可以看出，χ^2（17）=83.795，$p<0.05$，达到显著水平，这表明测量模型的协方差矩阵与实证资料的协方差矩阵之间有显著性的差异。如前所述，接受黄芳铭（2005）的建议，继续检验其他的指标，以做综合判断。

从绝对拟合指标来看，GFI=0.971，AGFI=0.939，大于 0.90 的接受值，RMSEA=0.074，小于 0.07 的接受值，显示模型可以接受；从相对拟合指标来看，CFI=IFI=0.979，NFI=0.974，均大于 0.90 的接受值，表明模型可以接受；从简效拟合指标来看，PNFI 和 PGFI 也均大于 0.50 的可接受标准。

综合上述所有指标数值及其可接受标准,可以得出如下结论:该因子模型整体拟合良好。

4. 信度评价

全面绩效测量的信度评价包括项目信度和因子信度两个方面。项目信度是通过计算测量指标的标准化负荷量平方值来判断,而因子信度是通过计算建构信度指标来判断。其计算结果如表5-6所示。

表5-6　　　　全面绩效验证性因子分析的信度指标

潜变量	测量指标	非标准化因子负荷	t值	标准化因子负荷	项目信度	建构信度(CR)	AVE
顾客绩效	X101	1		0.859	0.737	0.880	0.710
	X102	0.938***	27.739	0.858	0.737		
	X103	0.885***	25.702	0.810	0.657		
财务绩效	X104	1		0.887	0.786	0.866	0.685
	X105	0.978***	28.059	0.864	0.746		
	X106	0.821***	22.198	0.723	0.523		
员工绩效	X108	1		0.716	0.513	0.696	0.534
	X109	1.064***	13.597	0.745	0.556		

注:*** 表示 $p < 0.001$。

由表5-6可以看出,标准化因子负荷均在0.716之上,项目信度均在0.513之上,这分别大于可接受的阈值0.7和0.5,所以项目信度通过检验。建构效度可接受的阈值是0.5,而本研究的实际值是在0.696之上,所以因子信度也通过检验。

5. 效度评价

效度评价主要从聚合效度和区分效度两个方面进行。对于聚合效度,如表5-6所示,各潜变量所属的因子负荷都大于0.7的高接受标准,说明量表潜变量具有较高聚合效度。而且,由表5-6还可以看出,各潜在变量提取的平均方差(AVE)为0.534—0.71,均在0.5以上,这表明测量指标的解释力超过其误差方差,故各构思变量的测量有足够的聚合效度。

对于区分效度,我们是通过比较全面绩效的三个因子两两组合配对之限制模型与未限制模型的 χ^2 值的差来判断,其计算结果如表5-7所示。

表 5-7　　　　　　　　　全面绩效测量模型区分效度

两两配对因子	未限制模型		限制模型		χ^2 值之差		
	χ^2 值	df	χ^2 值	df	χ^2 值	df	p 值
顾客绩效—财务绩效	83.795	17	88.861	18	5.066	1	0.024
顾客绩效—员工绩效	83.795	17	110.537	18	26.742	1	0.000
财务绩效—员工绩效	83.795	17	124.638	18	40.843	1	0.000

从表 5-7 可以看出，三对配对 χ^2 值的差都达到显著水平（p < 0.05），这表明全面绩效的三个因子任意合并其中的两个都会导致测量方程恶化，即这三者间彼此区分效度良好。

（二）全面创新管理测量的验证性因子分析

1. 因子模型设定

全面创新由三个潜变量组成，它们分别是：全员创新、全要素创新和全时空创新。全员创新用 6 个指标来测量，全时空创新用 5 个指标来测量，而全要素创新是个二阶潜变量，它的一阶潜变量是战略创新、文化创新、组织创新、制度创新、技术创新和市场创新。战略创新的测量指标有 5 个，文化创新的测量指标有 3 个，组织创新的测量指标有 5 个，制度创新的测量指标有 7 个，技术创新的测量指标有 6 个，市场创新的测量指标有 4 个。因此，全面创新的验证性因子模型共涉及 1 个二阶潜变量、8 个一阶潜变量和 41 个测量指标，具体如图 5-7 所示。

2. 因子模型识别

根据 t 规则，本验证性因子模型共有 41 个测量指标，因此 q（q + 1）/2 = 861，模型要估计 38 个因子负荷，41 个测量指标的误差方差，9 个因子误差方差和 3 个因子间相关系数，共要估计 91 个参数，t = 91 < 861，满足模型识别的必要条件。

从验证性因子分析模型识别三指标法则（Three - indicator Rule）上看：①本模型每个潜变量有三个或以上的测量变量；②因子负荷矩阵每一行有且只有一个非零值，即一个测量变量只测量一个特质量；③残差的协方差矩阵为对角矩阵，即特殊因子之间相互独立。同时满足上述三个条件，因此本验证性因子分析模型满足识别的充分条件。

综上所述，模型识别的必要条件和充分条件皆满足，故模型可识别。

3. 模型整体评价

运用 AMOS 17.0 软件，基于固定负荷法，对模型进行了分析，其整体拟合结果如表 5-8 所示。

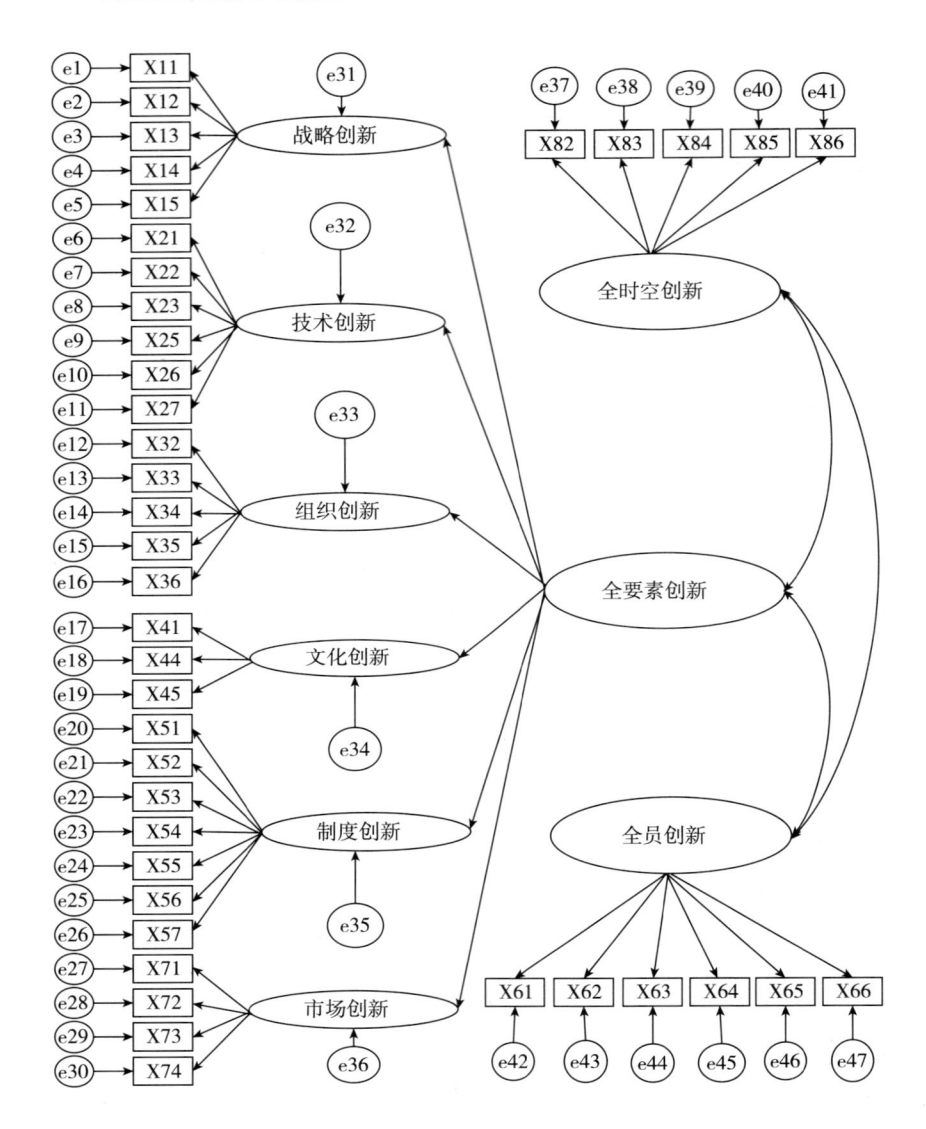

图 5-7　全面创新验证性因子分析模型

表 5-8　全面创新管理验证性因子分析的整体拟合指标

类型	拟合指标	参考标准	实际值
绝对拟合指标	χ^2/df 统计量	2—5	3.970
	拟合优度指数 GFI	>0.90	0.899
	调整的拟合优度指数 AGFI	>0.90	0.876
	近似均方根误差 RMSEA	<0.10	0.064

续表

类型	拟合指标	参考标准	实际值
相对拟合指标	标准拟合指数 NFI	≥0.90	0.887
	相对拟合指数 CFI	>0.90	0.903
	递增拟合指数 IFI	>0.90	0.903
简效拟合指标	简效标准拟合指数 PNFI	>0.50	0.796
	简效拟合优度指数 PGFI	>0.50	0.827

从表 5-8 中可以看出,绝对拟合指标中的 χ^2/df 统计量和近似均方根误差(RMSEA)均在接受范围之内,GFI 和 AGFI 也接近于可接受的标准。

从相对拟合指标来看,CFI = 0.903,IFI = 0.903,均大于可接受的标准值 0.90,NFI 也接近于可接受的标准。

从简效拟合指标来看,PNFI = 0.796,PGFI = 0.827,均大于 0.5 的可接受标准。

综上所述,从整体上看,因子模型拟合尚可,可以接受。

4. 信度评价

全面创新测量的信度评价也包括项目信度和因子信度两个方面。项目信度是通过计算测量指标的标准化负荷量平方值来判断,而因子信度是通过计算建构信度指标来判断。其计算结果如表 5-9 所示。

表 5-9　　　　　　全面创新管理验证性因子分析的信度指标

潜变量	测量指标或潜变量	非标准化因子负荷	t 值	标准化因子负荷	项目信度	建构信度(CR)	AVE
全要素创新	战略创新	1.000		0.707	0.500	0.936	0.712
	组织创新	1.347***	13.214	0.907	0.823		
	文化创新	1.417***	13.078	0.950	0.903		
	制度创新	1.377***	13.133	0.925	0.856		
	技术创新	1.182***	12.175	0.762	0.581		
	市场创新	1.415***	12.901	0.780	0.608		
战略创新	X11	1.000		0.696	0.484	0.856	0.544
	X12	1.122***	18.469	0.785	0.616		
	X13	0.898***	15.370	0.703	0.494		
	X14	1.083***	18.559	0.790	0.624		
	X15	0.885***	16.271	0.708	0.501		

续表

潜变量	测量指标或潜变量	非标准化因子负荷	t值	标准化因子负荷	项目信度	建构信度（CR）	AVE
组织创新	X32	1.000		0.741	0.549	0.869	0.57
	X33	1.018***	19.255	0.725	0.526		
	X34	1.018***	20.289	0.762	0.581		
	X35	1.165***	20.677	0.776	0.602		
	X36	1.114***	20.504	0.770	0.593		
技术创新	X21	1.000		0.727	0.529	0.882	0.555
	X22	1.098***	20.672	0.812	0.659		
	X23	1.025***	19.614	0.769	0.591		
	X25	0.954***	18.277	0.716	0.513		
	X26	1.007***	16.204	0.730	0.533		
	X27	0.776***	15.016	0.709	0.503		
文化创新	X41	1.000		0.710	0.504	0.753	0.504
	X44	1.215***	17.756	0.712	0.507		
	X45	1.062***	16.135	0.708	0.501		
制度创新	X51	1.000		0.716	0.513	0.906	0.579
	X52	1.081***	19.453	0.745	0.555		
	X53	1.215***	20.910	0.801	0.642		
	X54	1.215***	20.673	0.792	0.627		
	X55	1.271***	20.274	0.776	0.602		
	X56	1.128***	19.884	0.762	0.581		
	X57	1.096***	19.055	0.73	0.533		
市场创新	X71	1.000		0.804	0.646	0.889	0.669
	X72	1.058***	26.415	0.868	0.753		
	X73	1.041***	26.321	0.865	0.748		
	X74	0.975***	20.977	0.726	0.527		
全时空创新	X82	1.000		0.716	0.513	0.847	0.526
	X83	1.040***	17.876	0.761	0.579		
	X84	0.837***	14.846	0.707	0.500		
	X85	0.845***	16.897	0.713	0.508		
	X86	0.900***	17.215	0.728	0.53		

续表

潜变量	测量指标或潜变量	非标准化因子负荷	t 值	标准化因子负荷	项目信度	建构信度（CR）	AVE
全员创新	X61	1.000		0.772	0.596	0.917	0.649
	X62	1.104***	23.785	0.82	0.672		
	X63	0.991***	23.561	0.813	0.661		
	X64	0.975***	22.442	0.782	0.612		
	X65	1.055***	25.011	0.853	0.728		
	X66	0.995***	22.782	0.791	0.626		

注：***表示 $p<0.001$。

从表 5-9 可以看出，标准化因子负荷有一个是 0.696，其余均在 0.703—0.950；项目信度有两个略小于 0.5，分别是 0.484 和 0.494，其他的都在 0.500—0.903；用可接受的标准化因子负荷阈值 0.7 和项目信度阈值 0.5，基本上可以说项目信度通过检验。关于因子信度，由表 5-9 可知，所有因子都很好地达到接受的条件，其中二阶因子全要素创新的建构信度为 0.936、全员创新和制度创新的一阶因子的建构信度都大于 0.90，均达到优秀的水平；除文化创新的建构信度为 0.753 外，其余的建构信度都在 0.847—0.889，达到了非常好的水平。由此可见，全面创新管理测量的信度是可靠的。

5. 效度评价

此处的效度评价主要从聚合效度和区分效度两个方面来评价有关潜变量的有效程度。对于聚合效度，如表 5-9 所示，各潜变量所属的因子负荷只有一个非常接近、其余均大于 0.7 的高接受标准，说明量表潜变量具有较高聚合效度。而且，由表 5-9 还可以看出，各潜在变量提取的平均方差（AVE）在 0.504—0.712，均在 0.5 以上，这表明测量指标的解释力超过其误差方差，故各构思变量的测量有足够的聚合效度。

对于区分效度，我们是通过比较全面创新的因子两两组合配对之限制模型与未限制模型的 χ^2 值的差来判断，其计算结果如表 5-10 所示。

从表 5-10 可以看出，所有对配对 χ^2 值的差除全时空创新和全员创新配对的显著水平 $p<0.05$ 外，其他两两配对的显著水平 $p<0.001$。这表明企业全面创新管理的"三全"创新，或者全要素创新的 6 个要素，任意合并其中的两个都会导致测量方程恶化。也就是说，这些构思变量间彼此区分效度良好。

表 5-10　　全面创新管理测量模型区分效度检验

两两配对因子	未限制模型		限制模型		χ^2 值之差及显著性		
	χ^2 值	df	χ^2 值	df	χ^2 值之差	df	p 值
全要素创新—全时空创新	3062.200	770	3100.549	771	38.348	1	0.000
全要素创新—全员创新	3062.200	770	3095.010	771	32.810	1	0.000
全时空创新—全员创新	3062.200	770	3066.093	771	3.892	1	0.049
战略创新—组织创新	1669.138	390	1704.667	391	35.529	1	0.000
战略创新—制度创新	1669.138	390	1721.879	391	52.741	1	0.000
战略创新—文化创新	1669.138	390	1704.542	391	35.404	1	0.000
战略创新—市场创新	1669.138	390	1735.045	391	65.907	1	0.000
战略创新—技术创新	1669.138	390	1698.522	391	29.384	1	0.000
组织创新—制度创新	1669.138	390	1691.170	391	22.032	1	0.000
组织创新—文化创新	1669.138	390	1680.642	391	11.504	1	0.001
组织创新—市场创新	1669.138	390	1685.773	391	16.635	1	0.000
组织创新—技术创新	1669.138	390	1689.272	391	20.134	1	0.000
制度创新—文化创新	1669.138	390	1680.204	391	11.066	1	0.001
制度创新—市场创新	1669.138	390	1681.170	391	12.032	1	0.001
制度创新—技术创新	1669.138	390	1713.017	391	43.879	1	0.000
文化创新—市场创新	1669.138	390	1681.185	391	12.047	1	0.001
文化创新—技术创新	1669.138	390	1687.144	391	18.006	1	0.000
市场创新—技术创新	1669.138	390	1687.157	391	18.019	1	0.000

（三）环境变量测量的验证性因子分析

1. 因子模型设定

环境变量是指可能影响全面创新和全面绩效的市场环境、技术环境和企业内部环境，它们分别对应的是市场动荡、技术动荡和企业资源三个潜变量，每个潜变量用三个题目来测量。因此，其验证性因子模型共涉及 3 个潜变量和 9 个测量题目，具体如图 5-8 所示。

2. 因子模型识别

根据 t 规则，本验证性因子模型共有 9 个测量题目，因此 q（q+1）/2=45，模型要估计 6 个因子负荷，9 个测量题目的误差方差，3 个因子方差和 3 个因子间相关系数，共要估计 21 个参数，t=21 小于 45，满足模型识别的必要条件。

从验证性因子分析模型识别三指标法则（Three-indicator Rule）上

看：①本模型每个潜变量有三个测量变量；②因子负荷矩阵每一行有且只有一个非零值，即一个测量变量只测量一个特质量；③残差的协方差矩阵为对角矩阵，即特殊因子之间相互独立。同时满足上述三个条件，因此本验证性因子分析模型满足识别的充分条件。

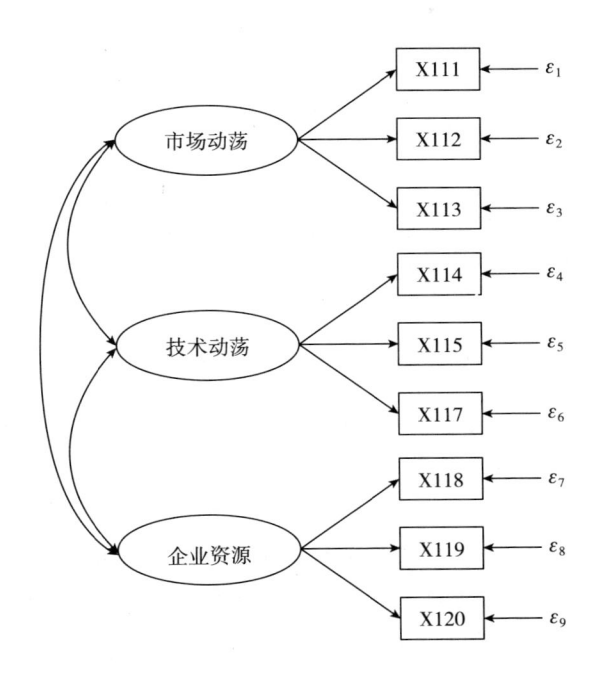

图 5 - 8　环境变量的验证性因子分析模型

综上所述，模型识别的必要条件和充分条件皆满足，故模型可识别。

3. 模型整体评价

运用 AMOS17.0 软件，基于固定负荷法，对模型进行了分析，结果如表 5 - 11 所示。

表 5 - 11　环境变量验证性因子分析的整体拟合指标

类型	拟合指标	参考标准	实际值
绝对拟合指标	χ^2 (24) =143.158 的 p 值	<0.05	0.000
	拟合优度指数 - GFI	>0.90	0.956
	调整的拟合优度指数 - AGFI	>0.90	0.917
	近似均方根误差 - RMSEA	<0.10	0.083

续表

类型	拟合指标	参考标准	实际值
相对拟合指标	标准拟合指数 – NFI	≥0.90	0.932
	相对拟合指数 – CFI	>0.90	0.942
	递增拟合指数 – IFI	>0.90	0.943
简效拟合指标	简效标准拟合指数 – PNFI	>0.50	0.621
	简效拟合优度指数 – PGFI	>0.50	0.628

从表 5 – 11 中可以看出，$\chi^2(24) = 143.158$，$p = 0.000$，达到显著水平，这表明测量模型的协方差矩阵和实证资料的协方差矩阵之间有显著差异。如前所述，接受黄芳铭（2005）的建议，继续检验其他的指标，以做综合判断。

从绝对拟合指标来看，GFI = 0.956，AGFI = 0.917，大于接受参考标准值 0.90，RMSEA = 0.083，小于接受参考标准值 0.1，显示模型可以接受；从相对拟合指标来看，CFI = 0.942，NFI = 0.932，均大于接受参考标准值 0.90，故整体上看，因子模型拟合良好，具有良好的建构效度，可以接受。

4. 信度评价

环境变量的信度评价也包括项目信度和因子信度两个方面。其项目信度是通过计算测量指标的标准化负荷量平方值来判断，而因子信度是通过计算建构信度指标来判断。其相关指标的计算结果如表 5 – 12 所示。

表 5 – 12　　　　　环境变量验证性因子分析的信度指标

潜变量	测量指标	非标准化因子负荷	t 值	标准化因子负荷	项目信度	建构信度（CR）	AVE
市场动荡	X111	1.000		0.661	0.437	0.668	0.405
	X112	0.951***	13.087	0.711	0.506		
	X113	0.666***	9.605	0.523	0.274		
技术动荡	X114	1.000		0.656	0.430	0.741	0.488
	X115	1.087***	15.229	0.751	0.564		
	X117	1.003***	14.448	0.686	0.471		
企业资源	X118	1.000		0.661	0.437	0.814	0.595
	X119	1.276***	17.138	0.834	0.696		
	X120	1.343***	17.035	0.808	0.653		

注：***表示 $p < 0.001$。

从表 5-12 可以看出，标准化因子负荷和项目信度指标，与接受的阈值比较不是很理想，但考虑到这是先验量表且用之的主要目的是考察它们对全面创新管理和全面绩效关系的调解作用，所以我们认为此项目信度可视为通过检验。建构效度的阈值是 0.5，而本书研究的实际值是在 0.577—0.717，所以因子信度通过检验。

5. 效度评价

效度评价这里主要从聚合效度和区分效度两个方面进行。对于聚合效度，如表 5-12 所示，各潜变量所属的因素负荷除市场动荡中的 X113 外都大于 0.6 的接受标准，说明量表潜变量具备聚合效度。而且，由表 5-12 还可以看出，各潜在变量提取的平均方差（AVE）在 0.472—0.679，底线比较接近 0.5 的接受标准，基于评价信度时所考虑的原因，我们认为各构思变量的测量有一定的聚合效度。

对于区分效度，我们是通过比较环境变量的三个因子两两组合配对之限制模型与未限制模型的 χ^2 值的差来判断，其计算结果如表 5-13 所示。

表 5-13　　　　　　　　环境变量测量模型区分效度

两两配对因子	未限制模型		限制模型		χ^2 值之差		
	χ^2 值	df	χ^2 值	df	χ^2 值	df	p 值
市场动荡—技术动荡	143.158	24	229.556	25	86.398	1	0.000
市场动荡—企业资源	143.158	24	258.719	25	115.562	1	0.000
技术动荡—企业资源	143.158	24	190.916	25	47.758	1	0.000

从表 5-13 可以看出，三对配对 χ^2 值的差都达到显著水平（$p < 0.05$），这表明环境变量的三个因子任意合并其中的两个都会导致测量方程恶化。也就是说，这三个构思变量间彼此区分效度良好。

第四节　本章小结

本章主要阐述了研究所用数据的收集和评价问题。

我们的研究数据是通过租用专业调查网络平台来收集的，并通过网站已有的严格的质量监控机制——五层机制，以及问卷设计技巧来保证研究数据的质量，达到了较好的效果。

通过计算样本的描述性统计指标，我们既掌握了样本企业的规模分布、地区分布、生存年龄分布以及发展阶段分布等基本情况，又得出样本可以充分代表研究总体且各变量的测量指标基本上是服从或者近似服从于正态分布的结论。

通过规范的模型设定、模型识别、模型总体评价、模型信度和效度评价，其结果显示，全面创新、全面绩效和环境变量等测量工具所得到的数据均具有良好的信度和效度。

总之，本书研究收集的数据是有效和可靠的，所以可以用之进行下一步的实证研究。

第六章 控制变量的影响效应研究

首先,本章探讨了企业特征,如规模、发展阶段、地区分布、企业年龄、行业大类等因素,对全面创新管理的控制效应,其方法是采用方差分析和层次回归分析,使用的软件工具是 SPSS15.0;其次,采用传统的层次相关分析,从变量相关的角度对研究假设进行初步的认识;最后,对本章进行简短小结。

第一节 变量影响效应分析导论

一 控制变量检验的意义

当我们在研究解释变量—中介变量—被解释变量之间的关系时,我们希望得到的是这些变量之间的真实关系。也就是说,尽可能地排除(控制)我们不关注的但对模型有影响的其他变量的作用。我们可以通过建立有中介的调解效应模型、有调解的中介效应模型以及同时包含中介效应和调解效应的混合模型等来判断相关控制变量的作用。对于那些影响显著的控制变量,在进行进一步的研究假设检验中,就需要进行必要的技术控制。所以,对控制变量的控制效应事先进行检验,有利于增加研究结论的内、外部效度,从而有利于提高研究结果的科学性,并为进一步研究假设的实证检验打下坚实的基础。

二 研究变量的赋值方法

由于我们研究的变量,除部分特征变量外,其余的变量,包括自变量、中介变量和结果变量,都是不可观测的潜变量,因此就涉及潜变量赋值问题。通常对潜变量的赋值主要有两种方法:一是采用因子分析法,通过计算它们的因子得分作为相应潜变量的计算值;二是采用均值的方法,直接计算潜变量的计算值。而在普通的统计分析中，通常是采用后者。因此，我们在对有关变量的方差分析和回归分析中，对潜变量的赋值就是采用均值赋值法进行的，其中对高阶潜变量进行赋值的具体的方法是：先采用均值的方法对一阶潜变量进行赋值；然后，在此基础上，再采用均值方法对二阶潜变量进行二次赋值。

三 本章的研究方法简介

单因素方差分析（One-way ANOVA），用于完全随机设计的多个样本均数间的比较，其统计推断是推断各样本所代表的相应的统计总体均数是否相等。若变量的均值相等就说明该单因素对此变量没有影响，否则就是有影响。也就是说，单因素方差分析是两个样本平均数比较的引申，它是用来检验多个平均数之间的差异，从而确定因素对试验结果有无显著性影响的一种统计方法。单因素方差分析涉及三个相关概念：因素、水平和单因素试验。

因素：影响研究对象的某一指标、变量。

水平：因素变化的各种状态或因素变化所分的等级或组别。

单因素试验：考虑的因素只有一个的试验叫单因素试验。

与通常的统计推断问题一样，方差分析的任务也是先根据实际情况提出原假设 H0 与备择假设 H1，然后寻找适当的检验统计量进行假设检验。其具体分析步骤说明如下：

第一步：提出检验的假设。

假设因素 A 有 s 个水平 A_1, A_2, $\cdots$, A_s，在每一个水平 A_j（$j=1, 2, \cdots, s$）下进行了 n_j 次独立试验，得到一些结果。这些结果是一个随机变量。其对应的数据可以看成来自 s 个不同总体（每个水平对应一个总体）的样本值，将各个总体的均值依次记为 μ_1, μ_2, $\cdots$, μ_s，则需检验假设为：

$H0$：$\mu_1 = \mu_2 = \cdots = \mu_s$

$H1$：μ_1, μ_2, $\cdots$, μ_s 不全相等

设总平均为 μ，则其计算公式如下：

$$\mu = \frac{1}{n} \sum_{j=1}^{s} n_j \mu_j$$

其中：

$$n = \sum_{j=1}^{s} n_j$$

再设水平 A_j 的效应 δ_j，则其计算公式如下：

$$\delta_j = \mu_j - \mu (j = 1, 2, \cdots, s)$$

显然有 $n_1\delta_1 + n_2\delta_2 + \cdots + n_s\delta_s = 0$，$\delta_j$ 表示水平 A_j 下的总体平均值与总平均的差异。

利用这些记号，上述假设就等价于假设：

$H0: \delta_1 = \delta_2 = \cdots = \delta_s = 0$

$H1: \delta_1, \delta_2, \cdots, \delta_s$ 不全为零

因此，单因素方差分析的任务就是检验 s 个总体的均值 μ_j 是否相等，也就等价于检验各水平 A_j 的效应 δ_j 是否都等于零。

第二步：构造检验所需的统计量。

假设各总体服从正态分布，且方差相同，即假定各个水平 $A_j(j = 1, 2, \cdots, s)$ 下的样本 $x_{1j}, x_{2j}, \cdots, x_{nj}$ 均来自正态总体 $N(\mu_j, \sigma^2)$，μ_j 与 σ^2 未知，且设不同水平 A_j 下的样本之间相互独立，则单因素方差分析所需的检验统计量可以从总平方和的分解导出来。

水平 A_j 下的样本平均值为：

$$\bar{x}_{\cdot j} = \frac{1}{n} \sum_{i=1}^{nj} x_{ij}$$

数据的总平均值为：

$$\bar{x} = \frac{1}{n} \sum_{j=1}^{s} \sum_{i=1}^{nj} x_{ij} = \frac{1}{n} \sum_{j=1}^{s} n_j \bar{x}_{\cdot j}$$

总平方和：

$$S_T = \sum_{j=1}^{s} \sum_{i=1}^{nj} (x_{ij} - \bar{x})^2$$

总平方和 S_T 反映了全部试验数据之间的差异，因此 S_T 又称为总变差。将其分解为：

$$S_T = S_E + S_A$$

其中：

$$S_E = \sum_{j=1}^{s} \sum_{i=1}^{nj} (x_{ij} - \bar{x}_{\cdot j})^2$$

上述 S_E 的各项 $(x_{ij} - \bar{x}_{\cdot j})^2$ 表示在水平 A_j 下，样本观察值与样本均值的差异，这是由随机误差所引起的，因此 S_E 叫作误差平方和，即组内误差平方和。S_A 的各项 $n_j(\bar{x}_{\cdot j} - \bar{x})^2$ 表示了在水平 A_j 下的样本平均值与数据总平均的差异，这是由水平 A_j 以及随机误差所引起的，因此 S_A 叫作因素 A 的效应平方和，即组间误差平方和。

可以证明 S_A 与 S_E 相互独立，且当 $H0: \delta_1 = \delta_2 = \cdots = \delta_s = 0$ 为真时，

S_A 与 S_E 分别服从自由度为 $s-1$, $n-s$ 的 χ^2 分布,即
于是,当 $H0$: $\delta_1 = \delta_2 = \cdots = \delta_s = 0$ 为真时

$$F = \frac{(S_A)/(s-1)}{(S_E)/(n-s)} = \frac{\dfrac{S_A}{\sigma^2}/(s-1)}{\dfrac{S_E}{\sigma^2}/(n-s)} \sim F(s-1, n-s)$$

这就是单因素方差分析所需的服从 F 分布的检验统计量。

第三步:假设检验的拒绝域。

在显著性水平下 α,本检验问题的拒绝域为:

$$F = \frac{(S_A)/(s-1)}{(S_E)/(n-s)} \geqslant F_\alpha(s-1, n-s)$$

等价于 F 值对应的 p 值小于给定的显著性水平 α 的值。

第四步:进行多重比较。

如果第三步拒绝原假设,就要进行多重比较判断究竟是哪些水平或者组间是有差异。这里分方差相等和方差不等两种情况,选择不同的方法进行多重比较研究,并得出最终结论。

多因素方差分析和单因素方差分析方法原理一样,只是同时分析多个因素而已,故其方法不再展开介绍。另外层次回归法也是常用的统计分析法,这里也不再赘述。

四 研究内容安排

本章的研究分两步进行:第一步,运用方差分析(Analysis of Variances,ANOVA)的方法,检验我国制造业的全面创新和全面绩效在具有不同规模、不同发展阶段、不同行业大类、不同地区以及不同的企业年龄间是否存在显著差别;第二步,在方差分析的基础上,利用层次回归分析方法,把对全面创新管理和全面绩效有显著影响的企业特征变量纳入模型,从而探索其影响方向和影响程度。

第二节 单因素方差分析及结论

一 企业规模的方差分析

企业规模的单因素方差分析,就是研究不同规模(大、中、小等)的

企业样本代表的相应的统计总体在全面创新（全要素创新、全员创新和全时空创新等）各方面和全面绩效（顾客绩效、财务绩效和员工绩效等）各方面的均数是否相等。如果相等说明企业规模对这些变量没有影响，否则就是有影响。

调查所获得的样本企业数据，依据企业的人数规模（国统字〔2003〕17号）分为三组：小型企业、中型企业和大型企业。据此运用SPSS15.0进行了方差分析（显著性水平为 $p = 0.05$），结果如表6-1、表6-2和表6-3所示。

表6-1　　　　　　　　基于企业规模的方差分析结果

	来源	平方和	自由度	均方值	F 统计量	显著性水平（p）
战略创新	组间	3.509	2	1.755	1.642	0.194
	组内	753.248	705	1.068		
	总计	756.757	707			
技术创新	组间	19.416	2	9.708	9.514	0.000
	组内	719.358	705	1.020		
	总计	738.774	707			
组织创新	组间	7.354	2	3.677	3.528	0.030
	组内	734.796	705	1.042		
	总计	742.150	707			
文化创新	组间	6.114	2	3.057	6.011	0.003
	组内	358.498	705	0.509		
	总计	364.612	707			
制度创新	组间	2.431	2	1.215	0.976	0.377
	组内	877.642	705	1.245		
	总计	880.073	707			
市场创新	组间	7.553	2	3.776	2.537	0.080
	组内	1049.451	705	1.489		
	总计	1057.004	707			
全要素创新	组间	6.147	2	3.073	4.472	0.012
	组内	484.451	705	0.687		
	总计	490.598	707			
全员创新	组间	2.021	2	1.010	0.743	0.476
	组内	959.266	705	1.361		
	总计	961.287	707			

续表

	来源	平方和	自由度	均方值	F统计量	显著性水平（p）
全时空创新	组间	1.150	2	0.575	0.460	0.631
	组内	880.724	705	1.249		
	总计	881.874	707			
全面创新	组间	1.456	2	0.728	0.811	0.445
	组内	632.663	705	0.897		
	总计	634.118	707			
顾客绩效	组间	1.756	2	0.878	0.737	0.479
	组内	840.325	705	1.192		
	总计	842.081	707			
财务绩效	组间	16.379	2	8.190	6.809	0.001
	组内	847.928	705	1.203		
	总计	864.307	707			
员工绩效	组间	1.329	2	0.665	1.524	0.219
	组内	307.444	705	0.436		
	总计	308.773	707			
全面绩效	组间	3.816	2	1.908	2.866	0.058
	组内	469.374	705	0.666		
	总计	473.190	707			

表 6-1 的方差分析结果显示，首先，全要素创新在 $p=0.05$ 的显著性水平下，拒绝各组均值相等的原假设，从而得出结论：企业全要素创新大小受到企业规模大小的影响。其中在全要素创新内部，企业规模真正影响的是技术创新、组织创新和文化创新；而且若在 $p=0.1$ 的显著性水平下，企业规模对市场创新也有影响。其次，全面绩效在 $p=0.1$ 的显著性水平下，也拒绝各组均值相等的原假设，从而得出结论：全面绩效的大小也受到企业规模大小的影响，其中财务绩效受到的影响最显著，因其在 $p=0.01$ 的显著性水平下也能拒绝各组均值相等的原假设。

然而，此结论只说明，这些变量的均值至少在两种规模间有显著性差异，但若要判断究竟是哪些规模间有显著性差异，就必须进行多重（多组）比较。由于多重（多组）比较的方法视方差是否相等而有所不同，所以应首先进行方差齐性检验，其结果如表 6-2 所示。

表 6-2　　　　　　　　基于企业规模的同方差性检验结果

	Levene 统计量	第一自由度	第二自由度	显著性水平（p）
战略创新	0.218	2	705	0.804
技术创新	1.190	2	705	0.305
组织创新	0.256	2	705	0.774
文化创新	0.988	2	705	0.373
制度创新	0.103	2	705	0.902
市场创新	1.064	2	705	0.346
全要素创新	0.664	2	705	0.515
全员创新	0.487	2	705	0.615
全时空创新	1.818	2	705	0.163
全面创新	0.820	2	705	0.441
顾客绩效	1.132	2	705	0.323
财务绩效	1.028	2	705	0.358
员工绩效	1.925	2	705	0.147
全面绩效	1.498	2	705	0.224

表 6-2 的方差齐性检验结果显示，基于企业规模的方差分析中，所有变量在 p=0.05 的显著性水平下，均接受方差齐性假设。这意味着在多重（多组）比较中，均采用最小显著性差异（Least-significant Difference，LSD）方法的 t 统计量，两两检验各组均值是否有显著性差异（马庆国，2002），其检验结果如表 6-3 所示。

表 6-3　　　　　　基于企业规模的方差分析多重比较 LSD 结果

被解释变量	（I）规模	（J）规模	均值差（I-J）	标准误	Sig.
技术创新	小型企业	中型企业	-0.30802(*)	0.08281	0.000
		大型企业	-0.38543(*)	0.11974	0.001
	中型企业	大型企业	-0.07741	0.12534	0.537
组织创新	小型企业	中型企业	-0.20000(*)	0.08369	0.017
		大型企业	-0.21488	0.12102	0.076
	中型企业	大型企业	-0.01488	0.12668	0.907
文化创新	小型企业	中型企业	-0.14946(*)	0.05846	0.011
		大型企业	-0.25005(*)	0.08453	0.003
	中型企业	大型企业	-0.10059	0.08848	0.256

续表

被解释变量	（I）规模	（J）规模	均值差（I－J）	标准误	Sig.
市场创新	小型企业	中型企业	－0.22043(*)	0.10002	0.028
		大型企业	－0.02349	0.14463	0.871
	中型企业	大型企业	0.19694	0.15139	0.194
全要素创新	小型企业	中型企业	－0.18803(*)	0.06796	0.006
		大型企业	－0.18242	0.09826	0.064
	中型企业	大型企业	0.00561	0.10286	0.957
财务绩效	小型企业	中型企业	－0.27912(*)	0.08990	0.002
		大型企业	－0.36087(*)	0.13000	0.006
	中型企业	大型企业	－0.08174	0.13608	0.548
全面绩效	小型企业	中型企业	－0.15128(*)	0.06689	0.024
		大型企业	－0.13349	0.09672	0.168
	中型企业	大型企业	0.01780	0.10124	0.860

注：＊表示在5％的显著性水平下均值差异显著。

对于全要素创新而言，表6－3的多重比较结果显示，在 p＝0.05 的显著性水平下，小型企业的全要素创新和中型企业的全要素创新有显著的差异；若在 p＝0.1 的显著性水平下，小型企业的全要素创新和大型企业的全要素创新也有显著性的差异。但无论 p＝0.05 还是 p＝0.1，中型企业和大型企业的全要素创新没有显著性差异。这一研究结果提示我们企业在实施全面创新管理过程中，对于全要素创新，小型企业应该有自己的特点，当然小型企业间也可以互相学习和借鉴；大、中型企业的全要素创新应该属于同类，不必区别对待。如果要进一步分析和研究，可以考虑把企业规模分为小型企业和大中型企业两大类。

对于全要素创新内部的因素而言，表6－3的多重比较结果显示，在 p＝0.05 的显著性水平下，小型企业的技术创新和文化创新与大、中型企业有显著差异，但大、中型企业间则无显著性差异；小型企业的组织创新和市场创新与中型企业的组织创新和市场创新有显著性差异，但大、中型企业的组织创新和市场创新无显著性差异；同时，我们还发现，若在 p＝0.1 的显著性水平下，小型企业的组织创新与大型企业的组织创新也有显著性差异。

对于全面绩效而言，表6－3的多重比较结果显示，在 p＝0.05 的显著性水平下，只有小型企业和中型企业有显著性差异；对于全面绩效中的财务绩效而言,在 p = 0.05 的显著性水平下,小型企业的财务绩效和大、中型企业的财务绩效均有显著性差异,而大、中型企业的财务绩效则无显著性差异。这一研究结果提示我们,在全面绩效管理中,小型企业和大中型企业应区别对待,而大中型企业可以一视同仁。

综上所述,我们在研究全面创新和全面绩效关系时,应该考虑企业规模的影响,而且对于企业规模的分类可以简化为两类,即小型企业和大中型企业。

二 企业发展阶段的方差分析

我们把企业的发展分为五个阶段:诞生阶段、成长阶段、成熟阶段、衰退阶段、再生阶段。据此把样本企业划分为五个子总体,并运用 SPSS15.0 中的方差分析(ANOVA),来检验全面创新管理和全面绩效是否受企业发展阶段的影响。其计算结果如表 6-4 所示。

表 6-4　　　　　　　　基于企业发展阶段的方差分析结果

	来源	平方和	自由度	均方值	F 统计量	显著性水平(p)
战略创新	组间	27.725	4	6.931	6.684	0.000
	组内	729.032	703	1.037		
	总计	756.757	707			
技术创新	组间	35.943	4	8.986	8.988	0.000
	组内	702.831	703	1.000		
	总计	738.774	707			
组织创新	组间	45.509	4	11.377	10.824	0.000
	组内	738.917	703	1.051		
	总计	784.426	707			
文化创新	组间	44.669	4	11.167	8.109	0.000
	组内	968.143	703	1.377		
	总计	1012.812	707			
制度创新	组间	52.143	4	13.036	11.069	0.000
	组内	827.930	703	1.178		
	总计	880.073	707			
市场创新	组间	54.650	4	13.662	9.582	0.000
	组内	1002.354	703	1.426		
	总计	1057.004	707			

续表

	来源	平方和	自由度	均方值	F统计量	显著性水平（p）
全要素创新	组间	41.412	4	10.353	13.623	0.000
	组内	534.280	703	0.760		
	总计	575.692	707			
全员创新	组间	56.077	4	14.019	10.888	0.000
	组内	905.210	703	1.288		
	总计	961.287	707			
全时空创新	组间	50.234	4	12.558	10.616	0.000
	组内	831.640	703	1.183		
	总计	881.874	707			
全面创新	组间	48.711	4	12.178	14.624	0.000
	组内	585.407	703	0.833		
	总计	634.118	707			
顾客绩效	组间	31.028	4	7.757	6.724	0.000
	组内	811.053	703	1.154		
	总计	842.081	707			
财务绩效	组间	80.890	4	20.222	18.147	0.000
	组内	783.417	703	1.114		
	总计	864.307	707			
员工绩效	组间	53.603	4	13.401	14.694	0.000
	组内	641.138	703	0.912		
	总计	694.740	707			
全面绩效	组间	51.578	4	12.895	17.174	0.000
	组内	527.823	703	0.751		
	总计	579.401	707			

表6-4的方差分析结果显示，全面创新管理和全面绩效在$p=0.001$的显著性水平下，拒绝各组均值相等的原假设，从而得出结论：企业全面创新管理和全面绩效的大小随着企业发展阶段的不同而不同。然而，此结论只说明，这些变量的均值至少在两个发展阶段间有显著性差异，但若要判断究竟是哪些发展阶段间有显著性差异，就必须进行多重（多组）比较。

由于多重（多组）比较的方法视方差是否相等而有所不同，所以应首先进行方差齐性检验。表6-5给出了方差齐性检验结果。

表 6-5　　基于企业发展阶段的同方差性检验结果

	Levene 统计量	第一自由度	第二自由度	显著性水平（p）
战略创新	0.576	4	703	0.680
技术创新	0.944	4	703	0.438
组织创新	1.126	4	703	0.343
文化创新	1.155	4	703	0.329
制度创新	1.850	4	703	0.117
市场创新	3.063	4	703	0.016
全要素创新	0.793	4	703	0.530
全员创新	1.253	4	703	0.287
全时空创新	2.444	4	703	0.045
全面创新	1.571	4	703	0.180
顾客绩效	2.674	4	703	0.031
财务绩效	4.817	4	703	0.001
员工绩效	1.242	4	703	0.292
全面绩效	3.958	4	703	0.003

表 6-5 显示，基于企业发展阶段的方差分析中，除了全面创新管理中的全时空创新、全要素创新中的市场创新、全面绩效及其中的顾客绩效和财务绩效外的其他变量，在 p=0.05 的显著性水平下，均接受方差齐性假设。这意味着在多重（多组）比较中，全时空创新、市场创新、全面绩效及其中的顾客绩效和财务绩效，由于它们的方差齐性检验没有通过，所以应用 Tamhane（方差不相等的前提下）方法的两两 t 检验。其他变量均采用最小显著性差异（Least-significant Difference，LSD）方法的 t 统计量，两两检验各组均值是否有显著性差异（马庆国，2002）。我们把检验结果中有显著差异的发展阶段及其相关指标，通过整理汇总为表 6-6。

表 6-6　　基于企业发展阶段的方差分析多重比较 LSD 结果

被解释变量	检验方法	发展阶段（I）	发展阶段（J）	均值差（I-J）	标准误	显著性水平（p）
战略创新	LSD	诞生阶段	衰退阶段	0.67309(*)	0.25505	0.008
		成长阶段	成熟阶段	-0.21893(*)	0.08653	0.012
			衰退阶段	0.64135(*)	0.16169	0.000
		成熟阶段	成长阶段	0.21893(*)	0.08653	0.012
			衰退阶段	0.86028(*)	0.16877	0.000

续表

被解释变量	检验方法	发展阶段（I）	发展阶段（J）	均值差（I-J）	标准误	显著性水平（p）
技术创新	LSD	衰退阶段	再生阶段	-0.68109(*)	0.25505	0.008
		诞生阶段	成长阶段	-0.47499(*)	0.20609	0.021
			成熟阶段	-0.67081(*)	0.21149	0.002
		成长阶段	成熟阶段	-0.19582(*)	0.08496	0.021
			衰退阶段	0.70999(*)	0.15875	0.000
		成熟阶段	衰退阶段	0.90581(*)	0.16571	0.000
组织创新	LSD	衰退阶段	再生阶段	-0.66833(*)	0.25042	0.008
		诞生阶段	成熟阶段	-0.50882(*)	0.21685	0.019
			衰退阶段	0.53091(*)	0.25677	0.039
		成长阶段	衰退阶段	0.88992(*)	0.16278	0.000
		成熟阶段	衰退阶段	1.03972(*)	0.16991	0.000
			再生阶段	0.53282(*)	0.21685	0.014
文化创新	LSD	衰退阶段	再生阶段	-0.50691(*)	0.25677	0.049
		诞生阶段	成熟阶段	-0.56114(*)	0.24822	0.024
		成长阶段	衰退阶段	0.85894(*)	0.18632	0.000
		成熟阶段	衰退阶段	1.03993(*)	0.19449	0.000
制度创新	LSD	诞生阶段	衰退阶段	0.72078(*)	0.27180	0.008
		成长阶段	成熟阶段	-0.21682(*)	0.09222	0.019
			衰退阶段	0.93524(*)	0.17230	0.000
		成熟阶段	衰退阶段	1.15206(*)	0.17985	0.000
			再生阶段	0.54557(*)	0.22954	0.018
市场创新	Tamhane	衰退阶段	再生阶段	-0.60649(*)	0.27180	0.026
		成长阶段	衰退阶段	0.94469(*)	0.21613	0.001
		成熟阶段	衰退阶段	1.10451(*)	0.22471	0.000
全要素创新	LSD	诞生阶段	成熟阶段	-0.48490(*)	0.18440	0.009
			衰退阶段	0.53215(*)	0.21834	0.015
		成长阶段	成熟阶段	-0.18703(*)	0.07408	0.012
			衰退阶段	0.83002(*)	0.13841	0.000
		成熟阶段	衰退阶段	1.01705(*)	0.14448	0.000
			再生阶段	0.44551(*)	0.18440	0.016

续表

被解释变量	检验方法	发展阶段（I）	发展阶段（J）	均值差（I-J）	标准误	显著性水平（p）
全员创新	LSD	衰退阶段	再生阶段	-0.57154(*)	0.21834	0.009
		诞生阶段	衰退阶段	0.77106(*)	0.28420	0.007
		成长阶段	成熟阶段	-0.19117(*)	0.09642	0.048
			衰退阶段	1.01146(*)	0.18017	0.000
		成熟阶段	衰退阶段	1.20262(*)	0.18806	0.000
			再生阶段	0.49823(*)	0.24002	0.038
全时空创新	Tamhane	衰退阶段	再生阶段	-0.70439(*)	0.28420	0.013
		诞生阶段	成熟阶段	-0.66980(*)	0.20736	0.028
		成长阶段	衰退阶段	0.89673(*)	0.18935	0.000
		成熟阶段	衰退阶段	1.07635(*)	0.19719	0.000
顾客绩效	Tamhane	成长阶段	衰退阶段	0.67825(*)	0.20978	0.022
		成熟阶段	衰退阶段	0.87678(*)	0.21636	0.002
财务绩效	Tamhane	诞生阶段	成熟阶段	-0.81864(*)	0.25127	0.029
		成长阶段	衰退阶段	1.14700(*)	0.20666	0.000
		成熟阶段	衰退阶段	1.35804(*)	0.21372	0.000
员工绩效	LSD	诞生阶段	衰退阶段	0.83545(*)	0.23918	0.001
		成长阶段	衰退阶段	1.09446(*)	0.15163	0.000
		成熟阶段	衰退阶段	1.13906(*)	0.15827	0.000
全面绩效	Tamhane	衰退阶段	再生阶段	-0.75545(*)	0.23918	0.002
		成长阶段	衰退阶段	0.97324(*)	0.16927	0.000
		成熟阶段	衰退阶段	1.12462(*)	0.17505	0.000

注：*表示在5%的显著性水平下均值差异显著。

对于全面创新的三个维度概括而言，表6-6的多重比较结果显示，在 p=0.05 的显著性水平下，在衰退阶段的制造业企业全面创新显著低于其他阶段。对于全面创新的三个维度具体而言，表6-6的多重比较结果显示，在 p=0.05 的显著性水平下，制造业企业的全员创新在衰退阶段低于其他阶段、在成长阶段显著低于成熟阶段，剩下的其他阶段间则无显著差异；制造业企业的全时空创新在衰退阶段显著低于成长阶段和成熟阶段、诞生阶段显著低于成熟阶段，剩下的其他阶段间则无显著差异；制造业企业的全要素创新在衰退阶段显著低于其他四个阶段、在成熟阶段则显著高于其他四个阶段,而剩下的其他阶段间则无显著差异。这一分析结果给我们的启示是:在全面创新管理中,处于衰退阶段的企业要特别重视全面创新,尤其是全员创新和全要素创新。

对于全要素创新内部的因素而言,表6-6的多重比较结果显示,在 $p=0.05$ 的显著性水平下,制造业企业的战略创新在衰退阶段显著低于其他四个阶段、在成熟阶段显著高于成长阶段,剩下的其他阶段间则无显著差异;制造业企业的组织创新在衰退阶段显著低于其他四个阶段、在成熟阶段显著高于诞生和再生阶段,剩下的其他阶段间则无显著差异;制造业企业的制度创新在衰退阶段显著低于其他四个阶段、在成熟阶段显著高于成长和再生阶段,剩下的其他阶段间则无显著差异;制造业企业的文化创新在衰退阶段显著低于成长和成熟阶段、在成熟阶段还显著高于诞生阶段,剩下的其他阶段间则无显著差异;制造业企业的市场创新在衰退阶段显著低于成长和成熟阶段,剩下的其他阶段间则无显著差异;制造业企业的技术创新在衰退阶段显著低于除诞生阶段外的其他三个阶段、在成熟阶段则显著高于成长和诞生阶段、在成长阶段显著高于诞生阶段,剩下的其他阶段则无显著差异。这一分析结果给我们的提示是:在全要素创新管理研究中,要重视企业发展阶段的影响,特别是可以考虑把企业发展阶段分为衰退阶段、成熟阶段和其他阶段来深入研究。

对于全面绩效而言,表6-6的多重比较结果显示,在 $p=0.001$ 的显著性水平下,制造业企业的全面绩效在成长和成熟阶段要显著好于衰退阶段,其他阶段间则无显著差异。就全面绩效三个维度来看,除了每个维度共有上述的特点外,制造业企业的财务绩效在成熟阶段显著好于诞生阶段,其他阶段间则无显著差异;制造业企业的员工绩效衰退阶段显著低于其他所有发展阶段,而其他阶段间则无显著差异。这一分析结果给我们的提示是:在全面创新管理中,处于衰退阶段的企业要特别重视全面绩效管理,尤其是员工绩效的管理。

总之,在本部分,我们不仅探明企业发展阶段对全面创新管理和全面绩效有显著影响,而且还在多重比较中进一步判断了究竟是哪些阶段对哪些变量有显著性影响。我们的研究表明:在全面创新管理机制研究中,要考虑企业发展阶段的影响。具体来说,在全要素创新机制研究时,可以把企业发展阶段分为衰退阶段、成熟阶段和其他阶段来深入研究;在"三全"机制研究以及全面创新和全面绩效机制研究时,可以把发展阶段粗略分为衰退阶段和其他阶段,来进一步研究即可。

三 基于地区的方差分析

进行基于地区的方差分析,首先应研究地区的划分问题。将我国划分为东部、中部、西部三个地区的时间始于1986年,由全国人大六届四次会议通过的"七五"计划正式公布。东部地区包括北京、天津、河北、辽宁、上海、江苏、浙江、福建、山东、广东和海南11个省(市);中部地区包括山西、内蒙古、吉林、黑龙江、安徽、江西、河南、湖北、湖南、广西10个省(区);西部地区包括四川、贵州、云南、西藏、陕西、甘肃、青海、宁夏、新疆9个省(区)。1997年全国人大八届五次会议决定设立重庆市为直辖市,并划入西部地区后,西部地区所包括的省级行政区就由9个增加为10个省(区、市)。

由于内蒙古和广西两个自治区人均国内生产总值的水平正好相当于上述西部10省(市、区)的平均状况,2000年国家制定的在西部大开发中享受优惠政策的范围又增加了内蒙古和广西。目前,西部地区包括的省级行政区共12个,分别是四川、重庆、贵州、云南、西藏、陕西、甘肃、青海、宁夏、新疆、广西、内蒙古;中部地区有8个省级行政区,分别是山西、吉林、黑龙江、安徽、江西、河南、湖北、湖南;东部地区包括的11个省级行政区没变。[①]

为提高研究的可比性和实用性,我们就以目前的东部、中部、西部标准来进行方差分析(样本中16个企业的总部在香港、澳门和台湾,因此应剔除之)。其计算结果如表6-7所示。

表6-7　　　　　　基于企业所属地区的方差分析结果

	来源	平方和	自由度	均方值	F统计量	显著性水平(p)
战略创新	组间	11.477	2	5.739	5.428	0.005
	组内	745.280	705	1.057		
	总计	756.757	707			
技术创新	组间	3.245	2	1.622	1.555	0.212
	组内	735.529	705	1.043		
	总计	738.774	707			

---

① 转引自http://www.zgtdxh.org.cn/pub/clss/popularscience/west/t20050704_68657.htm。

续表

	来源	平方和	自由度	均方值	F统计量	显著性水平（p）
组织创新	组间	3.683	2	1.841	1.663	0.190
	组内	780.743	705	1.107		
	总计	784.426	707			
文化创新	组间	1.732	2	0.866	0.604	0.547
	组内	1011.080	705	1.434		
	总计	1012.812	707			
制度创新	组间	4.633	2	2.317	1.866	0.156
	组内	875.439	705	1.242		
	总计	880.073	707			
市场创新	组间	1.709	2	0.854	0.571	0.565
	组内	1055.295	705	1.497		
	总计	1057.004	707			
全要素创新	组间	3.754	2	1.877	2.314	0.099
	组内	571.938	705	0.811		
	总计	575.692	707			
全员创新	组间	6.310	2	3.155	2.329	0.098
	组内	954.976	705	1.355		
	总计	961.287	707			
全时空创新	组间	0.285	2	0.143	0.114	0.892
	组内	881.589	705	1.250		
	总计	881.874	707			
全面创新	组间	2.533	2	1.266	1.414	0.244
	组内	631.586	705	0.896		
	总计	634.118	707			
顾客绩效	组间	8.912	2	4.456	3.771	0.024
	组内	833.169	705	1.182		
	总计	842.081	707			
财务绩效	组间	13.495	2	6.747	5.591	0.004
	组内	850.812	705	1.207		
	总计	864.307	707			

续表

	来源	平方和	自由度	均方值	F统计量	显著性水平（p）
员工绩效	组间	3.108	2	1.554	1.584	0.206
	组内	691.632	705	0.981		
	总计	694.740	707			
全面绩效	组间	7.338	2	3.669	4.522	0.011
	组内	572.063	705	0.811		
	总计	579.401	707			

表6-7的方差分析结果显示，在 $p=0.05$ 的显著性水平下，接受全面创新各组均值相等的原假设，但全面绩效均值在不同地区间有显著差异。如果在 $p=0.1$ 的显著性水平下，全员创新和全要素创新的均值在各地区间也有显著性差异，而且全要素创新中的战略创新在各地区间差异极其显著（$p=0.005$）。从而得出结论：企业全面创新管理水平和全面绩效中的员工绩效不受企业所属地区的影响，全面绩效中的顾客绩效和财务绩效则显著受企业所属地区的影响。但是就全要素内部而言，战略创新还是显著受地区的影响。然而，此结论只说明，这些变量的均值至少在两个地区间有显著性差异，但若要判断究竟是哪些地区间有显著性差异，就必须进行多重比较。多重比较时，由于方差相等和方差不等时要使用不同的方法，所以应先进行同方差检验，我们的检验结果如表6-8所示。

表6-8　　　　基于企业所属地区的同方差性检验结果

	Levene 统计量	第一自由度	第二自由度	显著性水平（p）
战略创新	1.294	2	705	0.275
技术创新	0.576	2	705	0.562
组织创新	1.084	2	705	0.339
文化创新	1.026	2	705	0.359
制度创新	3.190	2	705	0.042
市场创新	3.959	2	705	0.020
全要素创新	2.328	2	705	0.098
全员创新	2.721	2	705	0.067
全时空创新	7.420	2	705	0.001
全面创新	4.968	2	705	0.007

续表

	Levene 统计量	第一自由度	第二自由度	显著性水平（p）
顾客绩效	2.357	2	705	0.095
财务绩效	1.552	2	705	0.213
员工绩效	0.042	2	705	0.959
全面绩效	1.082	2	705	0.339

表 6-8 的方差齐性检验结果显示，基于企业所属地区的方差分析中，除了全面创新、全面创新中的全时空创新、全要素创新中的市场创新和制度创新外的其他变量，在 p = 0.05 的显著性水平下，均接受方差齐性假设。这意味着在多重（多组）比较中，全面创新、全时空创新、市场创新、制度创新，由于它们的方差齐性检验没有通过，所以应用 Tamhane（方差不相等的前提下）方法的两两 t 检验。其他变量均采用最小显著性差异（Least - significant Difference，LSD）方法的 t 统计量，两两检验各组均值是否有显著性差异（马庆国，2002）。其检验结果如表 6-9 所示。

表 6-9　　基于企业所属地区的方差分析多重比较结果

被解释变量	方法	（I）地区	（J）地区	均值差（I-J）	标准误	显著性水平（p）
战略创新	LSD	东部地区	中部地区	0.12768	0.11303	0.259
			西部地区	0.49452(*)	0.15460	0.001
		中部地区	西部地区	0.36684(*)	0.18144	0.044
全要素创新	LSD	东部地区	中部地区	0.11785	0.09902	0.234
			西部地区	0.25860	0.13543	0.057
		中部地区	西部地区	0.14074	0.15895	0.376
全员创新	LSD	东部地区	中部地区	0.17333	0.12795	0.176
			西部地区	0.31783	0.17500	0.070
		中部地区	西部地区	0.14451	0.20539	0.482
顾客绩效	LSD	东部地区	中部地区	0.21645	0.11951	0.071
			西部地区	0.36729(*)	0.16346	0.025
		中部地区	西部地区	0.15084	0.19184	0.432
财务绩效	LSD	东部地区	中部地区	0.29099(*)	0.12077	0.016
			西部地区	0.42357(*)	0.16518	0.011
		中部地区	西部地区	0.13259	0.19387	0.494

续表

被解释变量	方法	（I）地区	（J）地区	均值差（I-J）	标准误	显著性水平（p）
全面绩效	LSD	东部地区	中部地区	0.17667	0.09903	0.075
			西部地区	0.35198(*)	0.13545	0.010
		中部地区	西部地区	0.17531	0.15897	0.270

注：* 表示在5%的显著性水平下均值差异显著。

从表6-9的多重比较结果可以看出：

就全要素创新而言，在 $p=0.05$ 的显著性水平下，没有地区差别，但在 $p=0.1$ 的显著性水平下，东部、西部之间的差别还是显著的；对全要素创新内部的战略创新而言，在 $p=0.05$ 的显著性水平下，制造业企业的战略创新西部地区显著差于东部、中部地区，而东部、中部之间无显著差异。

就全面绩效而言，在 $p=0.05$ 的显著性水平下，东部、西部之间有显著性差异，但在 $p=0.1$ 的显著性水平下，东部、中部之间的差别也是显著的；就全面绩效内部而言，在 $p=0.05$ 的显著性水平下，制造业企业的顾客绩效和财务绩效在东部地区和西部地区间都存在显著差异，但在 $p=0.1$ 的显著性水平下，财务绩效在东部、中部之间有显著性差别。

综上所述，我们认为企业所在地区对全面创新管理的机制研究影响相对较弱，而对其中的战略创新和全面绩效的影响，主要体现在东部和西部地区之间。这给我们的启示是，在实施全面创新管理时，尤其是对战略创新，东部、西部企业可能还要区别对待。

四 基于企业年龄的方差分析

关于企业年龄的分组，我们借用国家统计局重庆调查总队在分析重庆市规模以下工业企业的年龄分布时所使用的标准。他们大致仿照人的年龄阶段，结合统计上年龄分组的特点，把企业年龄分成5个年龄段，分别称作企业的5个年龄期，如表6-10所示。

表6-10　　　　　企业的年龄段及相应年龄期

年龄段	企业年龄期
0—4岁	幼年期
5—14岁	少年期

续表

年龄段	企业年龄期
15—29 岁	青年期
30—59 岁	中年期
60 岁及以上	老年期

资料来源：国家统计局网站；http://finance.jrj.com.cn/news/2007-03-29/000002104412.html。

用上述的分组标准进行方差分析的结果如表 6-11 所示。

表 6-11 基于企业年龄的方差分析结果

	来源	平方和	自由度	均方值	F 统计量	显著性水平（p）
战略创新	组间	2.276	4	0.569	0.530	0.714
	组内	754.481	703	1.073		
	总计	756.757	707			
技术创新	组间	3.046	4	0.762	0.728	0.573
	组内	735.728	703	1.047		
	总计	738.774	707			
组织创新	组间	5.065	4	1.266	1.142	0.335
	组内	779.361	703	1.109		
	总计	784.426	707			
文化创新	组间	5.536	4	1.384	0.966	0.426
	组内	1007.276	703	1.433		
	总计	1012.812	707			
制度创新	组间	3.278	4	0.820	0.657	0.622
	组内	876.795	703	1.247		
	总计	880.073	707			
市场创新	组间	13.137	4	3.284	2.212	0.066
	组内	1043.867	703	1.485		
	总计	1057.004	707			
全要素创新	组间	3.731	4	0.933	1.146	0.333
	组内	571.961	703	0.814		
	总计	575.692	707			

续表

	来源	平方和	自由度	均方值	F统计量	显著性水平（p）
全员创新	组间	8.401	4	2.100	1.549	0.186
	组内	952.886	703	1.355		
	总计	961.287	707			
全时空创新	组间	7.601	4	1.900	1.528	0.192
	组内	874.273	703	1.244		
	总计	881.874	707			
全面创新	组间	5.223	4	1.306	1.460	0.213
	组内	628.896	703	0.895		
	总计	634.118	707			
顾客绩效	组间	6.219	4	1.555	1.308	0.266
	组内	835.862	703	1.189		
	总计	842.081	707			
财务绩效	组间	4.826	4	1.206	0.987	0.414
	组内	859.481	703	1.223		
	总计	864.307	707			
员工绩效	组间	0.623	4	0.156	0.158	0.959
	组内	694.117	703	0.987		
	总计	694.740	707			
全面绩效	组间	2.245	4	0.561	0.684	0.603
	组内	577.156	703	0.821		
	总计	579.401	707			

就全面创新管理和全面绩效而言，表6－11的方差分析结果显示，在 $p=0.05$ 的显著性水平下，接受全面创新和全面绩效各组均值相等的原假设，从而得出结论：企业全面创新管理水平和全面绩效水平不受企业所处的年龄组的影响。但是就全要素内部而言，在 $p=0.1$ 的显著性水平下，市场创新还是显著受企业所处的年龄组的影响。然而，此结论只说明，市场创新的均值至少在两个年龄组间有显著性差异，但若要判断究竟是哪些年龄段有显著性差异，就必须对之进行多重（多组）比较。但在多重比较前要对总体的同方差性进行检验，然后视结果决定采用不同的方法进行多重比较。基于企业年龄的同方差性检验结果如表6－12所示。

表 6-12　　　　　　基于企业年龄的同方差性检验结果

	Levene 统计量	第一自由度	第二自由度	显著性水平（p）
战略创新	1.142	4	703	0.335
技术创新	1.054	4	703	0.378
组织创新	0.371	4	703	0.830
文化创新	0.490	4	703	0.743
制度创新	1.255	4	703	0.286
市场创新	0.499	4	703	0.737
全要素创新	0.448	4	703	0.774
全员创新	0.394	4	703	0.813
全时空创新	0.448	4	703	0.774
全面创新	0.505	4	703	0.732
顾客绩效	1.095	4	703	0.358
财务绩效	0.218	4	703	0.929
员工绩效	0.918	4	703	0.453
全面绩效	0.705	4	703	0.589

表 6-12 的方差齐性检验结果显示，基于企业所处年龄组的方差分析中，所有变量在 $p=0.05$ 的显著性水平下均接受方差齐性假设。这意味着多重比较检验，应采用最小显著性差异（LSD）方法。其检验结果如表 6-13 所示。

表 6-13　　　　　　基于企业年龄的方差分析多重比较结果

被解释变量	方法	(I) 年龄组	(J) 年龄组	均值差（I-J）	标准误	Sig.
市场创新	LSD	幼年期	少年期	-0.16343	0.12062	0.176
			青年期	-0.06558	0.15473	0.672
			中年期	0.26662	0.19048	0.162
			老年期	-0.49832	0.33117	0.133
		少年期	青年期	0.09784	0.13086	0.455
			中年期	0.43005(*)	0.17166	0.012
			老年期	-0.3349	0.32072	0.297
		青年期	中年期	0.3322	0.19713	0.092
			老年期	-0.43274	0.33504	0.197
		中年期	老年期	-0.76494(*)	0.35298	0.031

注：*表示在 5% 的显著性水平下均值差异显著。

表6-13的多重比较结果显示,在p=0.05的显著性水平下,制造业企业的市场创新中年期显著差于少年期和老年期,剩余各年龄组间没有显著差异;但是,在p=0.1的显著性水平下,制造业企业的市场创新青年期显著好于中年期。

综上所述,企业的生存年龄对全面创新管理的机制研究影响较小,但企业在管理市场创新时,还是要适当考虑企业的生存年龄。

五 基于行业大类的方差分析

按照现行的国民经济行业分类标准,制造行业分为30个大类,因此,我们也按照30组来进行单因素方差分析,以便检验行业大类对本书研究变量是否有显著影响。运用SPSS15.0计算的结果如表6-14所示。

表6-14　　　　　　　基于行业大类的方差分析结果

	来源	平方和	自由度	均方值	F统计量	显著性水平（p）
战略创新	组间	15.991	8	1.999	1.886	0.059
	组内	740.766	699	1.060		
	总计	756.757	707			
技术创新	组间	14.431	8	1.804	1.741	0.086
	组内	724.343	699	1.036		
	总计	738.774	707			
组织创新	组间	24.760	8	3.095	2.848	0.004
	组内	759.665	699	1.087		
	总计	784.426	707			
文化创新	组间	20.590	8	2.574	1.813	0.072
	组内	992.222	699	1.419		
	总计	1012.812	707			
制度创新	组间	16.736	8	2.092	1.694	0.096
	组内	863.337	699	1.235		
	总计	880.073	707			
市场创新	组间	26.255	8	3.282	2.226	0.024
	组内	1030.749	699	1.475		
	总计	1057.004	707			

续表

	来源	平方和	自由度	均方值	F统计量	显著性水平（p）
全要素创新	组间	15.138	8	1.892	2.360	0.017
	组内	560.554	699	0.802		
	总计	575.692	707			
全员创新	组间	20.393	8	2.549	1.894	0.058
	组内	940.894	699	1.346		
	总计	961.287	707			
全时空创新	组间	32.411	8	4.051	3.334	0.001
	组内	849.463	699	1.215		
	总计	881.874	707			
全面创新	组间	19.676	8	2.460	2.798	0.005
	组内	614.442	699	0.879		
	总计	634.118	707			
顾客绩效	组间	17.613	8	2.202	1.867	0.062
	组内	824.468	699	1.179		
	总计	842.081	707			
财务绩效	组间	17.187	8	2.148	1.773	0.079
	组内	847.120	699	1.212		
	总计	864.307	707			
员工绩效	组间	17.341	8	2.168	2.237	0.023
	组内	677.399	699	0.969		
	总计	694.740	707			
全面绩效	组间	16.299	8	2.037	2.529	0.010
	组内	563.102	699	0.806		
	总计	579.401	707			

表 6-14 中的数据显示：在 $p=0.05$ 的显著性水平下，全面创新和全面绩效的均值在制造业行业大类中有显著差异。从全面创新各维度来看，在 $p=0.05$ 的显著性水平下，全要素创新和全时空创新的均值在行业大类上有显著差异。进一步从全要素创新各维度来看，在 $p=0.05$ 的显著性水平下，只有组织创新和市场创新的均值在行业间有显著差异。从全面绩效各维度来看，在 $p=0.05$ 的显著性水平下，也只有员工绩效的均值在行业大类之间有显著差异。若在 $p=0.1$ 的显著性水平下，所有变量的均值在

行业大类之间均有显著性差异。

然而，此结论只说明，这些变量的均值至少在两个行业大类之间有显著性差异。因此，我们还需对之进行多重（多组）比较，来检验究竟是哪些行业大类之间有显著性差异。由于多重比较在方差相等和方差不等时，所选用的检验方法不同，所以需要先进行同方差性检验。企业行业大类的同方差性检验结果如表6-15所示。

表6-15　　　　　基于企业行业大类的同方差性检验结果

	Levene 统计量	第一自由度	第二自由度	显著性水平（p）
战略创新	1.064	8	699	0.387
技术创新	1.720	8	699	0.090
组织创新	1.179	8	699	0.309
文化创新	1.707	8	699	0.093
制度创新	2.176	8	699	0.027
市场创新	2.466	8	699	0.012
全要素创新	1.619	8	699	0.116
全员创新	0.877	8	699	0.535
全时空创新	1.061	8	699	0.389
全面创新	1.324	8	699	0.228
顾客绩效	0.626	8	699	0.756
财务绩效	0.475	8	699	0.874
员工绩效	1.121	8	699	0.346
全面绩效	0.487	8	699	0.866

表6-15的方差齐性检验结果显示，基于行业大类的方差分析中，除了制度创新和市场创新外，其他所有变量在 $p=0.05$ 的显著性水平下均接受方差齐性假设。这意味着在对制度创新和市场创新之外的变量的多重（多组）比较中，应采用最小显著性差异（Least-significant Difference，LSD）方法的t统计量，两两检验各组均值是否有显著性差异（马庆国，2002）。

根据表5-2所示的样本企业在行业大类中的分布情况可知，具有大样本（样本容量大于等于30）的行业大类有：食品制造业，纺织服装、鞋、帽制造业，文教体育用品制造业，化学原料及化学制品制造业，医药制造业，交通运输设备制造业，电气机械及器材制造业，通信设备、计算机及其他设备制造业，工艺品及其他制造业等。为了提高研究的可靠性，这里的多重（多组）比较检验把除上述行业外的其他行业归并到其余各大类。为了节约篇幅，这里仅列示有显著差异的比较结果，具体如表6-16所示。

表6-16　　　　　基于行业大类的方差分析多重比较结果

被解释变量	（I）行业大类	（J）行业大类	均值差（I-J）	标准误	Sig.
战略创新	通信设备、计算机及其他电子设备制造业	文教体育用品制造业	0.47406(*)	0.16898	0.005
		交通运输设备制造业	0.42293(*)	0.18223	0.021
		其余各大类	0.20806(*)	0.10557	0.049
	文教体育用品制造业	电气机械及器材制造业	-0.48933(*)	0.21547	0.023
		医药制造业	-0.56411(*)	0.22324	0.012
	交通运输设备制造业	医药制造业	-0.51299(*)	0.23343	0.028
技术创新	通信设备、计算机及其他电子设备制造业	文教体育用品制造业	0.44514(*)	0.16710	0.008
		其余各大类	0.28383(*)	0.10439	0.007
	文教体育用品制造业	食品制造业	-0.40694(*)	0.20570	0.048
组织创新	通信设备、计算机及其他电子设备制造业	文教体育用品制造业	0.50744(*)	0.17112	0.003
		交通运输设备制造业	0.44871(*)	0.18454	0.015
		化学原料及化学制品制造业	0.49041(*)	0.20641	0.018
		其余各大类	0.37373(*)	0.10690	0.001
	文教体育用品制造业	食品制造业	-0.47967(*)	0.21066	0.023
		纺织服装、鞋、帽制造业	-0.51657(*)	0.22975	0.025
	食品制造业	其余各大类	0.34595(*)	0.16286	0.034
	纺织服装、鞋、帽制造业	其余各大类	0.38286(*)	0.18690	0.041
	化学原料及化学制品制造业	通信设备、计算机及其他电子设备制造业	-0.49041(*)	0.20641	0.018
	其余各大类	通信设备、计算机及其他电子设备制造业	-0.37373(*)	0.10690	0.001

续表

被解释变量	（I）行业大类	（J）行业大类	均值差（I−J）	标准误	Sig.
文化创新	通信设备、计算机及其他电子设备制造业	化学原料及化学制品制造业	0.47469(*)	0.23590	0.045
		其余各大类	0.34266(*)	0.12218	0.005
	食品制造业	电气机械及器材制造业	0.52083(*)	0.25173	0.039
		化学原料及化学制品制造业	0.59969(*)	0.27452	0.029
		其余各大类	0.46766(*)	0.18612	0.012
全要素创新	通信设备、计算机及其他电子设备制造业	文教体育用品制造业	0.36173(*)	0.1470	0.014
		其余各大类	0.30282(*)	0.09183	0.001
	文教体育用品制造业	通信设备、计算机及其他电子设备制造业	−0.36173(*)	0.14700	0.014
		食品制造业	−0.41810(*)	0.18096	0.021
全员创新	文教体育用品制造业	食品制造业	−0.57722(*)	0.23444	0.014
		纺织服装、鞋、帽制造业	−0.70381(*)	0.25569	0.006
	食品制造业	其余各大类	0.42996(*)	0.18125	0.018
	电气机械及器材制造业	纺织服装、鞋、帽制造业	−0.54127(*)	0.26553	0.042
	交通运输设备制造业	纺织服装、鞋、帽制造业	−0.58153(*)	0.26700	0.030
全时空创新	通信设备、计算机及其他电子设备制造业	文教体育用品制造业	0.51367(*)	0.18095	0.005
		电气机械及器材制造业	0.45119(*)	0.19332	0.020
		交通运输设备制造业	0.59289(*)	0.19514	0.002
		其余各大类	0.29952(*)	0.11305	0.008
	文教体育用品制造业	纺织服装、鞋、帽制造业	−0.83200(*)	0.24295	0.001
	食品制造业	交通运输设备制造业	0.51372(*)	0.23443	0.029
	电气机械及器材制造业	纺织服装、鞋、帽制造业	−0.76952(*)	0.25230	0.002
	交通运输设备制造业	纺织服装、鞋、帽制造业	−0.91122(*)	0.25370	0.000

续表

被解释变量	（I）行业大类	（J）行业大类	均值差（I-J）	标准误	Sig.
全时空创新	医药制造业	纺织服装、鞋、帽制造业	-0.52216(*)	0.25994	0.045
	纺织服装、鞋、帽制造业	化学原料及化学制品制造业	0.65032(*)	0.27189	0.017
		其余各大类	0.61786(*)	0.19764	0.002
全面创新	通信设备、计算机及其他电子设备制造业	文教体育用品制造业	0.40203(*)	0.15390	0.009
		交通运输设备制造业	0.36064(*)	0.16596	0.003
		其余各大类	0.26193(*)	0.09614	0.007
	文教体育用品制造业	食品制造业	-0.47661(*)	0.18946	0.012
		纺织服装、鞋、帽制造业	-0.62879(*)	0.20663	0.002
	食品制造业	交通运输设备制造业	0.43522(*)	0.19938	0.029
		其余各大类	0.33650(*)	0.14647	0.022
	电气机械及器材制造业	纺织服装、鞋、帽制造业	-0.49019(*)	0.21458	0.023
	交通运输设备制造业	纺织服装、鞋、帽制造业	-0.58740(*)	0.21577	0.007
	纺织服装、鞋、帽制造业	化学原料及化学制品制造业	0.48124(*)	0.23124	0.038
		其余各大类	0.48868(*)	0.16809	0.004
顾客绩效	通信设备、计算机及其他电子设备制造业	文教体育用品制造业	0.55454(*)	0.17827	0.002
	文教体育用品制造业	食品制造业	-0.65639(*)	0.21946	0.003
		交通运输设备制造业	-0.55154(*)	0.22882	0.016
		纺织服装、鞋、帽制造业	-0.58476(*)	0.23935	0.015
		其余各大类	-0.39548(*)	0.16674	0.018
	交通运输设备制造业	文教体育用品制造业	0.55154(*)	0.22882	0.016
财务绩效	通信设备、计算机及其他电子设备制造业	文教体育用品制造业	0.54324(*)	0.18070	0.003

续表

被解释变量	（I）行业大类	（J）行业大类	均值差（I-J）	标准误	Sig.
财务绩效	文教体育用品制造业	食品制造业	-0.66361(*)	0.22245	0.003
		交通运输设备制造业	-0.55707(*)	0.23194	0.017
		纺织服装、鞋、帽制造业	-0.50667(*)	0.24262	0.037
		其余各大类	-0.35071(*)	0.16902	0.038
员工绩效	通信设备、计算机及其他电子设备制造业	文教体育用品制造业	0.60361(*)	0.16159	0.000
		其余各大类	0.25754(*)	0.10095	0.011
	文教体育用品制造业	通信设备、计算机及其他电子设备制造业	-0.60361(*)	0.16159	0.000
		食品制造业	-0.56542(*)	0.19893	0.005
		医药制造业	-0.43676(*)	0.21348	0.041
		纺织服装、鞋、帽制造业	-0.55143(*)	0.21696	0.011
		其余各大类	-0.34607(*)	0.15114	0.022
全面绩效	通信设备、计算机及其他电子设备制造业	文教体育用品制造业	0.56713(*)	0.14733	0.000
		其余各大类	0.20304(*)	0.09204	0.028
	文教体育用品制造业	食品制造业	-0.62847(*)	0.18137	0.001
		交通运输设备制造业	-0.47832(*)	0.18910	0.012
		纺织服装、鞋、帽制造业	-0.54762(*)	0.19781	0.006
		其余各大类	-0.36409(*)	0.13780	0.008

注：*表示在5%的显著性水平下均值差异显著。

表6-16为进一步深化研究行业大类对创新的影响指明了方向，具体就不再一一赘述。

六 单因素方差分析总结

表6-17是单因素方差分析结果的简要总结，由此我们可以清晰地看出：企业发展阶段对全面创新管理和全面绩效有显著性影响（p=0.001），也对全要素创新内部的各创新要素有显著性影响（p=0.001）；企业规模

对全要素创新和财务绩效有显著性影响（p=0.05），也对全要素创新内部的技术创新、文化创新和市场创新有显著性影响（其显著性水平分别为：p=0.001、p=0.05和p=0.1）；企业所在地区对全面创新管理中的全员创新和全要素创新中的战略创新有显著性影响（其显著性水平分别为：p=0.05、p=0.1），也对顾客绩效和财务绩效有显著性影响（p=0.05）。企业的行业大类对全要素创新、全时空创新以及顾客绩效有显著影响（p=0.05）。因此，以后的有关分析中需要对这些变量加以适当控制。

表6-17　　　　　　　　　　单因素方差分析结果总结

	企业规模	发展阶段	所在地区	企业年龄	行业大类
战略创新	—	★★★	★★	—	★
技术创新	★★★	★★★	—	—	★★
组织创新	★★	★★★	—	—	★★
文化创新	★★	★★★	—	—	★
制度创新	—	★★★	—	—	★
市场创新	★	★★★	—	★	★★
全要素创新	★★	★★★	★	—	★★
全员创新	—	★★★	★	—	★
全时空创新	—	★★★	—	—	★★
全面创新	—	★★★	—	—	★★
顾客绩效	—	★★★	★★	—	★
财务绩效	★★★	★★★	★★	—	★
员工绩效	—	★★★	—	—	★★
全面绩效	★★	★★★	★★	—	★★

注：★★★表示 $p<0.001$，★★表示 $p<0.05$，★表示 $p<0.1$。

上述单因素方差分析，仅仅是考虑了单一因素对研究变量的影响，那么在已知企业规模和企业发展阶段对相关的研究变量都有影响的情况下，我们就有必要考虑在企业规模和发展阶段同时作用下，它们各自及其交互作用对相关的研究变量是否有显著影响。同样，也要研究在企业规模、发展阶段、企业地区和行业大类等共同作用下，它们各自及其交互作用对相关的研究变量是否有显著影响，如此等等。对此，我们可以通过多因素的方差分析，来检验多因素交叉是否对相关的研究变量有显著影响。

第三节 多因素方差分析及结论

第二节的单因素方差分析,已经发现有两个以上企业特征变量对全面创新管理中的全面创新及全要素创新、全面绩效及其三个维度,以及全要素创新中的战略创新、技术创新、组织创新、文化创新和市场创新等有显著性影响。因此,本节就对这些相关变量进行多因素方差分析,以便检验企业特征变量间的交互作用是否对之有显著影响。

一 全面创新以及全面绩效的多因素分析

本书研究的两个概括性最强的变量是全面创新和全面绩效,所以先对这两个变量进行研究,有助于我们从总体上把握有关控制变量的影响情况。本章第二节的研究表明,在显著性水平为 0.05 时,影响全面创新的控制变量有企业的发展阶段和企业所属的行业大类,而影响全面绩效的是企业规模、发展阶段、企业地区和行业大类。因此,这里的多因素分析就是探讨这些有影响的因素的交互是否对全面创新和全面绩效有显著影响作用。我们运用 SPSS15.0 进行多因素方差分析,通过多次模拟,我们把最终的结果汇总如表 6-18 和表 6-19 所示。

表 6-18 全面创新的多因素方差分析结果

来源	Ⅲ型平方和	自由度	均方	F 统计量	Sig.
校正模型	85.045[a]	31	2.743	3.378	0.000
截距	14655.240	1	14655.240	18043.002	0.000
发展阶段	42.425	4	10.606	13.058	0.000
行业大类	14.017	8	1.752	2.157	0.029
行业大类×发展阶段	22.943	19	1.208	1.487	0.083
误差	549.074	676	0.812		
总计	15289.358	708			
校正总计	634.118	707			

注:a 表示 $R^2 = 0.134$。

从表 6-18 可以看出,在 0.05 的显著性水平下,发展阶段和行业大类各自对全面创新影响效应显著,但两者的交互作用的影响不显著。如果在 0.1 的显著性水平下，行业大类和企业发展阶段的交互作用就对全面创新影响显著。

表 6 - 19　　　　　　全面绩效的多因素方差分析结果

来源	Ⅲ型平方和	自由度	均方	F 统计量	Sig.
校正模型	94.894[a]	41	2.314	3.181	0.000
截距	2515.489	1	2515.489	3457.776	0.000
发展阶段	24.946	4	6.236	8.573	0.000
行业大类	13.443	8	1.680	2.310	0.019
发展阶段×行业大类	29.908	29	1.031	1.418	0.073
误差	484.507	666	0.727		
总计	17266.543	708			
校正总计	579.401	707			

注：a 表示 $R^2 = 0.164$。

从表 6 - 19 可以看出，在 0.05 的显著性水平下，发展阶段和行业大类各自对全面绩效影响效应显著，但两者的交互作用影响不显著。如果在 0.1 的显著性水平下，企业行业大类和企业发展阶段的交互作用则对全面绩效影响显著。

综上所述，在研究全面创新和全面绩效的关系时，应考虑企业发展阶段和企业行业大类的不同影响。

二　全面创新三个维度的多因素方差分析

（一）全员创新的多因素分析

全面创新包括全员创新、全时空创新和全要素创新三个维度。在单因素方差分析时，得知企业特征变量中的企业发展阶段、企业所在地区和企业所属行业大类对其中的全员创新有显著性影响。因此，这里对全员创新的多因素方差分析目的，就是检验在企业发展阶段、企业所在地区和企业所属行业共同作用下，它们各自以及其交互作用对企业的全员创新是否有显著性统计影响。我们运用 SPSS15.0 进行多因素方差分析的结果如表 6 - 20 所示。

表 6-20   全员创新的多因素方差分析结果

来源	Ⅲ型平方和	自由度	均方	F 统计量	Sig.
校正模型	143.201[a]	80	1.790	1.372	0.023
截距	1436.663	1	1436.663	1101.092	0.000
发展阶段	14.579	4	3.645	2.793	0.026
企业地区	0.125	2	0.063	0.048	0.953
行业大类	6.649	8	0.831	0.637	0.747
发展阶段×企业地区	4.343	8	0.543	0.416	0.912
发展阶段×行业大类	22.827	28	0.815	0.625	0.936
企业地区×行业大类	6.337	15	0.422	0.324	0.993
发展阶段×企业地区×行业大类	20.141	14	1.439	1.103	0.352
误差	818.086	627	1.305		
总计	15867.833	708			
校正总计	961.287	707			

注：a 表示 $R^2 = 0.149$。

从表 6-20 可以看出，对于全面创新管理中的全员创新而言，同时考虑企业发展阶段、企业所在地区和企业的行业大类时，企业发展阶段的 F 统计量值为 2.793，相应的显著性概率 $p = 0.026$ 小于 0.05，说明企业发展阶段对全员创新的作用显著；企业所在地区的 F 统计量值为 0.048，相应的显著性概率 $p = 0.953$ 大于 0.05，说明企业所在地区对全员创新的作用不显著；企业所属的行业大类的 F 统计量值为 0.637，相应的显著性概率 $p = 0.747$ 大于 0.05，说明企业所属的行业大类对全员创新的作用不显著；同理也可以看出，企业发展阶段、企业所在地区和企业所属行业的所有交互对全员创新没有显著影响。

由此可见，在分析和实施全员创新时，无论如何都要考虑企业的发展阶段。

(二) 全时空创新的多因素方差分析

在单因素方差分析时，得出企业特征变量中的企业发展阶段和企业所属行业大类对全面创新中的全时空创新有显著性影响。因此，这里对全时空创新的多因素方差分析目的，就是检验在企业发展阶段和企业所属行业大类共同作用下，它们各自以及其交互作用对企业的全员创新是否有显著性统计影响。我们运用 SPSS15.0 进行多因素方差分析的结果如表 6-21

所示。

表 6-21　　全时空创新的多因素方差分析结果

来源	III 型平方和	自由度	均方	F 统计量	Sig.
校正模型	114.071ª	41	2.782	2.413	0.000
截距	2023.438	1	2023.438	1755.151	0.000
发展阶段	23.631	4	5.908	5.124	0.000
行业大类	13.747	8	1.718	1.490	0.157
发展阶段×行业大类	40.912	29	1.411	1.224	0.196
误差	767.803	666	1.153		
总计	14657.480	708			
校正总计	881.874	707			

注：a 表示 $R^2 = 0.129$。

从表 6-21 可以看出，对于全面创新管理中的全时空创新而言，同时考虑企业发展阶段和企业行业大类时，企业发展阶段的 F 统计量值为 5.124，相应的显著性概率 $p = 0.000$ 小于 0.05，说明企业发展阶段对全时空创新的作用显著；企业行业大类的 F 统计量值为 1.490，其显著性概率 $p = 0.157$ 大于 0.05，说明行业大类对全时空创新的作用不显著；企业发展阶段和企业行业大类的交互作用的 F 统计量值为 1.224，相应的显著性概率 $p = 0.196$ 大于 0.05，说明企业发展阶段和企业行业大类的交互作用对全时空创新在 0.05 的显著性水平下没有显著作用。

由此可见，在分析和实施全时空创新时，无论如何都要考虑企业的发展阶段。

（三）全要素创新的多因素分析

在单因素方差分析时，得出企业特征变量中的企业规模、企业发展阶段、企业所在地区和企业所属行业大类对全面创新中的全要素创新有显著性影响。因此，这里对全要素创新的多因素方差分析目的，就是检验在企业规模、企业发展阶段、企业所在地区和企业所属行业大类共同作用下，它们各自以及其交互作用是否对企业的全要素创新有显著性统计影响。我们运用 SPSS15.0 进行多因素方差分析的结果如表 6-22 所示。

表6-22　　　　　　　　全要素创新的多因素方差分析结果

来源	III型平方和	自由度	均方	F统计量	Sig.
校正模型	149.024ª	148	1.007	1.319	0.014
截距	1415.994	1	1415.994	1855.167	0.000
企业规模	1.471	2	0.736	0.964	0.382
发展阶段	11.809	4	2.952	3.868	0.004
企业地区	0.105	2	0.052	0.069	0.934
行业大类	2.213	8	0.277	0.362	0.940
企业规模×发展阶段	8.667	7	1.238	1.622	0.126
企业规模×企业地区	1.441	4	0.360	0.472	0.756
企业规模×行业大类	9.792	16	0.612	0.802	0.684
发展阶段×企业地区	7.543	8	0.943	1.235	0.276
发展阶段×行业大类	29.349	27	1.087	1.424	0.078
企业地区×行业大类	6.240	15	0.416	0.545	0.915
企业规模×发展阶段×企业地区	2.853	5	0.571	0.748	0.588
企业规模×发展阶段×行业大类	12.037	20	0.602	0.789	0.729
企业规模×企业地区×行业大类	7.545	9	0.838	1.098	0.362
发展阶段×企业地区×行业大类	5.369	7	0.767	1.005	0.427
企业规模×发展阶段×企业地区×行业大类	0.239	2	0.119	0.156	0.855
误差	426.668	559	0.763		
总计	15880.991	708			
校正总计	575.692	707			

注：a 表示 $R^2 = 0.259$。

表6-22的数据表明：对全面创新管理中的全要素创新而言，同时考虑企业规模、企业发展阶段、企业所在地区和企业行业大类时，企业规模的F统计量值为0.964，相应的显著性概率 p = 0.382 大于 0.05，说明企业规模对全要素创新的作用不显著；企业发展阶段的F统计量值为3.868，相应的显著性概率 p = 0.004 小于 0.05，说明企业发展阶段对全要素创新的作用还是显著的；企业地区的F统计量值为0.069，相应的显著性概率 p = 0.934 大于 0.05，说明企业所在地区对全要素创新的作用不显著；行业大类的F统计量值为0.362，相应的显著性概率 p = 0.940 大于 0.05，说明企业的行业大类对全要素创新的作用不显著；同理我们可以看出在

0.05 的显著性水平下,所有的两个因素交互、所有的三个因素交互以及四个因素交互,对全要素创新均没有显著影响。但在 0.1 的显著性水平下,发展阶段和行业大类的交互作用对全要素创新有显著的影响。

三 全面绩效三个维度的多因素方差分析

(一)顾客绩效的多因素方差分析

全面绩效包括顾客绩效、财务绩效和员工绩效。在单因素方差分析中影响顾客绩效的因素有企业发展阶段、企业所属地区和企业行业大类三个因素。因此,对全面绩效的顾客绩效的多因素方差分析目的,就是检验企业发展阶段、企业所在地区和企业所属行业大类以及它们的交互作用是否对企业的顾客绩效有显著影响。运用 SPSS15.0 进行多因素方差分析的结果如表 6-23 所示。

表 6-23　　　　　　　　顾客绩效的多因素方差分析结果

来源	Ⅲ型平方和	自由度	均方	F	Sig.
校正模型	138.867^a	80	1.736	1.548	0.003
截距	1803.989	1	1803.989	1608.473	0.000
发展阶段	3.626	4	0.907	0.808	0.520
企业地区	0.460	2	0.230	0.205	0.815
行业大类	16.424	8	2.053	1.830	0.069
发展阶段×企业地区	2.629	8	0.329	0.293	0.968
发展阶段×行业大类	45.695	28	1.632	1.455	0.062
企业地区×行业大类	12.722	15	0.848	0.756	0.727
发展阶段×企业地区×行业大类	20.696	14	1.478	1.318	0.191
误差	703.214	627	1.122		
总计	18642.222	708			
校正总计	842.081	707			

注:a 表示 $R^2 = 0.165$。

对于企业的顾客绩效而言,由表 6-23 可知,在同时考虑企业的发展阶段、企业所在地区和企业的行业大类时,其中企业的行业大类以及企业的发展阶段与行业大类的交互作用,在 $p = 0.1$ 的显著性水平下,对顾客绩效有显著性影响作用。其余的因素以及交互作用,在 $p = 0.1$ 的显著性水平下,对顾客绩效均没有显著性影响作用。

(二) 财务绩效的多因素方差分析

在单因素方差分析中影响财务绩效的因素有企业规模、发展阶段、企业所属地区和企业行业大类四个因素。因此，对全面绩效的财务绩效的多因素方差分析目的，就是检验企业规模、企业发展阶段、企业所在地区和企业所属行业大类以及它们的交互作用是否对企业的财务绩效有显著影响。运用SPSS15.0进行多因素方差分析的结果如表6-24所示。

表6-24　　　　　　财务绩效的多因素方差分析结果

来源	Ⅲ型平方和	自由度	均方	F统计量	Sig.
校正模型	271.975[a]	148	1.838	1.734	0.000
截距	1381.202	1	1381.202	1303.479	0.000
企业规模	1.643	2	0.821	0.775	0.461
发展阶段	19.358	4	4.839	4.567	0.001
企业地区	3.695	2	1.847	1.743	0.176
行业大类	17.527	8	2.191	2.068	0.037
企业规模×发展阶段	8.164	7	1.166	1.101	0.361
企业规模×企业地区	0.305	4	0.076	0.072	0.991
发展阶段×企业地区	10.929	8	1.366	1.289	0.246
企业规模×行业大类	25.287	16	1.580	1.492	0.097
发展阶段×行业大类	50.724	27	1.879	1.773	0.010
企业地区×行业大类	14.284	15	0.952	0.899	0.566
企业规模×发展阶段×企业地区	3.336	5	0.667	0.630	0.677
企业规模×发展阶段×行业大类	23.613	20	1.181	1.114	0.330
企业规模×企业地区×行业大类	5.469	9	0.608	0.573	0.819
发展阶段×企业地区×行业大类	6.699	7	0.957	0.903	0.504
企业规模×发展阶段×企业地区×行业大类	0.039	2	0.019	0.018	0.982
误差	592.332	559	1.060		
总计	17362.111	708			
校正总计	864.307	707			

注：a 表示 $R^2 = 0.315$。

表6-24的数据表明，对企业的财务绩效而言，同时考虑企业规模、企业发展阶段、企业地区和行业大类时，企业规模的F统计量值为0.775，

相应的显著性概率 p = 0.461 大于 0.05，说明企业规模对企业的财务绩效的作用不显著；企业发展阶段的 F 统计量值为 4.567，相应的显著性概率 p = 0.001 小于 0.05，说明企业发展阶段对企业的财务绩效的作用是显著的；企业地区的 F 统计量值为 1.743，相应的显著性概率 p = 0.176 大于 0.05，说明企业地区对企业的财务绩效的作用不显著；企业行业大类的 F 统计量值为 2.068，相应的显著性概率 p = 0.037 小于 0.05，说明企业行业大类对企业的财务绩效的作用是显著的。

同理，从表 6 - 24 可以看出，所有可能的多因素交互中，绝大多数对财务绩效没有显著影响。但是企业规模和行业大类，在显著性水平为 0.1 时，对财务绩效有影响；企业地区和行业大类，在显著性水平为 0.05 时，对财务绩效有显著影响。

（三）员工绩效的多因素方差分析

在单因素方差分析中，影响员工绩效的因素有发展阶段和企业行业大类两个因素。因此，对全面绩效的员工绩效的多因素方差分析目的，就是检验企业发展阶段和企业所属行业大类以及它们的交互作用是否对企业的员工绩效有显著影响。运用 SPSS15.0 进行多因素方差分析的结果如表 6 - 25 所示。

表 6 - 25　　　　　员工绩效的多因素方差分析结果

来源	Ⅲ型平方和	自由度	均方	F 统计量	Sig.
校正模型	103.331[a]	41	2.520	2.838	0.000
截距	2417.443	1	2417.443	2722.341	0.000
发展阶段	24.198	4	6.050	6.813	0.000
行业大类	10.008	8	1.251	1.409	0.189
发展阶段×行业大类	37.101	29	1.279	1.441	0.064
误差	591.409	666	0.888		
总计	16489.000	708			
校正总计	694.740	707			

注：a 表示 $R^2 = 0.149$。

对企业的员工绩效而言，从表 6 - 25 可知，在同时考虑企业的发展阶段和企业的行业大类时，企业发展阶段的 F 统计量值为 6.813，相应的显著性概率 p = 0.000 小于 0.05，说明企业发展阶段对企业的员工绩效的作用还是显著的；企业行业大类的 F 统计量值为 1.409，相应的显著性概率

$p = 0.189$ 大于 0.05，说明企业行业大类对企业的员工绩效的作用不显著；企业的发展阶段与行业大类的交互作用，在 $p = 0.1$ 的显著性水平下，对员工绩效有显著性影响作用。

四 全要素创新内部的多因素方差分析

（一）战略创新的多因素方差分析

全要素创新内部包括战略创新、技术创新、组织创新、制度创新、文化创新和市场创新。在单因素方差分析中我们知道，在 $p = 0.05$ 的显著性水平下，制造业企业特征变量中发展阶段、企业地区和行业大类对战略创新有显著性影响。因此，对战略创新的多因素方差分析目的，就是检验在这些有影响的多个企业特征因素共同作用下，这些因素以及这些因素的交互作用是否对战略创新有显著性影响。运用 SPSS15.0 对全要素内部的战略创新进行多因素方差分析的结果如表 6-26 所示。

表 6-26　　　　　战略创新的多因素方差分析结果

来源	Ⅲ型平方和	自由度	均方	F	Sig.
校正模型	129.156[a]	80	1.614	1.613	0.001
截距	1835.089	1	1835.089	1833.333	0.000
发展阶段	3.597	4	0.899	0.898	0.465
企业地区	0.606	2	0.303	0.303	0.739
行业大类	2.575	8	0.322	0.322	0.958
发展阶段×企业地区	8.996	8	1.125	1.123	0.345
发展阶段×行业大类	38.752	28	1.384	1.383	0.092
企业地区×行业大类	19.235	15	1.282	1.281	0.208
发展阶段×企业地区×行业大类	19.615	14	1.401	1.400	0.147
误差	627.600	627	1.001		
总计	18885.320	708			
校正总计	756.757	707			

注：a 表示 $R^2 = 0.171$。

就战略创新而言，表 6-26 显示：在同时考虑企业发展阶段、企业所属地区和行业大类时，企业发展阶段的 F 统计量值为 0.898，相应的显著性概率 $p = 0.465$ 大于 0.05，说明企业发展阶段对全要素创新中的战略创新作用不显著；企业所属地区的 F 统计量值为 0.303，相应的显著性概率 p = 0.739 大于 0.05，说明企业所属地区对全要素创新中的战略创新作用是不显著的；企业所属行业大类的 F 统计量值为 0.322，相应的显著性概率 p = 0.958 大于 0.05，说明企业所属行业大类对战略创新作用也是不显著的；同理，我们也可以看出，所有影响因素交互作用中，除发展阶段和行业大类在 0.1 的显著性水平下对战略创新有影响外，其他所有交互作用均对战略创新没有显著影响。

（二）技术创新的多因素方差分析

在单因素方差分析中我们知道，在 p = 0.05 的显著性水平下，制造业企业特征变量中企业规模、发展阶段和行业大类对技术创新有显著性影响。因此，对技术创新的多因素方差分析目的，就是检验在这些有影响的多个企业特征因素共同作用下，这些因素以及这些因素的交互作用是否对技术创新有显著性影响。运用 SPSS15.0 对全要素内部的技术创新进行多因素方差分析的结果如表 6-27 所示。

表 6-27　　　　　　　　技术创新的多因素方差分析结果

来源	Ⅲ型平方和	自由度	均方	F 统计量	Sig.
校正模型	131.105ª	90	1.457	1.479	0.005
截距	2059.059	1	2059.059	2090.677	0.000
企业规模	0.870	2	0.435	0.442	0.643
发展阶段	22.361	4	5.59	5.676	0.000
行业大类	2.636	8	0.329	0.335	0.953
企业规模×发展阶段	3.652	7	0.522	0.53	0.812
企业规模×行业大类	14.667	16	0.917	0.931	0.533
发展阶段×行业大类	25.668	29	0.885	0.899	0.621
企业规模×发展阶段×行业大类	18.197	24	0.758	0.770	0.777
误差	607.669	617	0.985		
总计	16141.889	708			
校正总计	738.774	707			

注：a 表示 $R^2 = 0.177$。

表 6-27 显示，就技术创新而言，在同时考虑企业规模、发展阶段和行业大类时，企业发展阶段的 F 统计量值为 5.676，相应的显著性概率 p =

0.000 小于 0.05，说明企业发展阶段对全要素创新中的技术创新作用显著；企业规模、企业的行业大类以及变量间的所有的交互作用对技术创新的影响都不显著。

(三) 组织创新的多因素方差分析

在单因素方差分析中我们知道，在 p = 0.05 的显著性水平下，制造业企业特征变量中企业规模、发展阶段和行业大类对组织创新有显著性影响。因此，对技术创新的多因素方差分析目的，就是检验在这些有影响的多个企业特征因素共同作用下，这些因素以及这些因素的交互作用是否对组织创新有显著性影响。运用 SPSS15.0 对全要素内部的组织创新进行多因素方差分析的结果如表 6 - 28 所示。

表 6 - 28　　　　　　组织创新的多因素方差分析结果

来源	Ⅲ型平方和	自由度	均方	F 统计量	Sig.
校正模型	145.334[a]	90	1.615	1.559	0.001
截距	1973.082	1	1973.082	1904.880	0.000
企业规模	2.546	2	1.273	1.229	0.293
发展阶段	32.491	4	8.123	7.842	0.000
行业大类	5.811	8	0.726	0.701	0.691
企业规模×发展阶段	12.950	7	1.850	1.786	0.087
企业规模×行业大类	22.416	16	1.401	1.353	0.160
发展阶段×行业大类	30.191	29	1.041	1.005	0.460
企业规模×发展阶段×行业大类	24.889	24	1.037	1.001	0.462
误差	639.091	617	1.036		
总计	16840.480	708			
校正总计	784.426	707			

注：a 表示 $R^2 = 0.185$。

表 6 - 28 显示，就组织创新而言，在同时考虑企业规模、发展阶段和行业大类时，企业发展阶段的 F 统计量值为 7.842，相应的显著性概率 p = 0.000 小于 0.05，说明企业发展阶段对全要素创新中的组织创新作用显著；企业规模和发展阶段的交互作用的 F 统计量值为 1.786，相应的显著性概率 p = 0.087 小于 0.1，说明在 0.1 的显著性水平下对组织创新有显著影响。除此之外，企业规模、企业的行业大类以及变量间的其他所有的交

互作用对组织创新的影响都不显著。

（四）文化创新的多因素方差分析

在单因素方差分析中我们知道，在 p = 0.05 的显著性水平下，制造业企业特征变量中企业规模、发展阶段和行业大类对文化创新有显著性影响。因此，对文化创新的多因素方差分析目的，就是检验在这些有影响的多个企业特征因素共同作用下，这些因素以及这些因素的交互作用是否对文化创新有显著性影响。运用 SPSS15.0 对全要素内部的文化创新进行多因素方差分析的结果如表 6-29 所示。

表 6-29　　　　　　文化创新的多因素方差分析结果

来源	Ⅲ型平方和	自由度	均方	F 统计量	Sig.
校正模型	166.183[a]	90	1.846	1.346	0.025
截距	1826.687	1	1826.687	1331.240	0.000
企业规模	2.301	2	1.150	0.838	0.433
发展阶段	34.374	4	8.593	6.263	0.000
行业大类	10.269	8	1.284	0.935	0.486
企业规模×发展阶段	10.741	7	1.534	1.118	0.350
企业规模×行业大类	26.309	16	1.644	1.198	0.264
发展阶段×行业大类	34.209	29	1.180	0.860	0.680
企业规模×发展阶段×行业大类	24.413	24	1.017	0.741	0.810
误差	846.629	617	1.372		
总计	16149.667	708			
校正总计	1012.812	707			

注：a 表示 $R^2 = 0.164$。

表 6-29 显示，就文化创新而言，在同时考虑企业规模、发展阶段和行业大类时，企业发展阶段的 F 统计量值为 6.263，相应的显著性概率 p = 0.000 小于 0.05，说明企业发展阶段对全要素创新中的文化创新作用显著。除此之外，企业规模、企业的行业大类以及变量间的所有的交互作用对文化创新的影响都不显著。

（五）制度创新的多因素方差分析

在单因素方差分析中我们知道，在 p = 0.05 的显著性水平下，制造业企业特征变量中发展阶段和行业大类对制度创新有显著性影响。因此，对制度创新的多因素方差分析目的，就是检验在这些有影响的多个企业特征因素共同作用下，这些因素以及这些因素的交互作用是否对制度创新有显著性影响。运用 SPSS15.0 对全要素内部的制度创新进行多因素方差分析的结果如表 6-30 所示。

表 6-30　　　　　　制度创新的多因素方差分析结果

来源	Ⅲ 型平方和	D 自由度	均方	F 统计量	Sig.
校正模型	92.101[a]	41	2.246	1.899	0.001
截距	2373.227	1	2373.227	2005.870	0.000
发展阶段	23.399	4	5.850	4.944	0.001
行业大类	7.718	8	0.965	0.815	0.589
发展阶段×行业大类	28.538	29	0.984	0.832	0.720
误差	787.972	666	1.183		
总计	16059.673	708			
校正总计	880.073	707			

注：a 表示 $R^2 = 0.105$。

表 6-30 显示，就制度创新而言，在同时考虑发展阶段和行业大类时，企业发展阶段的 F 统计量值为 4.944，相应的显著性概率 $p = 0.001$ 小于 0.05，说明企业发展阶段对全要素创新中的制度创新作用显著。除此之外，企业的行业大类以及变量间的交互作用对制度创新的影响都不显著。

（六）市场创新的多因素方差分析

在单因素方差分析中我们知道，在 $p = 0.1$ 的显著性水平下，制造业企业特征变量中企业规模、发展阶段、企业年龄和行业大类对市场创新有显著性影响。因此，对市场创新的多因素方差分析目的，就是检验在这些有影响的多个企业特征因素共同作用下，这些因素以及这些因素的交互作用是否对市场创新有显著性影响。运用 SPSS15.0 对全要素内部的市场创新进行多因素方差分析的结果如表 6-31 所示。

表 6-31　　　　　　市场创新的多因素方差分析结果

来源	Ⅲ 型平方和	自由度	均方	F 统计量	Sig.
校正模型	351.181[a]	208	1.688	1.194	0.061
截距	1378.473	1	1378.473	974.548	0.000

续表

来源	Ⅲ型平方和	自由度	均方	F统计量	Sig.
企业规模	2.466	2	1.233	0.872	0.419
发展阶段	8.038	4	2.009	1.421	0.226
企业年龄	12.533	4	3.133	2.215	0.066
行业大类	12.063	8	1.508	1.066	0.386
企业规模×发展阶段	4.235	7	0.605	0.428	0.885
企业规模×企业年龄	14.432	6	2.405	1.701	0.119
发展阶段×企业年龄	19.215	11	1.747	1.235	0.261
企业规模×行业大类	18.150	16	1.134	0.802	0.684
发展阶段×行业大类	34.729	27	1.286	0.909	0.599
企业年龄×行业大类	27.033	28	0.965	0.683	0.891
企业规模×发展阶段×企业年龄	11.075	7	1.582	1.119	0.350
企业规模×发展阶段×行业大类	17.616	13	1.355	0.958	0.492
企业规模×企业年龄×行业大类	16.966	20	0.848	0.600	0.914
发展阶段×企业年龄×行业大类	23.297	23	1.013	0.716	0.831
企业规模×发展阶段×企业年龄×行业大类	13.903	6	2.317	1.638	0.135
误差	705.823	499	1.414		
总计	13286.250	708			
校正总计	1057.004	707			

注：a 表示 $R^2 = 0.332$。

表 6-31 显示，就市场创新而言：在同时考虑企业规模、企业发展阶段、企业年龄和行业大类时，企业年龄的 F 统计量值为 2.215，相应的显著性概率 $p = 0.066$ 大于 0.05，说明企业年龄对全要素创新中的市场创新作用不显著；但在显著性水平为 0.1 下，企业年龄对全要素创新中的市场创新作用是显著的；除此之外，其他因素和所有影响因素交互作用，对市场创新都没有显著影响。

五 多因素方差分析总结

表 6-32 是多因素方差分析的简要总结，我们从中可以清楚地知道在单因素方差分析中得出的显著影响的变量中，在多因素方差分析中只有发展阶段仍然显著地影响着它们，而行业大类及其与发展阶段的交互作用仅

对较多变量有一定的显著性影响。其余单因素及其交互作用绝大多数均无显著性影响。

表 6-32　　　　　　　　多因素方差分析结果总结

	发展阶段	企业年龄	行业大类	企业年龄×发展阶段	发展阶段×行业大类	企业规模×行业大类	企业规模×发展阶段
战略创新					★		
技术创新	★★★	—	—	—	—	—	★
组织创新	★★★	—	—	—	—	—	—
文化创新	★★★	—	—	—	—	—	—
制度创新	★★★	—	—	—	—	—	—
市场创新		★	—	—	—	—	—
全要素创新	★★★	—	—	—	★	—	—
全员创新	★★	—	—	—	—	—	—
全时空创新	★★★	—	—	—	★	—	—
全面创新	★★★	—	★★	★	—	—	—
顾客绩效	—	—	★	—	★	—	—
财务绩效	★★★	—	★★	—	★★	★	—
员工绩效	★★★	—	—	—	★	—	—
全面绩效	★★★	—	★★	—	★	—	—

注：★★★表示在 $p<0.001$ 水平下有显著性差异；★★表示在 $p<0.05$ 水平下有显著性差异；★表示在 $p<0.1$ 水平下有显著性差异；—表示在 $p<0.05$ 的水平下无显著性差异。

上述结果表明，在研究全面创新和全面绩效的关系中，发展阶段、行业大类以及发展阶段和行业大类的交互作用是可能需要重视控制的变量，其他诸如企业规模、所在地区、企业年龄、所属行业等企业特征变量及其交互作用可以不加考虑。鉴于此，我们的后续研究，就有选择地考虑控制这些企业特征变量，以便提高研究精度。

第四节　变量的回归分析及结论

一　模型设定

尽管方差分析使我们知道企业的特征变量中发展阶段、企业的行业大类对全面创新和全面绩效及其相关维度有显著影响效应，但其影响强度和影响方向还需进一步研究。此外，除企业特征变量外，企业所处的环境变量（企业资源、技术动荡和市场动荡）是否对全面创新和全面绩效有影响，也需要我们对之加以检验。故本节拟用层次回归的方法，来分析企业发展阶段等企业特征变量和企业所处环境变量（企业资源、技术动荡和市场动荡）对全面创新管理和全面绩效的影响方向和影响程度。其具体做法是，通过模型（Model）来研究企业发展阶段（Stage）、行业大类（Class）、市场动荡（Markturb）、技术动荡（Techturb）和企业资源（Resource）对全面创新和全面绩效及其相关维度的影响效应。模型的矩阵所示如下：

$$Y = X\beta + \mu$$

其中：

$$X = \begin{bmatrix} 1 & X_{11} & X_{21} & \cdots & X_{k1} \\ 1 & X_{12} & X_{22} & \cdots & X_{k2} \\ \vdots & \vdots & \vdots & & \vdots \\ 1 & X_{1n} & X_{2n} & \cdots & X_{kn} \end{bmatrix}_{n \times (k+1)}$$

$$Y = \begin{bmatrix} Y_1 \\ Y_2 \\ \vdots \\ Y_n \end{bmatrix}_{n \times 1} \quad \beta = \begin{bmatrix} \beta_0 \\ \beta_1 \\ \vdots \\ \beta_k \end{bmatrix}_{(k+1) \times 1} \quad \mu = \begin{bmatrix} \mu_1 \\ \mu_2 \\ \vdots \\ \mu_n \end{bmatrix}_{n \times 1}$$

这里 Y 可以是：全面创新（TIM）、全要素创新（AEI）、全时空创新（ATSI）、全员创新（HII）、全面绩效（TP）、顾客绩效（CP）、财务绩效（FP）和员工绩效（EP）等需要解释的变量；X 是发展阶段（Stage）、行业大类（Class）、市场动荡（Markturb）、技术动荡（Techturb）和企业资源（Resource）等对被解释变量有影响的变量；β 是这些解释变量对被解释变量的偏回归效应；μ 为随机误差项。

由于发展阶段和行业大类是分类变量，所以需要把它们转化为虚变量进行分析。根据我们收集的样本企业的数量多少，并结合虚变量的设计原则，我们把五个发展阶段归并为三个阶段：诞生成长阶段、成熟阶段、衰退再生阶段；我们把大样本的行业大类简化为：通信设备、计算机及其他电子设备制造业，文教体育用品制造业，食品制造业，电气机械及器材制造业，交通运输设备制造业，医药制造业，其他行业大类。故对发展阶段我们设计两个虚拟变量，把成熟阶段作为比较标准；对行业大类我们设计

6 个虚拟变量,把交通运输设备制造业作为比较标准。具体如表 6-33 所示。

表 6-33　　　　　　　发展阶段和行业大类虚拟变量设计

原始变量	发展阶段——虚拟1	发展阶段——虚拟2	行业大类虚拟1	行业大类虚拟2	行业大类虚拟3	行业大类虚拟4	行业大类虚拟6	行业大类虚拟7
诞生、成长阶段	1	0						
成熟阶段(参照水平)	0	0						
衰退再生阶段	0	1						
通信设备、计算机及其他电子设备制造业			1	0	0	0	0	0
文教体育用品制造业			0	1	0	0	0	0
食品制造业			0	0	1	0	0	0
电气机械及器材制造业			0	0	0	1	0	0
交通运输设备制造(参照)			0	0	0	0	0	0
医药制造业			0	0	0	0	1	0
其他行业大类			0	0	0	0	0	1

运用分析软件 SPSS15.0,通过逐步回归的方法对上述模型进行估计,其最优结果如表 6-34 至表 6-47 所示。

二　模型评价

因为只有满足经典假设的模型,才能确保估计的回归参数是最佳线性优良估计,所以在对回归模型估计之前,要先对其是否违背经典假设进行评价,评价的重点主要检验包括序列相关性、多重共线性和异方差性三个方面。

(一) 序列相关的检验

序列相关也叫自相关,它主要是指不同编号的样本值(或不同时期的样本值）之间，存在相关关系。样本值之间的序列相关违反了回归分析中的高斯—马尔柯夫条件，从而使 OLS（普通最小二乘法）估计值达不到优良估计的标准，从而使模型预测失去意义。序列相关通常存在于时间序列数据，由于我们采用的是截面数据，所以一般就忽略序列相关问题。但出于谨慎考虑，我们对序列相关中最常见的一阶序列相关给予检验。本书采用了 DW（Durbin - Watson）统计量作为样本序列相关性检验的工具。DW 统计量的定义如下：

$$DW = \frac{\sum_{t=2}^{n}(e_t - e_{t-1})^2}{\sum_{t=1}^{n} e_t^2} \approx 2(1 - \hat{\rho})$$

其中，$\hat{\rho}$ 为序列相关系数的估计值，由于 $\hat{\rho} < 1$，因此 $0 < DW < 4$。并且当 $\hat{\rho} = 0$，$DW \approx 2$，此时样本数据不存在序列相关。一般地，根据具体的 DW 判断准则，就可以对一阶序列相关情况做出判断。特别是当 DW 的值约等于 2 时，就可以认为样本数据不存在序列相关（李子奈等，2015）。根据上述判断标准，由表 6-34 至表 6-47 可知，在本书所涉及的中介变量和结果变量的回归分析中，所有回归分析的模型 DW 值都接近于 2，因此可以判断所有这些回归分析都不存在序列相关的问题，或并不存在严重的序列相关问题。为了节约篇幅，后续的研究只给出指标，其指标解释就不再一一赘述。

（二）多重共线性的检验

对于多元回归模型而言，如果回归方程中的某些解释变量之间存在线性相关，则称为存在多重共线性问题。若完全多重共线性则参数估计值不存在；若近似多重共线性则常常会产生如下的问题（李子奈等，2020）：①导致参数估计量 β 方差增大；②β 的经济管理含义就不再合理；③t 统计量将普遍变小，以致可能错误地删除有效的解释变量；④运用模型进行预测也失去意义。所以在应用估计的回归模型之前应首先检验自变量之间是否存在多重共线性。

测度解释变量间多重共线性有多种方法，我们采用计算容许度（Tolerance）或者方差膨胀因子（Variance inflation factor）这两个统计量来对之评价。第 i 个解释变量的容许度定义为：

$$Tol_i = 1 - R_i^2$$

其中，R_i^2 表示第 i 个解释变量与方程中其他解释变量间的复相关系数的平方，说明解释变量之间的线性相关程度。容许度的取值范围在 0—1

之间，越接近 0 表示多重共线性越强，越接近 1 表示多重共线性越弱。

第 i 个解释变量的方差膨胀因子（VIF_i）定义为该解释变量容许度（Tol_i）的倒数，因此方差膨胀因子的取值大于等于 1。VIF_i 越大，就表示变量间的多重共线性越严重（马庆国，2002）。

一般认为，当 Tol_i 大于 0.5，或者 VIF_i 小于 2 时，就表示变量间的共线性不大（李子奈、潘文卿，2020）。由表 6 – 34 至表 6 – 47 可知，所有回归分析的模型中的解释变量容许度（Tol_i）大于 0.5，其方差膨胀因子（VIF_i）也都小于 2。根据多重共线性的诊断标准，我们判定所有进入回归模型的解释变量并不存在严重的多重共线性问题。为了节约篇幅，后续的研究只给出指标，其指标解释就不再一一赘述。

（三）异方差性检验

异方差是指随着样本点的不同，随机干扰项的方差不再是常数，即此方差随着解释变量观察值的变化而变化。当存在异方差时，则常常会产生如下的问题（李子奈等，2015）：①导致参数估计量 β 不再有效，而且在大样本情况下，尽管参数估计量具有一致性，但仍然不具有渐进有效性；②t 统计量不再服从真实的 t 分布，相应的 t 检验将失去意义，因为会导致错误地接受或者拒绝零假设，使那些本不应保留在模型中的变量被保留下来，或者应该保留的却排除在模型之外；③运用模型进行预测也失去意义。

异方差的检验有多种方法，我们是通过绘制残差图来进行直观判断。由于残差图没有明显的趋势，所有可以认为不存在明显的异方差性，故模型满足同方差性假设。为节约篇幅，我们略去所绘制的残差图。

综上所述，由于设定的有关回归模型不存在序列相关、多重共线性和异方差性，所以各模型的回归参数应该是最佳线性无偏有效估计，其结果是可以接受并用于进一步的分析和研究。

三 回归结果分析

（一）全面创新的回归分析

表 6 – 34 的数据显示，模型的 F 统计量为 216.619，回归效果在 0.001 的水平下达到显著，因此可以接受模型的设定。

就全面创新模型而言，在 p = 0.05 的显著性水平下，企业资源、技术动荡和市场动荡对全面创新有显著的正向影响，分别达到 0.585、0.181 和 0.076；发展阶段的衰退再生阶段相对于成熟阶段而言，对全面创新有显著的负向影响，其标准回归系数为 – 0.079，这说明在引入环境变量后发展阶段对全面创新的回归效应有所减弱。模型的调整后的判决系数 R^2 为 0.550，这说明环境变量对全面创新的变异解释程度较大，达到 55%。

表 6-34　　　　　　　　全面创新回归分析结果

变量与指标	非标准化		标准回归系数	t 统计量	显著性水平	共线性诊断	
	回归系数	标准误差				容忍度	方差膨胀因子
(Constant)	1.034	0.153		6.752	0.000		
企业资源	0.490	0.024	0.585	20.211	0.000	0.761	1.314
技术动荡	0.178	0.032	0.181	5.571	0.000	0.602	1.661
发展阶段——虚拟2	-0.253	0.082	-0.079	-3.073	0.002	0.954	1.049
市场动荡	0.008	0.032	0.076	2.502	0.013	0.693	1.443
R^2	0.552						
调整后 R^2	0.550						
DW 检验值	1.942						
F 统计量	216.619						
F 显著水平	0.000						

上述分析提示我们，在全面创新管理研究中，我们应该重视环境变量的作用，尤其是环境变量中的企业资源和技术动荡。然而方差分析提示我们应该考虑的企业发展阶段，则可以只考虑成熟阶段和衰退再生阶段之间的影响。

（二）全面创新各维度的回归分析

1. 全员创新的回归分析

表 6-35 是全员创新的回归分析结果，由于全员创新模型的 F 统计量为 148.127，回归效果在 0.001 的水平下达到显著，因此可以接受模型的设定。

表 6-35　　　　　　　　全员创新回归分析结果

变量与指标	非标准化		标准回归系数	t 统计量	显著性水平	共线性诊断	
	回归系数	标准误差				容忍度	方差膨胀因子
(Constant)	1.209	0.198		6.115	0.000		

续表

变量与指标	非标准化		标准回归系数	t统计量	显著性水平	共线性诊断	
	回归系数	标准误差				容忍度	方差膨胀因子
企业资源	0.524	0.035	0.507	15.051	0.000	0.766	1.305
技术动荡	0.198	0.040	0.163	4.903	0.000	0.783	1.277
发展阶段——虚拟2	-0.306	0.119	-0.078	-2.578	0.010	0.954	1.048
R^2	0.387						
调整后 R^2	0.384						
DW 检验值	2.054						
F 统计量	148.127						
F 显著水平	0.000						

就全员创新模型而言，在 $p=0.05$ 的显著性水平下，企业资源和技术动荡对全员创新有显著的正向影响，分别达到 0.507 和 0.163；发展阶段的衰退再生阶段相对于成熟阶段而言，对全员创新有显著的负向影响，其标准回归系数为 -0.078，这说明在引入环境变量后发展阶段对全员创新的影响效应有所减弱。模型调整后的判决系数 R^2 为 0.384，这说明环境变量对全员创新的变异解释程度达到 38.4%。

上述分析提示我们，在全面创新管理机制研究中，我们应该重视环境变量对全员创新的作用，尤其是环境变量中的企业资源和技术动荡。然而方差分析提示我们应该考虑的企业发展阶段，则可以只考虑成熟阶段和衰退再生阶段之间的影响。

2. 全时空创新的回归分析

表 6-36 是全时空创新的回归分析结果，由于全时空创新模型的 F 统计量为 134.445，回归效果在 0.001 的水平下达到显著，因此可以接受全时空创新模型的设定。

表 6-36　　　　　　　全时空创新回归分析结果

变量与指标	非标准化		标准回归系数	t统计量	显著性水平	共线性诊断	
	回归系数	标准误差				容忍度	方差膨胀因子
(Constant)	0.656	0.203		3.228	0.001		

续表

变量与指标	非标准化		标准回归系数	t 统计量	显著性水平	共线性诊断	
	回归系数	标准误差				容忍度	方差膨胀因子
企业资源	0.514	0.032	0.520	15.966	0.000	0.761	1.314
技术动荡	0.159	0.042	0.137	3.741	0.000	0.602	1.661
市场动荡	0.127	0.042	0.102	2.992	0.003	0.693	1.443
发展阶段——虚拟2	-0.228	0.109	-0.061	-2.086	0.037	0.954	1.049
R^2	0.433						
调整后 R^2	0.430						
DW 检验值	1.898						
F 统计量	134.445						
F 显著水平	0.000						

由表 6-36 可以看出,就全时空创新模型而言,在 p=0.05 的显著性水平下,企业资源、技术动荡和市场动荡对全时空创新有显著的正向影响,分别达到 0.520、0.137 和 0.102;发展阶段的衰退再生阶段相对于成熟阶段而言,对全时空创新有显著的负向影响,其标准回归系数为 -0.061,这说明在引入环境变量后发展阶段对全时空创新的影响效应有所减弱。模型调整后的判决系数 R^2 为 0.43,这说明环境变量对全时空创新的变异解释程度达到43%。

上述分析提示我们,在全面创新管理机制研究中,我们应该重视环境变量对全时空创新的作用,尤其是环境变量中的企业资源和技术动荡。然而方差分析中提示我们应该考虑的企业发展阶段,则可以只考虑成熟阶段和衰退再生阶段之间的影响。

3. 全要素创新的回归分析

表 6-37 的数据显示,模型的 F 统计量为 156.876,回归效果在 0.001 的水平下达到显著,因此可以接受全要素创新模型的设定。

就全要素创新模型而言,在 p=0.05 的显著性水平下,企业资源、技术动荡和市场动荡对全要素创新有显著的正向影响,分别达到 0.550、0.209 和 0.064;行业大类中的其他行业大类相对于交通运输设备制造业而言,对全要素创新有显著性影响;发展阶段的衰退再生阶段相对于成熟阶段而言,对全要素创新有显著的影响,其标准回归系数为 -0.073,这说明在引入环境变量后发展阶段对全要素创新的影响效应有所减弱。调整后的判决系数 R^2 为 0.524，这说明环境变量对全要素创新的变异解释程度较大，达到 52.4%。

表 6-37　　　　　　　　全要素创新回归分析结果

变量与指标	非标准化		标准回归系数	t 统计量	显著性水平	共线性诊断	
	回归系数	标准误差				容忍度	方差膨胀因子
(Constant)	1.421	0.154		9.239	0.000		
企业资源	0.439	0.024	0.550	18.468	0.000	0.759	1.317
技术动荡	0.196	0.031	0.209	6.243	0.000	0.602	1.662
行业大类——虚拟 7	-0.130	0.047	-0.072	-2.771	0.006	0.988	1.012
发展阶段——虚拟 2	-0.221	0.081	-0.073	-2.732	0.006	0.953	1.049
市场动荡	0.065	0.031	0.064	2.057	0.040	0.689	1.451
R^2	0.528						
调整后 R^2	0.524						
DW 检验值	2.072						
F 统计量	156.876						
F 显著水平	0.000						

上述分析提示我们，在全面创新管理研究中，关于全要素创新问题应充分重视环境变量的作用，尤其企业资源变量和技术动荡变量。但方差分析中提示我们应该考虑的企业发展阶段，企业行业大类等变量则可以不再给予重视。

（三）全要素创新内部各维度的回归分析

全面创新中的全要素创新包括战略创新、技术创新、组织创新、制度创新、文化创新和市场创新 6 个维度，前面的分析已经知道环境变量对全要素创新整体是如何影响，但具体到这 6 个维度又有怎样的特点呢？下面我们将逐一加以分析。

1. 战略创新的回归分析

借助于 SPSS 软件我们得到的战略创新回归方程及各项指标，经整理如表 6-38 所示。

由表 6-38 可以清楚地看出：环境变量中的企业资源和技术动荡对战

略创新有显著性影响;由于调整的判定系数 R^2 为 0.201,说明这两个环境变量对战略创新变异的解释程度比较小,只有 20.1%;方差分析中企业发展阶段、行业大类等不再对战略创新有直接影响。

表 6-38　　　　　　　　　战略创新的回归分析结果

变量与指标	非标准化		标准回归系数	t 统计量	显著性水平	共线性诊断	
	回归系数	标准误差				容忍度	方差膨胀因子
(Constant)	2.611	0.194		13.476	0.000		
企业资源	0.285	0.035	0.311	8.204	0.000	0.786	1.272
技术动荡	0.228	0.041	0.213	5.609	0.000	0.786	1.272
R^2	0.203						
调整 R^2	0.201						
DW 检验值	2.015						
F 统计量	89.933						
F 显著水平	0.000						

2. 技术创新的回归分析

借助于 SPSS 软件我们得到的技术创新回归方程及各项指标,经整理如表 6-39 所示。由于 F 统计量、t 统计量在 0.001 的显著性水平下都进入拒绝原假设的区域,说明模型整体统计检验和模型中变量的显著性检验都通过,因此模型可用于进一步分析。

表 6-39　　　　　　　　　技术创新的回归分析结果

变量与指标		非标准化		标准回归系数	t 统计量	显著性水平	共线性诊断	
		回归系数	标准误差				容忍度	方差膨胀因子
技术创新	(Constant)	1.486	0.173		8.593	0.000		
	企业资源	0.367	0.031	0.405	11.828	0.000	0.786	1.272
	技术动荡	0.299	0.036	0.282	8.228	0.000	0.786	1.272
	R^2	0.349						
	调整 R^2	0.348						
	DW 检验值	2.121						
	F 统计量	189.375						
	F 显著水平	0.000						

由表6-39可以清楚地看出：环境变量中的企业资源和技术动荡对技术创新有显著性影响，相比较而言企业资源对技术创新影响的绝对量更大，其标准回归系数达0.405；由于调整的判定系数R^2为0.348，说明这两个环境变量对技术创新变异的解释程度比较小，只有34.8%；方差分析中企业发展阶段、行业大类等不再对技术创新有直接影响。

3. 组织创新的回归分析

借助于SPSS软件我们得到的组织创新回归方程及各项指标，经整理如表6-40所示。由于F统计量、t统计量在0.05的显著性水平下都进入拒绝原假设的区域，说明模型整体统计检验和模型中变量的显著性检验都通过。因此模型可用于进一步分析。

表6-40　　　　　　　　　组织创新的回归分析结果

	变量与指标	非标准化		标准回归系数	t统计量	显著性水平	共线性诊断	
		回归系数	标准误差				容忍度	方差膨胀因子
组织创新	(Constant)	1.210	0.196		6.160	0.000		
	企业资源	0.442	0.030	0.474	14.541	0.000	0.759	1.317
	技术动荡	0.197	0.040	0.180	4.925	0.000	0.602	1.662
	市场动荡	0.129	0.040	0.110	3.215	0.001	0.689	1.451
	发展阶段——虚拟2	-0.274	0.103	-0.077	-2.653	0.008	0.953	1.049
	行业大类——虚拟7	-0.126	0.060	-0.060	-2.103	0.036	0.988	1.012
	R^2	0.435						
	调整R^2	0.431						
	DW检验值	1.994						
	F统计量	107.910						
	F显著水平	0.000						

由表6-40可以清楚地看出：环境变量中的企业资源、技术动荡和市场动荡对组织创新都有显著性影响，相比较而言企业资源对组织创新影响的绝对量最大，其标准回归系数达0.474；由于调整的判定系数R^2为0.431，说明这三个环境变量对组织创新变异的解释程度达43.1%；方差分析中企业发展阶段、行业大类等仍然对组织创新有影响，但影响的绝对量比较小，其标准偏回归系数只有-0.077和-0.060。

4. 文化创新的回归分析

借助于 SPSS 软件我们得到的文化创新回归方程及各项指标，经整理如表 6-41 所示。由于 F 统计量、t 统计量在 0.05 的显著性水平下都进入拒绝原假设的区域，说明模型整体统计检验和模型中变量的显著性检验都通过。因此模型可用于进一步分析。

表 6-41　　　　　　　　　文化创新的回归分析结果

变量与指标		非标准化		标准回归系数	t 统计量	显著性水平	共线性诊断	
		回归系数	标准误差				容忍度	方差膨胀因子
文化创新	(Constant)	1.327	0.211		6.301	0.000		
	企业资源	0.482	0.037	0.455	13.134	0.000	0.784	1.275
	技术动荡	0.242	0.043	0.195	5.613	0.000	0.780	1.282
	行业大类——虚拟7	-0.237	0.076	-0.099	-3.121	0.002	0.933	1.072
	发展阶段——虚拟2	-0.316	0.160	-0.062	-1.969	0.049	0.938	1.066
	R^2	0.339						
	调整 R^2	0.336						
	DW 检验值	1.964						
	F 统计量	90.300						
	F 显著水平	0.000						

由表 6-41 可以清楚地看出：环境变量中的企业资源和技术动荡对文化创新都有显著性影响。相较而言，企业资源对文化创新影响的绝对量较大，其标准回归系数达 0.455；由于调整的判定系数 R^2 为 0.336，说明这两个环境变量对文化创新变异的解释程度达 33.6%；方差分析中企业发展阶段、行业大类等仍然对文化创新有影响，但影响的绝对量比较小，其标准偏回归系数只有 -0.062 和 -0.099。

5. 制度创新的回归分析

我们对制度创新的回归模型估计的结果，经整理如表 6-42 所示。由于 F 统计量、t 统计量在 0.05 的显著性水平下都进入拒绝原假设的区域，说明模型整体的显著性检验和模型中变量的显著性检验都通过。因此，模型可用于进一步分析。

表 6-42　　　　　　　　制度创新的回归分析结果

变量与指标		非标准化		标准回归系数	t统计量	显著性水平	共线性诊断	
		回归系数	标准误差				容忍度	方差膨胀因子
制度创新	(constant)	0.966	0.203		4.756	0.000		
	企业资源	0.515	0.032	0.521	16.015	0.000	0.761	1.314
	技术动荡	0.170	0.042	0.147	4.009	0.000	0.602	1.661
	发展阶段——虚拟2	-0.275	0.109	-0.073	-2.518	0.012	0.954	1.049
	市场动荡	0.096	0.042	0.077	2.267	0.024	0.693	1.443
	R^2	0.433						
	调整 R^2	0.430						
	DW 检验值	1.975						
	F 统计量	134.179						
	F 显著水平	0.000						

由表 6-42 可以清楚地看出：环境变量中的企业资源和技术动荡对制度创新都有显著性影响，相比较而言企业资源对制度创新影响的绝对量较大，其标准回归系数达 0.521；方差分析中企业发展阶段等仍然对制度创新有影响，但影响的绝对量比较小，其标准偏回归系数只有 -0.073；由于调整的判定系数 R^2 为 0.430，说明这两个环境变量对制度创新变异的解释程度达 43%。

6. 市场创新的回归分析

我们对市场创新的回归模型估计结果，经整理如表 6-43 所示。由于 F 统计量、t 统计量在 0.05 的显著性水平下都进入拒绝原假设的区域，说明模型整体的显著性检验和模型中变量的显著性检验都通过，因此模型可用于进一步分析。

由表 6-43 可以清楚地看出：环境变量中的企业资源和市场动荡对市场创新都有显著性影响。相较而言，企业资源对市场创新影响的绝对量较大，其标准回归系数达 0.543；方差分析中企业发展阶段和行业大类等仍然对市场创新有影响，但影响的绝对量比较小，其标准偏回归系数分别只有 -0.084 和 -0.093；由于调整的判定系数 R^2 为 0.375，说明这两个环境变量和发展阶段对制度创新变异的解释程度达 37.5%。

表 6-43　　市场创新的回归分析结果

变量与指标		非标准化		标准回归系数	t 统计量	显著性水平	共线性诊断	
		回归系数	标准误差				容忍度	方差膨胀因子
市场创新	(Constant)	0.881	0.228		3.857	0.000		
	企业资源	0.587	0.035	0.543	16.991	0.000	0.866	1.154
	市场动荡	0.144	0.043	0.106	3.356	0.001	0.892	1.121
	行业大类——虚拟7	-0.227	0.073	-0.093	-3.107	0.002	0.989	1.011
	发展阶段——虚拟2	-0.345	0.125	-0.084	-2.759	0.006	0.957	1.044
	R^2	0.379						
	调整 R^2	0.375						
	DW 检验值	1.977						
	F 统计量	107.208						
	F 显著水平	0.000						

综上所述，我们的结论是环境变量中的企业资源对全要素创新的 6 个维度都有显著性影响，所以后续研究在对全要素创新进行分析时要加以控制；此外，由于技术动荡对全要素创新中的战略创新、技术创新、组织创新、制度创新和文化创新等有显著性影响，市场动荡对全要素创新中的组织创新、制度创新和市场创新有显著影响，所以也可以考虑对他们加以控制。

（四）全面绩效的回归分析

表 6-44 是全面绩效的回归分析结果，由于全面绩效模型的 F 统计量为 219.494，回归效果在 0.001 的水平下达到显著，因此可以接受模型的设定。

表 6-44 显示，就全面绩效模型而言，在 $p=0.05$ 的显著性水平下，企业资源和技术动荡对全面绩效有显著的正向影响，其标准回归系数分别达到 0.510 和 0.249；方差分析中企业发展阶段仍然对市场创新有影响，但影响的绝对量比较小，其标准偏回归系数只有 -0.111；模型的调整后的判决系数 R^2 为 0.481，这说明有关的环境变量和发展阶段对全面绩效的变异解释程度达到 48.1%。

上述分析提示我们，在全面创新管理研究中，关于全面绩效问题理应重视环境变量中的企业资源和技术动荡的作用。此外，方差分析中提示我们应该考虑的企业发展阶段，在这里也得到支持，只是标准偏回归系数较低，所以后续研究可以对其不予考虑。

表 6-44　　全面绩效的回归分析结果

变量与指标		非标准化		标准回归系数	t 统计量	显著性水平	共线性诊断	
		回归系数	标准误差				容忍度	方差膨胀因子
全面绩效	(Constant)	1.836	0.141		13.026	0.000		
	企业资源	0.409	0.025	0.510	16.482	0.000	0.766	1.305
	技术动荡	0.234	0.029	0.249	8.129	0.000	0.783	1.277
	发展阶段——虚拟2	-0.339	0.085	-0.111	-4.004	0.000	0.954	1.048
	R^2	0.483						
	调整 R^2	0.481						
	DW 检验值	1.865						
	F 统计量	219.494						
	F 显著水平	0.000						

（五）全面绩效各维度的回归分析

全面绩效有三个维度，为了进一步说明问题，下面我们对全面绩效包括的顾客绩效、财务绩效和员工绩效三个方面也分别进行回归分析。

1. 顾客绩效的回归分析

我们把顾客绩效的回归模型估计结果整理为表 6-45。由于 F 统计量、t 统计量在 0.05 的显著性水平下都进入拒绝原假设的区域，说明模型整体的显著性检验和模型中变量的显著性检验都通过，因此模型可用于进一步分析。

就顾客绩效模型而言，在 p=0.05 的显著性水平下，企业资源、技术动荡和市场动荡对顾客绩效有显著的正向影响，分别达到 0.368、0.231 和 0.081；发展阶段等企业特征变量没能有效进入模型，这说明发展阶段等对顾客绩效没有显著性回归效应。模型调整后的判决系数 R^2 为 0.31，这说明环境变量对顾客绩效的变异解释程度达到 31%。

上述分析提示我们，在全面创新管理研究中，关于顾客绩效问题应该重视环境变量的作用。但方差分析中提示我们应该考虑的企业发展阶段等，则可以不再给予重视。

2. 财务绩效的回归分析

我们把财务绩效的回归模型估计结果整理为表 6-46。由于 F 统计量、t 统计量在 0.05 的显著性水平下都进入拒绝原假设的区域，说明模型整体

表 6-45　　　　　　　　　顾客绩效的回归分析结果

变量与指标		非标准化		标准回归系数	t统计量	显著性水平	共线性诊断	
		回归系数	标准误差				容忍度	方差膨胀因子
顾客绩效	(Constant)	1.605	0.214		7.509	0.000		
	企业资源	0.356	0.034	0.368	10.412	0.000	0.781	1.281
	技术动荡	0.261	0.046	0.231	5.739	0.000	0.605	1.654
	市场动荡	0.098	0.046	0.081	2.148	0.032	0.694	1.441
	R^2	0.313						
	调整 R^2	0.310						
	DW 检验值	1.908						
	F 统计量	106.817						
	F 显著水平	0.000						

表 6-46　　　　　　　　　财务绩效的回归分析结果

变量与指标		非标准化		标准回归系数	t统计量	显著性水平	共线性诊断	
		回归系数	标准误差				容忍度	方差膨胀因子
财务绩效	(Constant)	1.813	0.192		9.449	0.000		
	企业资源	0.433	0.034	0.443	12.837	0.000	0.766	1.305
	技术动荡	0.213	0.039	0.186	5.446	0.000	0.783	1.277
	发展阶段——虚拟2	-0.514	0.115	-0.138	-4.461	0.000	0.954	1.048
	R^2	0.358						
	调整 R^2	0.356						
	DW 检验值	1.94						
	F 统计量	131.009						
	F 显著水平	0.000						

的显著性检验和模型中变量的显著性检验都通过，因此模型可用于进一步分析。

就财务绩效模型而言，在 $p=0.001$ 的显著性水平下，企业资源和技术动荡对财务绩效有显著的正向影响，分别达到 0.443 和 0.186；方差分析中企业发展阶段等仍然对财务绩效有影响，但影响的绝对量比较小，其标准偏回归系数只有 -0.138；财务绩效模型调整后的判决系数 R^2 为

0.356，这说明模型对财务绩效的变异解释程度达到35.6%。

上述分析提示我们，在全面创新管理研究中，关于财务绩效问题要重视环境变量中的企业资源和技术动荡的作用。方差分析中提示我们应该考虑的企业发展阶段，在加入环境变量后仍然对财务绩效有显著影响，所以在后续的研究也应给予重视。

3. 员工绩效的回归分析

我们把员工绩效的回归模型估计结果整理为表 6-47。由于 F 统计量、t 统计量在 0.001 的显著性水平下都进入拒绝原假设的区域，说明模型整体的显著性检验和模型中变量的显著性检验都通过，因此模型可用于进一步分析。

表 6-47 员工绩效的回归分析结果

变量与指标		非标准化		标准回归系数	t 统计量	显著性水平	共线性诊断	
		回归系数	标准误差				容忍度	方差膨胀因子
员工绩效	(Constant)	1.837	0.166		11.086	0.000		
	企业资源	0.436	0.029	0.497	14.968	0.000	0.766	1.305
	技术动荡	0.182	0.034	0.177	5.387	0.000	0.783	1.277
	发展阶段——虚拟2	-0.397	0.099	-0.119	-3.996	0.000	0.954	1.048
	R^2	0.405						
	调整 R^2	0.402						
	DW 检验值	1.982						
	F 统计量	159.495						
	F 显著水平	0.000						

对于员工绩效模型而言，在 p = 0.001 的显著性水平下，企业资源和技术动荡对员工绩效有显著的正向影响，分别达到 0.497 和 0.177；方差分析中企业发展阶段等仍然对员工绩效有影响，但影响的绝对量比较小，其标准偏回归系数只有 -0.119；员工绩效模型调整后的判决系数 R^2 为 0.402，这说明模型对员工绩效的变异解释程度达到 40.2%。

上述分析提示我们，在全面创新管理机制研究中，关于员工绩效问题理应重视环境变量中的企业资源和技术动荡的作用。此外，方差分析中提示我们应该考虑的企业发展阶段，在这里也得到支持，只是回归系数的绝对值较低，所以后续研究可以对其不予考虑。

四　回归分析结果简要总结

为了更直观地看出回归分析的结果，我们对上述加以汇总，整理为表6－48和表6－49。

表6－48　　　　全面创新和全面绩效的回归分析结果汇总

解释变量	被解释变量	全面创新	全员创新	时空创新	要素创新	全面绩效	顾客绩效	财务绩效	员工绩效
特征变量	发展阶段——虚拟2	强 -0.079	强 -0.078	强 -0.061	强 -0.073	极强 -0.111		极强 -0.138	极强 -0.119
	行业大类——虚拟7				强 -0.072				
环境变量	企业资源	极强 0.585	极强 0.507	极强 0.520	极强 0.550	极强 0.510	极强 0.368	极强 0.443	极强 0.497
	技术动荡	极强 0.181	极强 0.163	极强 0.137	极强 0.209	极强 0.249	极强 0.231	极强 0.186	极强 0.177
	市场动荡	强 0.076		强 0.102		强 0.081			

注："极强"是在0.001的水平下显著；"强"是在0.05的水平下显著；"弱"是在0.1的水平下显著；"+"是正向效应，本表省略；"-"是负向效应；数字是标准回归系数。

从表6－48中我们可以得出如下结论：

（1）企业特征变量中的发展阶段和企业环境变量中的企业资源和技术动荡对全面创新和全面绩效都有显著性影响，因此我们在研究全面创新和全面绩效机制问题时，应该把发展阶段、企业资源和技术动荡加以控制。但由于发展阶段的绝对影响值只有0.079和0.111，所以在全面创新管理机制研究中，可以忽略来自发展阶段对其的影响效应。

（2）环境变量中的市场动荡尽管对全面创新有显著性影响，但其绝对影响值只有0.076，所以在全面创新管理机制研究中，我们将忽略来自市场动荡对其的影响效应。

（3）企业特征变量中的行业大类，在0.05的显著性水平下，对全要素创新有显著性影响，其标准回归系数为－0.072。在后续的全面创新管理机制研究中，鉴于其标准回归系数绝对值很小，为节省篇幅，就不考虑来自行业大类对其的影响效应。

表 6-49　　　　　　　全要素创新影响的回归分析结果汇总

解释变量	被解释变量	全要素创新					
		战略创新	技术创新	组织创新	文化创新	制度创新	市场创新
特征变量	发展阶段——虚拟 2			强 -0.077	强 -0.062	强 -0.073	
	行业大类——虚拟 7			强 -0.060	强 -0.099		强 -0.093
环境变量	企业资源	极强 0.311	极强 0.405	极强 0.474	极强 0.455	极强 0.521	极强 0.543
	技术动荡	极强 0.213	极强 0.282	极强 0.180	极强 0.195	极强 0.147	
	市场动荡			强 0.110		强 0.770	强 0.106

注："极强"是在 0.001 的水平下显著；"强"是在 0.05 的水平下显著；"弱"是在 0.1 的水平下显著；"+"是正向效应，本表省略；"-"是负向效应；数字是标准回归系数。

表 6-49 显示的是企业特征变量和企业环境变量对全要素创新内部各要素创新的影响情况。从表 6-49 中我们可以得出如下结论：

(1) 企业特征中的发展阶段对组织创新、文化创新和制度创新都有显著性影响，但由于其绝对影响值只有 0.077、0.062 和 0.073，所以在全要素创新管理机制研究中，可以忽略来自发展阶段对其的影响效应。

(2) 企业特征变量中的行业大类对组织创新、文化创新和市场创新都有显著影响，但由于其绝对影响值只有 0.060、0.099 和 0.093，所以在全要素创新管理机制研究中，可以忽略来自行业大类对其的影响效应。

(3) 环境变量中的市场动荡，在 0.05 的显著性水平下，对组织创新、制度创新和市场创新都有显著性影响，但对其他要素创新没有显著影响。所以在全要素创新管理机制研究中，就不考虑来自市场动荡对其的影响效应。

(4) 环境变量中的技术动荡，在 0.001 的显著性水平下，对战略创新、技术创新、组织创新、文化创新和制度创新都有显著性影响，只对市场创新没有显著性影响。所以在全要素创新管理机制研究中，仍然要考虑来自技术动荡对其的影响效应。

（5）环境变量中的企业资源，在0.001的显著性水平下，对全要素创新中六个要素创新都有显著性影响，且影响的绝对程度也最大，分别达到0.311、0.405、0.474、0.455、0.521和0.543，所以在全要素创新管理机制研究中，我们要特别考虑来自企业资源对其的影响效应。

此外，回归分析在一定程度上也初步证实了全面创新管理和全面绩效影响的相关假设。但是这种分析忽视了变量间还存在的复杂关系，因此有必要用结构方程模型，来进一步实证研究全面创新管理机制及路径，以便有助于发展管理理论和指导管理实践。

第五节　本章小结

本章的检验逻辑是，首先，利用单因素方差分析检验哪些企业特质变量可能是影响我们研究假设需控制的变量，在此基础上用多因素方差分析检验这些有影响的特质变量共同进入模型下，它们各自及其交互作用是否可能影响研究假设的需控制变量；其次，运用虚变量回归法来检验方差分析中已知的可能影响研究假设的特质变量和有关环境变量等是不是需要关注的变量，为以后用结构方程模型从不同的角度对研究假设进行检验打下基础。

通过单因素方差分析，在诸多考虑的可能变量中，已知企业规模、企业发展阶段和行业大类等变量对相关的研究变量有影响；通过多因素的方差分析，结果表明，企业规模已经没有显著性影响，但发展阶段、行业大类以及它们的交互作用对全面创新和全面绩效及其部分维度变量有显著性影响，但由于发展阶段和行业大类的交互作用在考虑环境变量时，对全面创新管理和全面绩效的影响的显著性较低，为此，接下来的研究不再考虑其影响。

通过虚变量回归分析，我们得出如下结论：①在全要素创新机制研究中，由于环境变量中的技术动荡，在0.001的显著性水平下，对战略创新、技术创新、组织创新、文化创新和制度创新都有显著性影响，只对市场创新没有显著影响。所以在全要素创新管理机制研究中，仍然要考虑来自技术动荡对其的影响效应。同时，由于环境变量中的企业资源在0.001的显著性水平下对全要素创新中6个要素创新都有显著性影响，且影响的绝对程度也最大，分别达到0.311、0.405、0.474、0.455、0.521和

0.543，所以在全要素创新管理机制研究中，我们要特别考虑来自企业资源对其的影响效应。②在全面创新机制研究中，由于企业特征变量中的发展阶段和企业环境变量中的企业资源和技术动荡对全面创新和全面绩效都有显著性影响，因此我们在研究全面创新和全面绩效机制问题，应该把发展阶段、企业资源和技术动荡加以控制。但由于发展阶段的绝对影响值只有 0.079 和 0.111，所以在全面创新管理机制研究中，可以忽略来自发展阶段对其的影响效应。

第七章 研究假设的实证检验

本章基于调查问卷资料，通过结构方程建模，研究企业全面创新管理中各变量之间的数量关系，并对第三章所提出的理论假设进行检验。本章所使用的软件工具是 AMOS17.0。

第一节 实施假设检验的分析工具导论

一 结构模型数学表达

结构方程结构模型是利用一定的统计手段，对复杂的理论模型加以处理，从而达到证实或证伪研究者事先理论假设的目的。结构方程模型包括测量模型和结构模型。结构模型主要是用来描述潜变量之间的关系，其基本假设有：在总体中，模型中所有潜变量的期望值为零；方程的外源变量与误差项之间不相关；模型中潜变量之间不存在多余的方程。

其数学表达式为：

$$\eta = B\eta + \Gamma\xi + \zeta$$

其中：

η 表示内生潜在变量。

ξ 表示外源潜在变量。

B 表示内生潜在变量之间的关系。

Γ 表示外源潜变量对内生潜变量的影响。

ζ 表示结构方程的残差项，反映了 η 在方程中未能被解释的部分。

二 结构方程模型的分析过程

结构方程结构模型建模一般有七步：

第一步：模型设定（Model Specification）。

根据理论和以往研究成果来设定假设的初始理论模型。然后将理论模型中的假设建构一个因果关系的路径图，再将路径图转换成一系列的方程组。

第二步：模型识别（Model Identification）。

决定是否能够求出参数估计的唯一解。在有些情况下，由于模型被错误地设定，其参数不能识别，求不出唯一解，因而模型无解。

对于模型：$\eta = B\eta + \Gamma\xi + \zeta$

若 η 是由 p 个内生变量组成的 $p \times 1$ 向量，ξ 是由 q 个外源变量组成的 $q \times 1$ 向量，则上述方程可变为：$\eta = (I - B)^{-1}(\Gamma\xi + \zeta)$。

设矩阵 $\psi = \mathrm{cov}(\zeta, \zeta)$，即 ψ 是残差向量的协方差矩阵，矩阵 $C = (I - B, -\Gamma)$，则结构方程模型识别的方法如表 7-1 所示。

表 7-1　　　　　　　　　结构模型识别法则和条件

识别法则和条件	识别对象	条件要求	充分或必要条件
t 规则	模型	$t \leq (p+q)(p+q+1)/2$	必要条件
递归模型	模型	B 为严格下三角矩阵 ψ 是对角矩阵	充分条件
虚无 B 规则	模型	$B = 0$	充分条件
秩条件	方程	C_i 的秩为 $p-1$ ψ 自由估计	充要条件
阶条件	方程	不在方程的变量至少 $p-1$ ψ 自由估计	必要条件

资料来源：黄芳铭：《结构方程模式：理论与应用》，中国税务出版社 2005 年版。

在进行完整的结构方程模型识别检验时，一般分三步：

首先，根据 t 规则，要使模型需要估计的参数 t 小于或等于 $(p+q)(p+q+1)/2$，但这仅是必要条件。

其次，不区分外源变量和内生变量，把所有因子都看成是 ξ 因子，再按照第五章中所介绍的验证性因子分析模型识别方法进行测量模型的识别判断。

最后，对于结构方程部分，把外源和内生的潜变量视为可观测变量（没有测量误差），再根据表 7-1 中的秩条件和阶条件进行模型识别。

第三步：选择测量变项及收集数据。

这一步就是选择用于模型中的测量变项，并搜集测量变项的具体值，为后面的模型估计做好准备。关于数据的收集，我们在第四章和第五章已经做了详细论述，故本章就不再赘述。

第四步：模型估计（Model Estimation）。

模型估计，即求解模型中的各个参数的估计值，以使模型尽可能好地再生观测变量的方差和协方差矩阵。参数估计的方法有工具变量法（IV）、两阶段最小平方法（TSLS）、未加权最小平方法（ULS）、极大似然估计法（ML）、广义加权最小平方法（WLS）和对角加权最小平方法（DWLS）。最常用的模型估计方法是极大似然法和广义加权最小二乘法。

第五步：模型评价（Model Evaluation）。

在取得参数估计值后，需要对模型与数据间是否拟合进行评价，并与替代模型的拟合指标进行比较。关于模型的总体拟合程度有许多衡量标准，通称为拟合指标。拟合指标分为绝对拟合指标和相对拟合指标。

绝对拟合指标（Absolute Indexes）主要是比较观察到的与期望的方差和协方差，测量绝对的模型拟合，常用的绝对拟合指标有拟合优度卡方检验（χ^2 Goodness of Fitness Test）、拟合优度指数（GFI）、调整的拟合优度指数（AGFI）和近似误差均方根（RMSEA）。

相对拟合指标（Relative Index）是比较一个模型与另一个模型的相对拟合，常用的有相对拟合指数（CFI）、标准拟合指数（NFI）和非标准拟合指数（NNFI）。

具体各拟合指标的参考标准，详见表 7-2。

表 7-2　　　　　　结构模型整体适配指标评价

分类	指标	衡量标准及说明
绝对适配指标	χ^2	显著性概率值大于 0.05
	GFI	≥0.90，说明假设模型可以观察数据变异数与共变量比例
	AGFI	≥0.90，将自由度纳入考虑后所计算的模型适配度指标
	SRMR	≤0.05，标准化假设模型整体残差
	RMSEA	≤0.05，小于 0.05："良好适配"；0.05—0.08："不错适配"；0.08—0.10："中度适配"；大于 0.10："不良适配"
	ECVI	理论模型之 ECVI 需比饱和模型及独立模型 ECVI 小，且越小越好

续表

分类	指标	衡量标准及说明
相对适配指标	NFI	≥0.90，反映假设模型与另外观察变量间没有任何共变量假设的独立模型差异程度
	NNFI	≥0.90，将自由度纳入后所计算出差异程度
	IFI	≥0.90，针对 NNFI 波动问题及样本大小对 NFI 的影响
	CFI	≥0.90，模型对虚无假设模型的改善程度，适合小样本
	RFI	≥0.90
精简适配指标	PNFI	≥0.50
	PGFI	≥0.50，模型当中估计参数的多少，来反映 SEM 假设模型的精简程度
	AIC	理论模型之 AIC 必须比饱和模型及独立模型 AIC 小
	CN	样本规模的适切性，当 CN>200 时，表示该模型可以适当地反映出样本的数据
	χ^2/df	1—3："良好适配"；大于 5："不良适配"

第六步：模型修正（Model Modification）。

若模型不能很好地拟合数据，就需要对模型进行修正和重新设定。也就是需要决定如何删除、增加或修改模型的参数，通过模型的再设定可以增进模型的拟合程度。在实际应用中，研究者通常根据一些统计分析结果，如残差、模型修正指数，进而放宽（Free）、固定（Fix）或改动模型，使模型更拟合数据。

第七步：模型解释（Model Interpretation）。

对模型的统计结果进行解释，一般要用具有可比性的标准化估计参数，来说明直接效果、间接效果和总效果。直接效果是某一变量对另一变量的直接影响效应，而间接效果是某一变量对另一变量的影响有多少是通过其他变量而形成的。总效果则是直接效果和间接效果的总和。

第二节 全面创新之"三全"机制检验

一 企业全面创新管理的"三全"机制模型的设定

依据第三章对全面创新管理中的全员创新、全时空创新和全要素创新之间的关系的理论研究，我们构建了"三全"关系的结构模型并标注出了需要验证的相关假设：H0、H1、H2 和 H3，具体如图 7-1 所示。

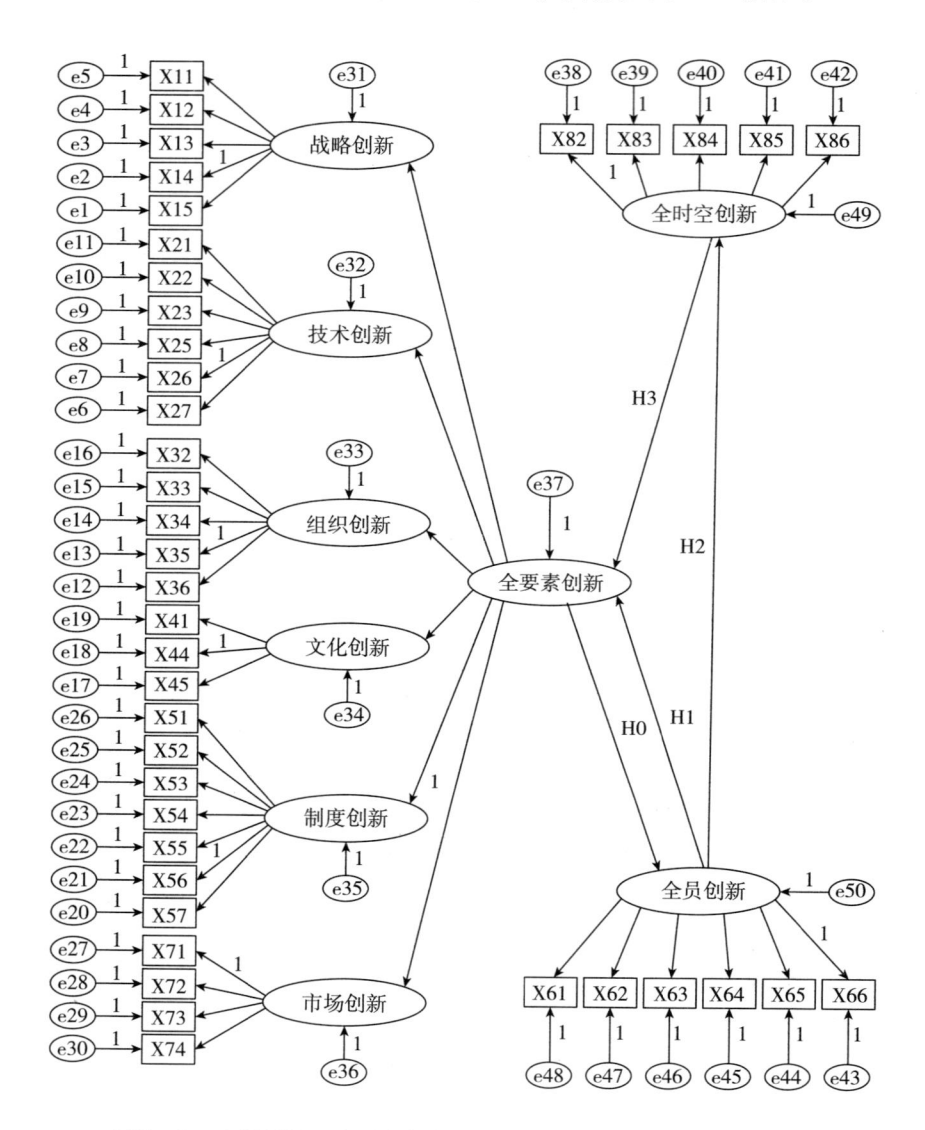

图 7-1 全员创新、全时空创新和全要素创新机制的结构方程模型

二 企业全面创新管理的"三全"机制模型的识别

我们从三个方面对所设立的模型进行了识别检验：

首先，根据 t 规则。模型中涉及的外源变量 41 个、内生变量 9 个，因

此 $(p+q)(p+q+1)/2 = 1275$，而模型要估计的参数远小于1275，所以满足模型识别的必要条件。

其次，根据三指标法则（Three-indicator Rule），本模型所有潜变量由三个或以上的测量变量来测量；因子负荷矩阵每一行有且只有一个非零值，即一个测量变量只测量一个特质量；残差的协方差矩阵为对角矩阵，即特殊因子之间相互独立。因此，本模型的测量模型满足三指标法则的条件，故模型的测量模型可以识别。

最后，对于结构模型，很明显，如若把全要素创新和全员创新固定住，模型仍然是递归模型，即不存在双向因果关系，所以矩阵 B 为严格下三角矩阵，我们假设所有的残差彼此不相关，也就是矩阵 ψ 是对角矩阵，所以结构模型可识别。

综上所述，"三全"关系模型识别的必要条件和充分条件皆满足，故整个模型可识别。

三 企业全面创新管理的"三全"机制模型的估计

我们运用 AMOS17.0 统计软件，选用极大似然法，就全部样本，对上述"三全"关系的结构方程模型进行估计，其参数估计结果如表 7-3 所示。

表 7-3 全面创新管理中"三全"机制的结构方程模型估计结果

	回归系数	标准化回归系数	t 统计量	显著性水平 p
全要素创新 <--- 全员创新	0.130	0.161	2.220	0.026
全时空创新 <--- 全员创新	0.539	0.674	6.541	***
全要素创新 <--- 全时空创新	0.158	0.157	1.266	0.205
全员创新 <--- 全要素创新	1.000	0.804		

注：*** 表示 $p < 0.001$。

从表 7-3 可以看出，全要素创新对全员创新影响是参照指标；全员创新对全时空创新的回归参数的标准化估计值为 0.674，且在显著性为 0.05 水平下拒绝参数等于零的假设，这说明全员创新对全时空创新有正向影响；全员创新对全要素创新的回归参数的标准化估计值为 0.161，且在显著性为 0.05 的水平下拒绝参数等于零的假设，这说明全员创新对全要素创新有正向影响；但全时空创新对全要素创新没有通过显著性检验。

四 企业全面创新管理的"三全"机制模型的评价

运用 AMOS17.0 统计软件,对上述企业全面创新管理的"三全"机制结构方程模型进行估计,其模型拟合度的相关统计指标整理如表 7-4 所示。

表 7-4 全面创新管理中"三全"关系的结构方程模型拟合指标及结果

类型	拟合指标	参考标准	实际值	结果
绝对拟合指标	拟合优度指数 GFI	>0.90	0.798	否
	调整的拟合优度指数 AGFI	>0.90	0.774	否
	近似均方根误差 RMSEA	<0.10	0.065	是
相对拟合指标	标准拟合指数 NFI	≥0.90	0.847	否
	相对拟合指数 CFI	>0.90	0.881	否
	递增拟合指数 IFI	>0.90	0.881	否
简效拟合指标	简效标准拟合指数 PNFI	>0.50	0.795	是
	简效拟合优度指数 PGFI	>0.50	0.827	是
	χ^2/df 统计量	2—5	3.942	是

从表 7-4 中可以看出,绝对拟合指标中的近似均方根误差(RMSEA)在接受范围之内,GFI 和 AGFI 没有达到可接受的标准。

从相对拟合指标来看,NFI = 0.847,CFI = 0.881,IFI = 0.881,均小于可接受的标准值 0.90,说明模拟不可接受。

从简效拟合指标来看,PNFI = 0.795,PGFI = 0.827,均大于 0.5 的可接受标准;χ^2/df 统计量也在可接受的范围内。

综上所述,从整体上看,由于没有达标的指标多数都接近标准值,所以我们认为该模型拟合还是可以接受。但由于回归参数的估计不够理想,这就引发我们进一步对模型加以研究,故而就产生了下面的修正模型。

五 企业全面创新管理的"三全"机制模型的修正

在上述研究的提示下,我们对原结构方程模型进一步加以深入研究,得到的修正模型如图 7-2 所示。此模型是在原模型的基础上,把全要素创新对全员创新的反作用剔除。

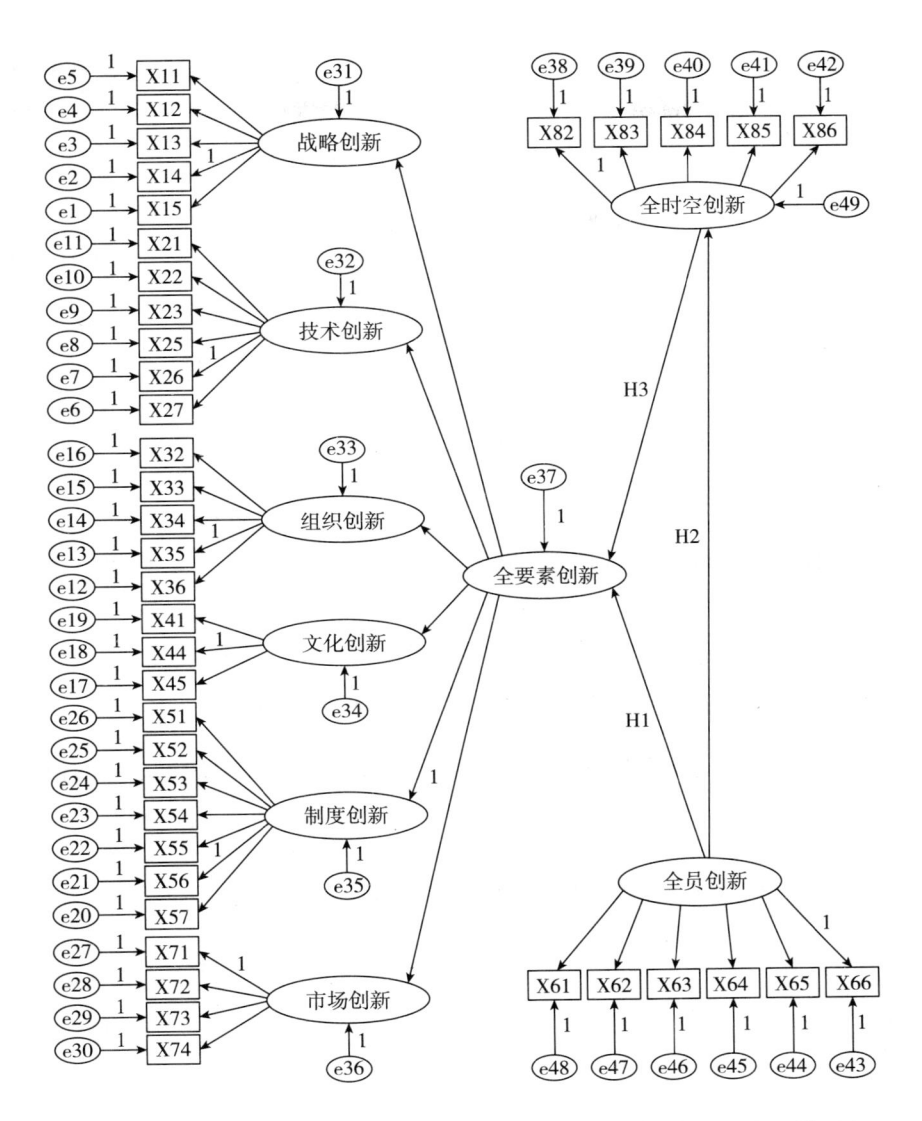

图7-2 全员创新、全时空创新和全要素创新机制的修正结构方程模型

用AMOS17.0统计软件,对此修正的"三全"机制结构方程模型进行估计,其模型参数估计结果如表7-5所示。

由表7-5可知,全员创新对全时空创新的回归参数的标准化估计值为0.711,且在显著性为0.001水平下拒绝参数等于零的假设,这说明全员创新对全时空创新有正向影响;全员创新对全要素创新的回归参数的标准化估计值为0.594,且在显著性为0.001的水平下拒绝参数等于零的假设，这说明全员创新对全要素创新有正向影响；全时空创新对全要素创新的回归参数的标准化估计值为 0.405，且在显著性为 0.001 水平下拒绝参数等于零的假设，这说明全时空创新对全要素创新有正向影响。

表 7-5　全面创新管理中"三全"机制的结构方程模型估计结果

	回归系数	标准化回归系数	t 统计量	显著性水平 p
全要素创新 <--- 全员创新	0.478	0.594	12.935	***
全时空创新 <--- 全员创新	0.714	0.711	14.747	***
全要素创新 <--- 全时空创新	0.324	0.405	9.404	***

注：*** 表示 $p<0.001$。

用 AMOS17.0 统计软件，对此修正的"三全"机制结构方程模型进行估计，其模型拟合度的相关统计指标，由于和表 7-4 一样，所以这里就不再列示。

综上所述，从整体上看，该模型拟合可以接受。

六　企业全面创新管理的"三全"机制模型的解释

我们把全面创新管理的"三全"机制模型的模拟和我们提出的假设整理为表 7-6。

表 7-6　全面创新管理中"三全"机制的理论假设检验结果

	回归系数	标准化回归系数	是否支持假设
H0：全员创新 <--- 全要素创新			不支持
H1：全要素创新 <--- 全员创新	0.478 ***	0.594	强支持
H2：全时空创新 <--- 全员创新	0.714 ***	0.711	强支持
H3：全要素创新 <--- 全时空创新	0.324 ***	0.405	强支持

注：*** 表示 $p<0.001$，** 表示 $p<0.01$，* 表示 $p<0.1$；显著性水平为 $p=0.05$，若 p 值为 ***，则强支持；若 p 值为 **，则支持；若 p 值为 *，则弱支持；其他为不支持。

由表 7-6 可知，全面创新管理的"三全"，即全员创新、全时空创新和全要素创新之间的路径系数的实际 p 值均小于 0.001。我们对检验假设关系成立的显著性水平标准定为：$p=0.05$。若实际 p 值为 0.001，则强支持假设；若实际 p 值为 0.01，则较强支持假设。依据上述标准，假设 H1、H2 和 H3 全部得到强的实证支持。

这一结果说明，全面创新管理中的三个维度间存在的主要关系得到了较好的实证支持：全员创新是全要素创新成功的基础，全员创新对全要素创新的直接标准化效应是 0.594，全员创新通过全时空创新对全要素创新的间接标准化效应是 $0.711 \times 0.405 = 0.288$，可见全员创新对全要素创新的总效应达到 $0.594 + 0.288 = 0.882$；全员创新是全时空创新的关键前因，从标准化路径系数来看，全员创新对全时空创新的影响的总效应为 0.711；全时空创新是全要素创新成功的前提，这主要表现在两个方面：一是全时空创新对全要素创新的直接标准化效应 0.405，二是全员创新通过全时空创新对全要素创新的标准化效应为 0.288。

第三节 "全要素创新"三层机制检验

一 全要素创新机制的检验模型设定

依据第三章对全要素创新的层次及其主要关系的理论研究，我们构建了全要素创新的三层次结构模型，具体如图 7-3 所示。

二 全要素创新机制的检验模型识别

我们从三个方面对所设立的模型进行了识别检验：

首先，根据 t 规则进行识别。模型中涉及的外源变量 30 个、内生变量 8 个，因此，有 $(p+q)(p+q+1)/2 = 741$；而模型要估计的参数远小于 741，故满足模型识别的必要条件。

其次，根据三指标法则（Three-indicator Rule），本模型所有潜变量由三个或以上的测量变量来测量；因子负荷矩阵每一行有且只有一个非零值，即一个测量变量只测量一个特质量；残差的协方差矩阵为对角矩阵，即特殊因子之间相互独立。因此，本模型的测量模型满足三指标法则的条件，故模型的测量模型可以识别。

最后，对于结构模型，很明显，模型是递归模型，不存在双向因果关系，所以矩阵 B 为严格下三角矩阵，我们假设所有的残差彼此不相关，也就是矩阵 ψ 是对角矩阵，所以结构模型可识别。

综上所述，全要素创新的三层次结构模型满足识别的必要条件和充分条件，故整个模型可识别。

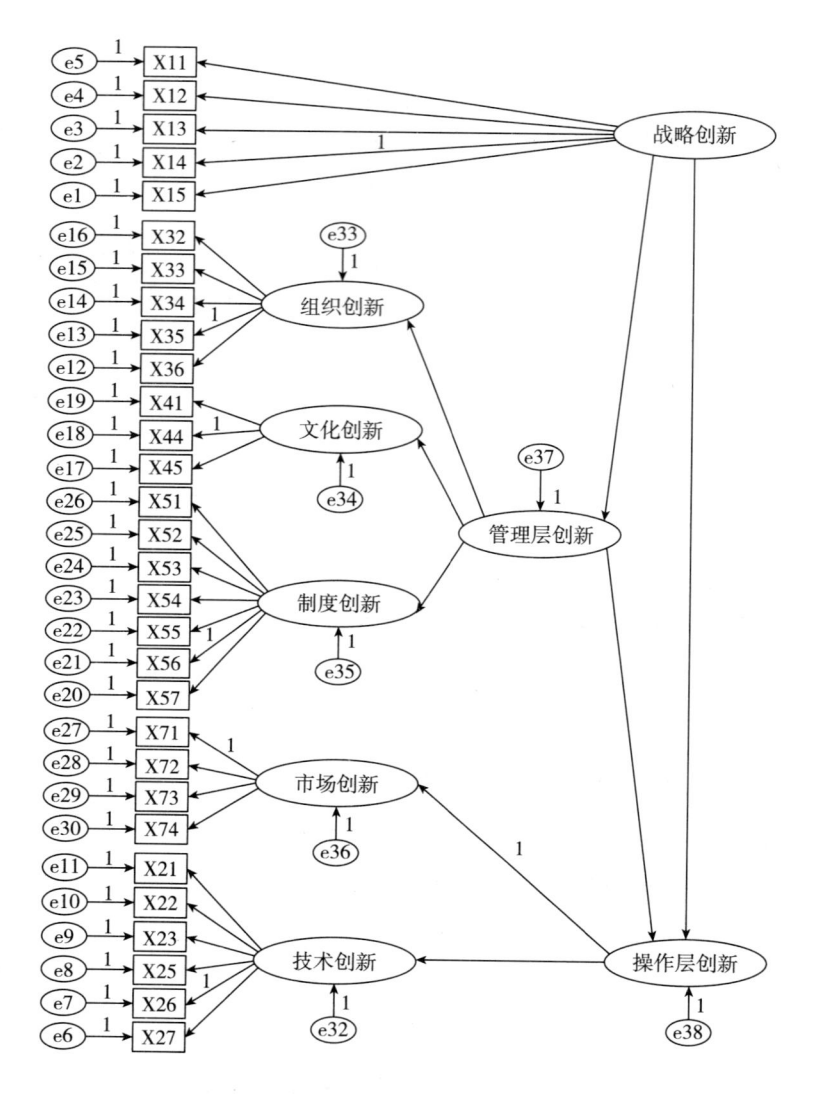

图 7-3　全要素创新的三层次主要关系结构方程模型

三　全要素创新机制的检验模型估计

我们运用 AMOS17.0 统计软件，利用全部样本数据，对上述全要素创新的三层次结构方程模型进行估计，其计算结果如表 7-7 所示。

从表 7-7 可以看出，战略层创新对管理层创新的回归参数的标准化估计值为 0.701，且在显著性为 0.05 水平下拒绝参数等于零的假设，这说明战略层创新对管理层创新有正向影响；管理层创新对操作层创新的回归参数的标准化估计值为 0.962，且在显著性为 0.05 水平下拒绝参数等于零的假设，这说明管理层创新对操作层创新有正向影响；战略层创新对操作层创新的参数估计值为 0.009，且在显著性为 0.05 水平下接受参数等于零的假设，这说明战略层创新对操作层创新的影响，是通过管理层达成。可见，管理层创新是战略层创新到操作层创新的完全中介变量。

表 7-7　全要素创新的三层次机制结构方程模型估计结果

	回归系数	标准化回归系数	t 统计量	显著性水平 p
管理层创新 <--- 战略层创新	0.820	0.701	13.864	***
操作层创新 <--- 管理层创新	0.834	0.962	13.736	***
操作层创新 <--- 战略层创新	0.010	0.009	0.196	0.845

注：*** 表示 p < 0.001。

四　全要素创新机制的检验模型评价

运用 AMOS17.0 统计软件，对上述全要素创新的三层次结构方程模型进行估计，其模型拟合度的相关统计指标如表 7-8 所示。

表 7-8　全要素创新的三层次结构方程模型拟合指标及结果

类型	拟合指标	参考标准	实际值	结果
绝对拟合指标	拟合优度指数 GFI	>0.90	0.838	否
	调整的拟合优度指数 AGFI	>0.90	0.830	否
	近似均方根误差 RMSEA	<0.10	0.073	是
相对拟合指标	标准拟合指数 NFI	≥0.90	0.867	否
	相对拟合指数 CFI	>0.90	0.893	否
	递增拟合指数 IFI	>0.90	0.893	否
简效拟合指标	简效标准拟合指数 PNFI	>0.50	0.791	是
	简效拟合优度指数 PGFI	>0.50	0.815	是
	χ^2/df 统计量	2—5	4.499	是

从表 7-8 可以看出，绝对拟合指标中的近似均方根误差（RMSEA）在接受范围之内，GFI 和 AGFI 没有达到可接受的标准，但比较接近标

准值。

从相对拟合指标来看，NFI = 0.867，CFI = 0.893，IFI = 0.893，均小于可接受的标准值 0.90，说明模拟近于可接受。

从简效拟合指标来看，PNFI = 0.791，PGFI = 0.815，均大于 0.5 的可接受标准；χ^2/df 统计量都在可接受的范围内。

综上所述，从整体上看，由于没有达标的指标多数都接近标准值，所以我们认为该模型拟合还是可以接受。考虑到完全中介作用，故此模型不必进一步修正。

五 全要素创新机制的检验模型解释

我们把全要素创新的三层次结构方程模型的模拟和我们提出的假设整理为表 7-9。

表 7-9　全要素创新的三层次理论假设检验结果

	回归系数	标准化回归系数	是否支持假设
H4：操作层创新 <--- 战略层创新	0.010	0.009	不支持
H5：管理层创新 <--- 战略层创新	0.820***	0.701	强支持
H6：操作层创新 <--- 管理层创新	0.834***	0.962	强支持

注：*** 表示 $p < 0.001$，** 表示 $p < 0.01$，* 表示 $p < 0.1$；显著性水平为 $p = 0.05$，若 p 值为 ***，则强支持；若 p 值为 **，则支持；若 p 值为 *，则弱支持；其他为不支持。

由表 7-9 可知，运用大样本数据，通过对全要素创新的三层次结构方程模型的估计，在 $p = 0.05$ 的显著水平下，假设 H5 和 H6 全部得到强实证支持。但假设 H4 没有得到数据支持。

总体上看，全要素创新中的三个维度间存在的主要关系是：战略层创新是全要素创新成功的基础，战略层创新对管理层创新的直接标准化效应是 0.701；管理层创新是完全中介于战略层创新和操作层创新，它对操作层创新的直接标准化效应是 0.962。

本节是在全要素创新的三个层次上的总体分析，为了能给出更具体的可操作性管理建议，有必要对全要素的 6 个维度进一步加以实证研究。

第四节 "全要素创新"六维机制检验

一 全要素创新六维机制的模型设定

依据第三章对全要素创新的层次及其主要关系的理论研究,我们构建了全要素创新六维机制结构模型,并标注出了需要验证的相关研究假设。具体如图7-4所示。

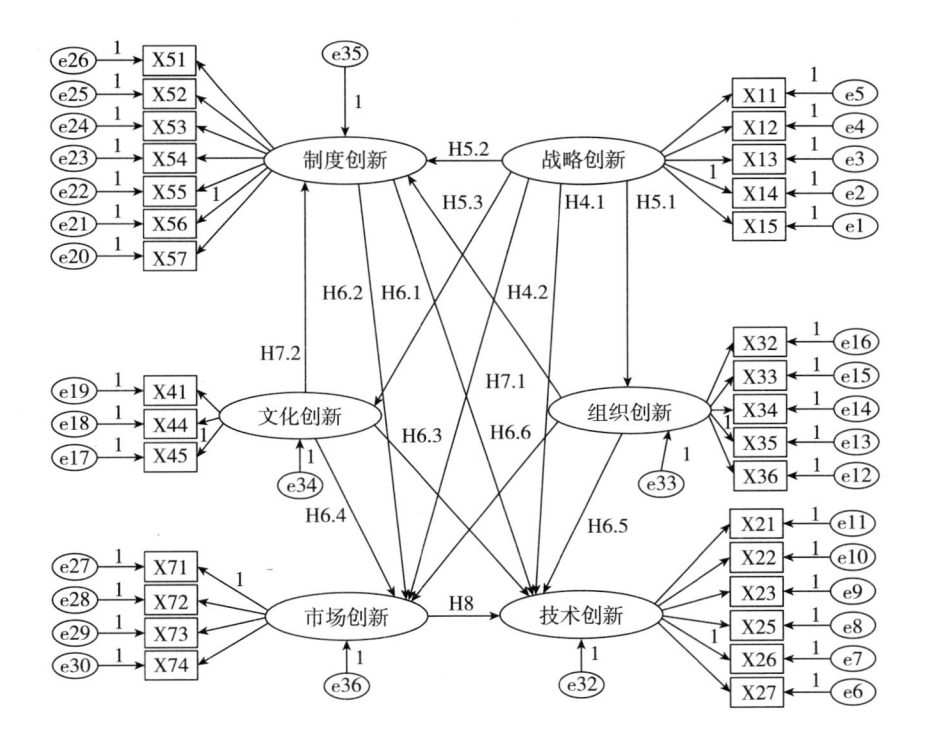

图7-4 全要素创新六维机制的结构方程模型

二 全要素创新六维机制的模型识别

我们从三个方面对所设立的模型进行了识别检验:

首先,根据t规则。模型中涉及的测量指标共有30个,其中外源观测指标(自变量测量)5个,内生观测指标25个。因此,有$(p+q)(p+q+$

1)/2 = 465，而模型要估计的因子负荷有 24 个（固定负荷 6 个），指标的测量误差有 30 个，回归系数有 14 个，变量的回归残差 5 个，共要估计 73 个参数，即 $t = 24 + 30 + 14 + 5 = 73$ 小于 465，所以满足模型识别的必要条件。

其次，根据三指标法则（Three - indicator Rule），本模型所有潜变量由三个或以上的测量变量来测量；因子负荷矩阵每一行有且只有一个非零值，即一个测量变量只测量一个特质量；残差的协方差矩阵为对角矩阵，即特殊因子之间相互独立。因此，本模型的测量模型满足三条指标法则的条件，故模型的测量模型可以识别。

最后，对于结构模型很明显，模型是递归模型，不存在双向因果关系，所以矩阵 B 为严格下三角矩阵，我们假设所有的残差彼此不相关，也就是矩阵 ψ 是对角矩阵，所以结构模型可识别。

综上所述，全要素创新六维机制的结构模型满足识别的必要条件和充分条件，故整个模型可识别。

三 全要素创新六维机制的模型估计

我们运用 AMOS17.0 统计软件，对上述全要素创新六维机制的结构方程模型进行估计，其计算结果如表 7 - 10 所示。

表 7 - 10　　　全要素创新六维机制的结构方程模型估计结果

假设与路径	路径系数	标准化路径系数	t 统计量	显著性水平 p
市场创新 <--- 战略创新	-0.438	-0.340	-3.703	***
技术创新 <--- 战略创新	0.140	0.158	1.763	0.078
组织创新 <--- 战略创新	0.943	0.761	14.964	***
制度创新 <--- 战略创新	-0.237	-0.209	-2.777	0.005
文化创新 <--- 战略创新	0.894	0.723	12.791	***
技术创新 <--- 制度创新	-0.305	-0.391	-4.330	***
市场创新 <--- 制度创新	0.348	0.308	3.283	***
技术创新 <--- 文化创新	0.293	0.409	3.924	***
市场创新 <--- 文化创新	0.342	0.328	3.208	***
技术创新 <--- 组织创新	0.402	0.562	5.988	***
市场创新 <--- 组织创新	0.498	0.479	5.519	***

续表

假设与路径	路径系数	标准化路径系数	t统计量	显著性水平 p
制度创新 <--- 组织创新	0.157	0.533	4.287	***
制度创新 <--- 文化创新	0.586	0.637	9.067	***
技术创新 <--- 市场创新	0.489	0.228	9.190	***

注：*** 表示 $p<0.001$。

从表 7-10 可以看出，除了战略创新对技术创新影响在 0.1 的显著性水平下显著外，其他所要验证的六个维度间的关系都在 0.05 的显著性水平下得到证实。但遗憾的是，战略创新对市场创新、战略创新对制度创新和制度创新对技术创新均是负相关，这理应引起我们的注意。

四 全要素创新六维作用机制的模型评价

我们运用 AMOS17.0 统计软件，就总体样本对上述全要素创新的六个维度作用机制的结构方程模型进行估计，其计算结果如表 7-11 所示。

表 7-11　全要素创新六维机制的结构方程模型拟合指标及结果

类型	拟合指标	参考标准	实际值
绝对拟合指标	拟合优度指数 GFI	>0.90	0.837
	调整的拟合优度指数 AGFI	>0.90	0.806
	近似均方根误差 RMSEA	<0.10	0.073
相对拟合指标	标准拟合指数 NFI	≥0.90	0.861
	相对拟合指数 CFI	>0.90	0.887
	递增拟合指数 IFI	>0.90	0.887
简效拟合指标	简效标准拟合指数 PNFI	>0.50	0.774
	简效拟合优度指数 PGFI	>0.50	0.797
	χ^2/df 统计量	2—5	4.763

从表 7-11 中可以看出，绝对拟合指标中的近似均方根误差（RMSEA）在接受范围之内，GFI 和 AGFI 没有达到可接受的标准，但比较接近标准值。

从相对拟合指标来看，NFI = 0.861，CFI = 0.887，IFI = 0.887，均略小于可接受的标准值 0.90，说明模拟近于可接受。

从简效拟合指标来看，PNFI = 0.774，PGFI = 0.797，均大于 0.5 的可

接受标准；χ^2/df 统计量也在可接受的范围内。

综上所述，从整体上看，由于没有达标的指标多数都接近标准值，所以我们认为该模型拟合还是可以接受。考虑到主要关系得到验证，故此模型不必进一步修正。

五 全要素创新六维机制的模型解释

我们把全要素创新六维机制模型的估计结果和我们提出的假设整理为表7-12。

表 7-12　　　　全要素创新六维机制的理论假设检验结果

假设与路径	路径系数和P值	标准化路径系数	是否支持假设
H4.1：技术创新 <--- 战略创新	0.140*	0.158	弱支持
H4.2：市场创新 <--- 战略创新	-0.438***	-0.340	强支持
H5.1：组织创新 <--- 战略创新	0.943***	0.761	强支持
H5.2：制度创新 <--- 战略创新	-0.237**	-0.209	支持
H5.3：文化创新 <--- 战略创新	0.894***	0.723	强支持
H6.1：技术创新 <--- 制度创新	-0.305***	-0.391	强支持
H6.2：市场创新 <--- 制度创新	0.348***	0.308	强支持
H6.3：技术创新 <--- 文化创新	0.293***	0.409	强支持
H6.4：市场创新 <--- 文化创新	0.342***	0.328	强支持
H6.5：技术创新 <--- 组织创新	0.402***	0.562	强支持
H6.6：市场创新 <--- 组织创新	0.498***	0.479	强支持
H7.1：制度创新 <--- 组织创新	0.157***	0.533	强支持
H7.2：制度创新 <--- 文化创新	0.586***	0.637	强支持
H8：技术创新 <--- 市场创新	0.489***	0.228	强支持

注：*** 表示 $p<0.001$，** 表示 $p<0.01$，* 表示 $p<0.1$；显著性水平为 $p=0.05$，若p值为 ***，则强支持；若p值为 **，则支持；若p值为 *，则弱支持；其他为不支持。

由表7-12可知，全要素创新六维机制的结构方程模型中的路径系数的实际p值绝大多数为小于0.001。我们对检验假设关系成立的显著性水平标准定为：$p=0.05$。若实际p值为0.001，则表明强支持假设；若实际

p 值为 0.01，则支持假设；若实际 p 值小于 0.1，则为弱支持。依据上述标准，则假设 H4.2 得到较弱的实证支持；假设 H5.2 只得到实证支持；其余假设则全部得到强实证支持。这说明全要素创新的六个维度有一定的因果关系，我们通过充分认识和利用这种关系，可以更好地把全面创新管理的核心——全要素创新管理好。

第五节 全面创新对绩效影响机制检验

一 全面创新与全面绩效整体性检验

（一）模型设定

依据第三章提出的概念模型及其主要关系的理论研究，我们构建了全面创新与全面绩效的整体性结构方程模型，并标注出了需要验证的相关研究假设。具体如图 7-5 所示。

（二）模型识别

我们从三个方面对所设立的模型进行了识别检验：

首先，根据 t 规则。模型中涉及的测量指标共有 49 个，因此，有 $(p+q)(p+q+1)/2 = 1225$，而模型要估计的参数（含二阶因子，以下同）有 124 个（其中固定 76 个），估计的方差有 63 个，共要估计 187 个参数，即 $t = 124 + 63 = 187$ 小于 1225，所以满足模型识别的必要条件。

其次，根据三指标法则（Three-indicator Rule），本模型几乎所有潜变量都由三个及以上测量变量来测量；因子负荷矩阵每一行有且只有一个非零值，即一个测量指标只测量一个特质量；残差的协方差矩阵为对角矩阵，即特殊因子之间相互独立。因此，本模型的测量模型满足三指标法则的条件，故模型的测量模型可以识别。

最后，对于结构模型，很明显，模型是递归模型，不存在双向因果关系，所以矩阵 B 为严格下三角矩阵，我们假设所有的残差彼此不相关，也就是矩阵 ψ 是对角矩阵，所以结构模型可识别。

综上所述，全面创新与全面绩效作用机制的结构方程模型满足识别的必要条件和充分条件，故整个模型可识别。

（三）模型估计与评价

我们运用 AMOS17.0 统计软件，对上述结构方程模型进行估计，其计算结果如表 7-13 和表 7-14 所示。

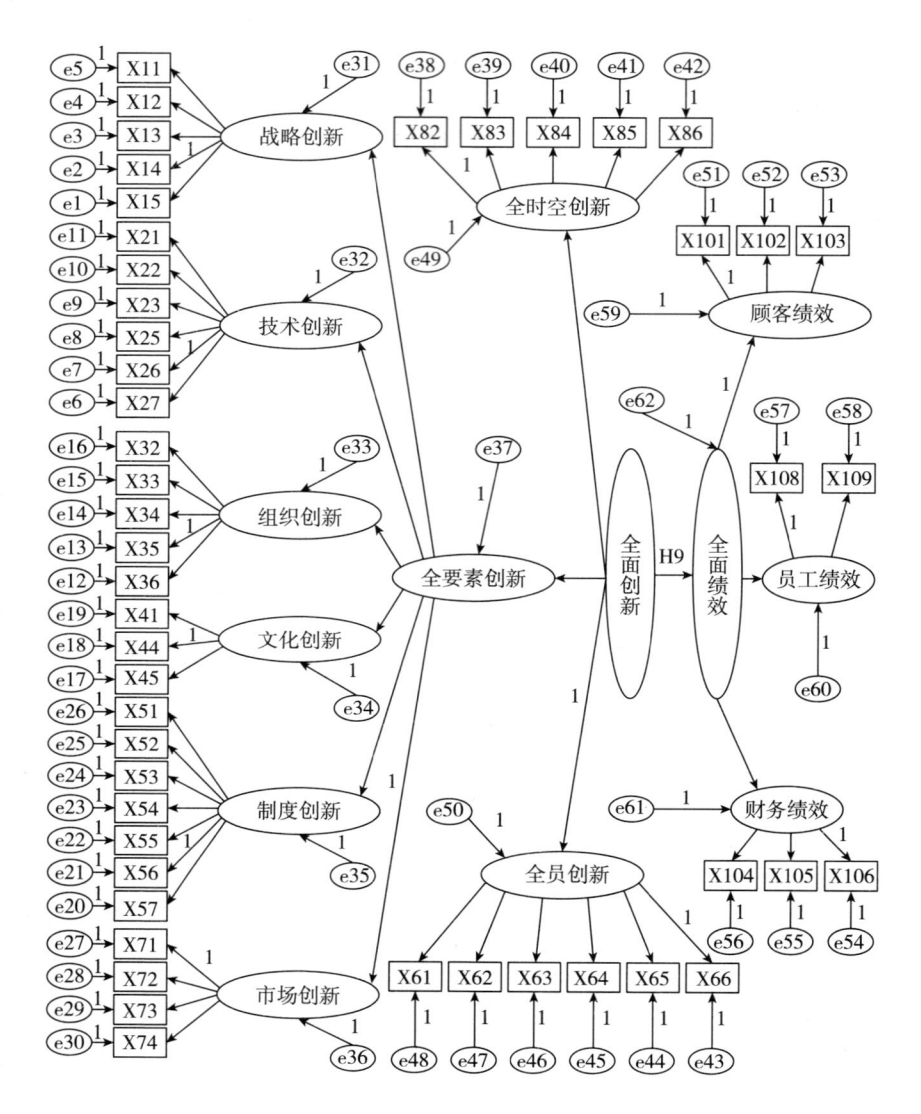

图 7-5　全面创新与企业绩效关系的结构方程模型

表 7-13　全面创新管理与全面绩效关系的结构方程模型估计结果

假设与路径	路径系数	标准化路径系数	t 统计量	显著性水平 p
全面绩效 <--- 全面创新	0.797	0.829	16.485	***

注：*** 表示 p<0.001。

表 7-14　全面创新与全面绩效作用机制的结构方程模型拟合标准及结果

类型	拟合指标	参考标准	实际值
绝对拟合指标	拟合优度指数 GFI	>0.90	0.876
	调整的拟合优度指数 AGFI	>0.90	0.854
	近似均方根误差 RMSEA	<0.10	0.072
相对拟合指标	标准拟合指数 NFI	≥0.90	0.837
	相对拟合指数 CFI	>0.90	0.877
	递增拟合指数 IFI	>0.90	0.877
简效拟合指标	简效标准拟合指数 PNFI	>0.50	0.793
	简效拟合优度指数 PGFI	>0.50	0.830
	χ^2/df 统计量	2—5	3.569

由表 7-14 中可以看出，绝对拟合指标中的近似均方根误差（RMSEA）在接受范围之内，GFI 和 AGFI 没有达到可接受的标准，但比较接近标准值。

从相对拟合指标来看，NFI=0.837，CFI=0.877，IFI=0.877，指标都略小于可接受的标准值 0.90，说明模拟近于可接受。

从简效拟合指标来看，PNFI=0.793，PGFI=0.830，均大于 0.5 的可接受标准；χ^2/df 统计量也在可接受的范围内。

综上所述，从整体上看，由于没有达标的指标多数都接近标准值，所以我们认为该模型拟合还是可以接受。

（四）模型拟合的结果分析

我们把全面创新和全面绩效的作用机制模型估计结果和我们提出的假设整理为表 7-15。

表 7-15　全面创新管理与全面绩效关系的理论假设检验结果

假设与路径	路径系数（p）	标准化路径系数	是否支持假设
H9：全面绩效 <--- 全面创新	0.797 ***	0.829	强支持

注：*** 表示 $p<0.001$，** 表示 $p<0.01$，* 表示 $p<0.1$；显著性水平为 $p=0.05$，若 p 值为 ***，则强支持；若 p 值为 **，则支持；若 p 值为 *，则弱支持；其他为不支持。

由表 7-15 可知，全面创新管理与全面绩效结构方程模型中的回归系数的实际 p 值小于 0.001。我们对检验假设关系成立的显著性水平标准定为：$p=0.05$。若实际 p 值为 0.001，则表明强支持假设。依据此标准，假设 H9 得到强的实证支持，说明企业要获得全面绩效，就必须加强全面创新管理。

二 全面创新与全面绩效各维度作用机制的检验

前面从整体出发实证了全面创新是全面绩效的前因变量，但无论全面创新还是全面绩效都有三个维度，究竟各维度之间有怎样的作用机理，需要我们进一步探讨。本部分就是运用结构方程模型对全面创新与全面绩效内部的作用机制加以研究。

（一）模型设定

依据第三章提出的概念模型及其主要关系的理论研究，我们构建了全面创新管理机制的结构方程模型，并标注出了需要验证的相关研究假设。具体如图 7-6 所示。

（二）模型识别

我们从三个方面对所设立的模型进行了识别检验：

首先，根据 t 规则。模型中涉及的测量指标共有 49 个，因此，有 $(p+q)(p+q+1)/2 = 1225$，而模型要估计的参数（含二阶因子，以下同）有 125 个（其中固定 73 个），估计的方差有 61 个，共要估计 186 个参数，即 $t = 125 + 61 = 186$ 小于 1225，所以满足模型识别的必要条件。

其次，根据三指标法则（Three – indicator Rule），本模型几乎所有潜变量都由三个及以上测量变量来测量；因子负荷矩阵每一行有且只有一个非零值，即一个测量指标只测量一个特质量；残差的协方差矩阵为对角矩阵，即特殊因子之间相互独立。因此，本模型的测量模型满足三指标法则的条件，故模型的测量模型可以识别。

最后，对于结构模型，很明显，模型是递归模型，不存在双向因果关系，所以矩阵 B 为严格下三角矩阵，我们假设所有的残差彼此不相关，也就是矩阵 ψ 是对角矩阵，所以结构模型可识别。

综上所述，全面创新与全面绩效各维度作用机制的结构方程模型满足识别的必要条件和充分条件，故整个模型可识别。

（三）模型估计与评价

我们运用 AMOS17.0 统计软件，对上述结构方程模型进行估计，其计算结果如表 7-16 和表 7-17 所示。

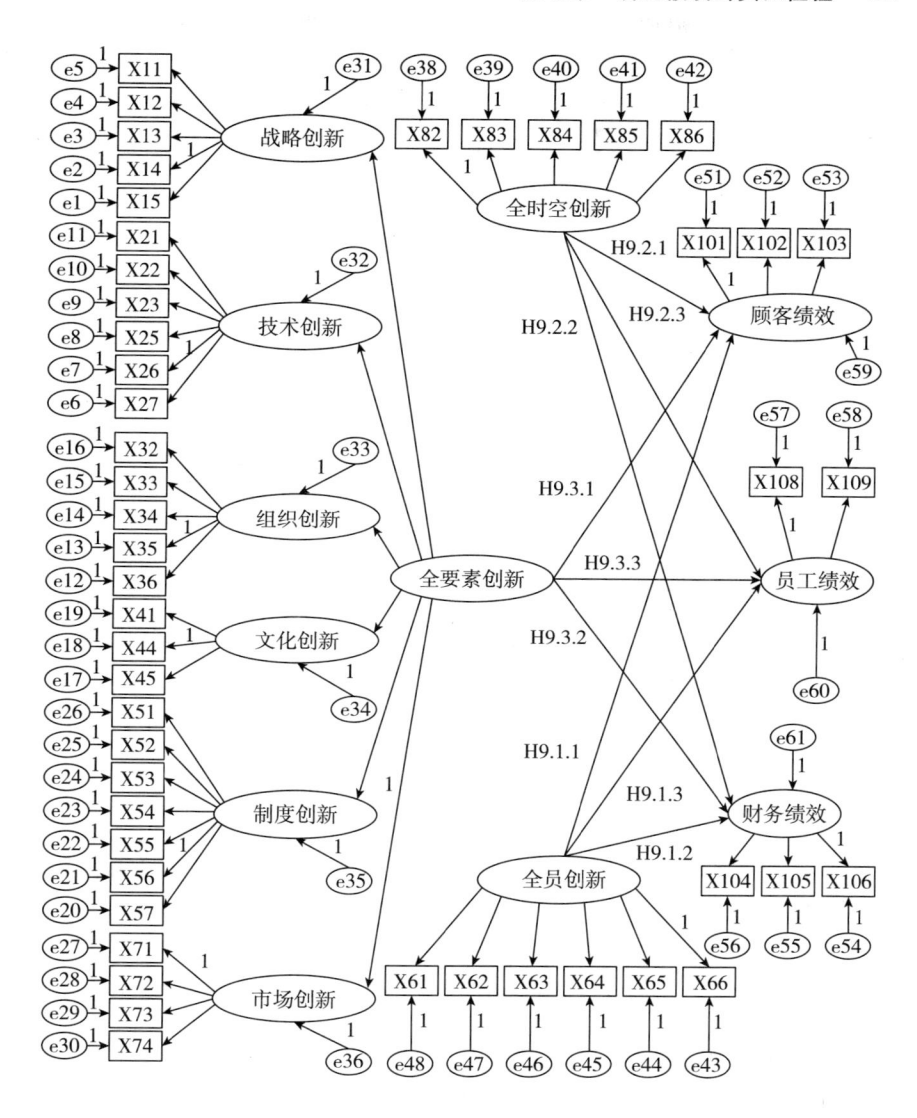

第七章 研究假设的实证检验 217

图 7-6 全面创新机制的结构方程模型

表 7-16　　全面创新机制的结构方程模型的估计结果

路径	路径系数	标准化路径系数	t 统计量	显著性水平 p
顾客绩效 <--- 全员创新	0.055	0.063	1.748	*
财务绩效 <--- 全员创新	-0.144	-0.174	-5.050	***
员工绩效 <--- 全员创新	0.197	0.325	6.677	***

续表

路径	路径系数	标准化路径系数	t统计量	显著性水平p
顾客绩效 <--- 全时空创新	0.286	0.316	7.802	***
财务绩效 <--- 全时空创新	0.295	0.350	8.692	***
员工绩效 <--- 全时空创新	0.279	0.453	8.205	***
顾客绩效 <--- 全要素创新	0.605	0.516	11.492	***
财务绩效 <--- 全要素创新	0.596	0.545	11.736	***
员工绩效 <--- 全要素创新	0.452	0.564	9.767	***

注：*** 表示 $p<0.001$，** 表示 $p<0.01$，* 表示 $p<0.1$。

由表 7-16 可以明显地看出，所有路径参数都不显著等于零，说明各维度对全面绩效的各维度均有显著的影响效应。有趣的是：全面创新尽管总的来说对全面绩效有正向效应，但全员创新对全面绩效中的财务绩效是负效应。这说明实施全面创新，特别是全员创新时要投入一定财力，这对提升当前和长远企业顾客绩效以及员工绩效大有裨益，但对当前的财务绩效有负效应，对长远财务绩效应该有正效应。

表 7-17 全面创新与企业绩效各维度作用机制的结构方程模型的拟合指标及结果

类型	拟合指标	参考标准	实际值
绝对拟合指标	拟合优度指数 GFI	>0.90	0.843
	调整的拟合优度指数 AGFI	>0.90	0.816
	近似均方根误差 RMSEA	<0.10	0.073
相对拟合指标	标准拟合指数 NFI	≥0.90	0.883
	相对拟合指数 CFI	>0.90	0.902
	递增拟合指数 IFI	>0.90	0.902
简效拟合指标	简效标准拟合指数 PNFI	>0.50	0.740
	简效拟合优度指数 PGFI	>0.50	0.775
	χ^2/df 统计量	2—5	4.760

由表 7-17 中可以看出，绝对拟合指标中的近似均方根误差（RMSEA）在接受范围之内，GFI 和 AGFI 没有达到可接受的标准，但比较接近标准值。

从相对拟合指标来看，NFI = 0.883，CFI = 0.902，IFI = 0.902，指标

都略小于或者大于可接受的标准值 0.90，说明模拟可接受。

从简效拟合指标来看，PNFI = 0.740，PGFI = 0.775，均大于 0.5 的可接受标准；χ^2/df 统计量也在可接受的范围内。

综上所述，从整体上看，我们认为该模型拟合得较好。

（四）模型拟合的结果分析

我们把全面创新与企业绩效各维度作用机制的模型估计结果和我们提出的假设整理为表 7-18。

表 7-18　全面创新管理与全面绩效各维度的理论假设检验结果

假设与路径	路径系数和 P 值	标准化路径系数	是否支持假设
H9.1.1：顾客绩效 <--- 全员创新	0.055 *	0.063	弱支持
H9.1.2：财务绩效 <--- 全员创新	-0.144 ***	-0.174	强支持
H9.1.3：员工绩效 <--- 全员创新	0.197 ***	0.325	强支持
H9.2.1：顾客绩效 <--- 全时空创新	0.286 ***	0.316	强支持
H9.2.2：财务绩效 <--- 全时空创新	0.295 ***	0.350	强支持
H9.2.3：员工绩效 <--- 全时空创新	0.279 ***	0.453	强支持
H9.3.1：顾客绩效 <--- 全要素创新	0.605 ***	0.516	强支持
H9.3.2：财务绩效 <--- 全要素创新	0.596 ***	0.545	强支持
H9.3.3：员工绩效 <--- 全要素创新	0.452 ***	0.564	强支持

注：*** 表示 $p<0.001$，** 表示 $p<0.01$，* 表示 $p<0.1$；显著性水平为 $p=0.05$，若 p 值为 ***，则强支持；若 p 值为 **，则支持；若 p 值为 *，则弱支持；其他为不支持。

由表 7-18 可知，全面创新与企业绩效各维度作用机制的结构方程模型中的路径系数的实际 p 值除了假设 H9.1.1 外都小于 0.001。我们对检验假设关系成立的显著性水平标准定为：$p=0.05$。若实际 p 值为 0.001，则表明强支持假设；若实际 p 值为 0.01，则支持假设；若实际 p 值为 0.1，则较弱支持。依据此标准，假设 H9.1.1 得到较弱的实证支持；其他假设均得到强实证支持。

第六节　全面创新管理机制之实证研究

前面几节关于全面创新对全面绩效的影响机制、全面创新管理中三全的作用机制等研究,均是在假设其他影响因素不变的情况下,探讨相关变量间的数量关系。为了使研究更具深度,有必要考察在整合多重关系以及考虑了重要控制变量后,继续探讨重要研究变量的作用力及其作用方向是否有所变化。本节首先通过建立基于全面创新的"三全"作用下的各维度对全面绩效如何影响的整合结构模型,来实证相关研究假设;然后在引入企业资源等变量的情况下,进一步对整合模型加以研究。

一 全面创新管理机制实证研究

(一) 全面创新管理机制整合模型的设定

依据第三章提出的概念模型及其主要关系的理论研究,我们构建了基于"三全"关系的全面创新管理和全面绩效的结构方程模型,并标注出了需要验证的相关研究假设。具体如图7-7所示。

(二) 全面创新管理机制整合模型识别

整合模型也是从三个方面进行了识别检验:

首先,根据 t 规则。模型中涉及的测量指标共有 49 个,因此,有 $(p+q)(p+q+1)/2 = 1225$,而模型要估计的系数(含二阶因子,以下同)有 126 个(其中固定 75 个),估计的方差有 62 个,共要估计 188 个参数,即 $t = 126 + 62 = 188$ 小于1225,所以满足模型识别的必要条件。

其次,根据三指标法则(Three-indicator Rule),本模型几乎所有潜变量都由三个及以上测量变量来测量;因子负荷矩阵每一行有且只有一个非零值,即一个测量指标只测量一个特质量;残差的协方差矩阵为对角矩阵,即特殊因子之间相互独立。因此,本模型的测量模型满足三指标法则的条件,故模型的测量模型可以识别。

最后,对于结构模型,很明显,模型是递归模型,不存在双向因果关系,所以矩阵 B 为严格下三角矩阵,我们假设所有的残差彼此不相关,也就是矩阵 ψ 是对角矩阵,所以结构模型可识别。

综上所述,全面创新管理机制的结构方程模型满足识别的必要条件和充分条件,故整个模型可识别。

(三) 全面创新管理机制模型估计与评价

我们运用 AMOS17.0 统计软件,对上述结构方程模型进行估计,其计算结果如表7-19和表7-20所示。

这里,我们是在同时考虑全面创新的三个维度之间的作用机制的基础上,进一步实证"三全"各自对全面创新的影响效应。从表7-19可以看出,"三全"作用机制仍然显著,全面创新的三个维度对全面绩效的影响,除全员创新没有显著影响外，其他两个维度对全面绩效都有显著影响。

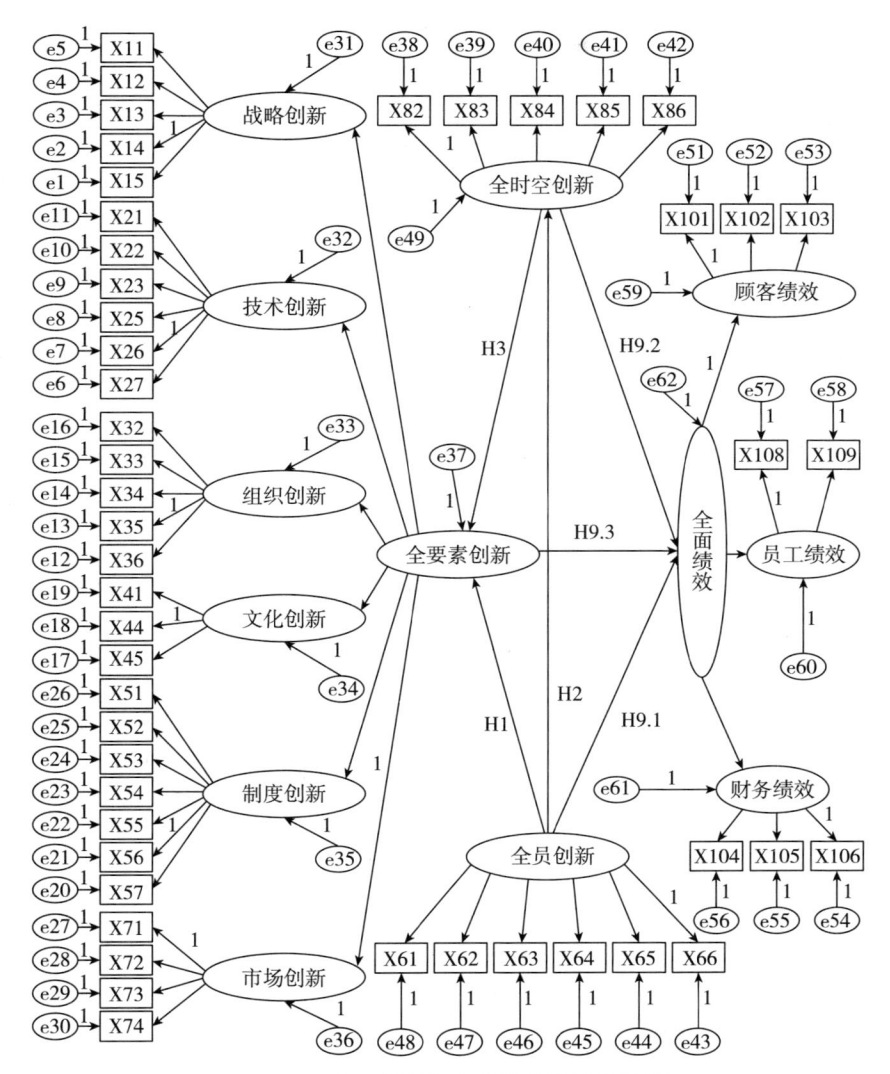

图 7-7　全面创新和企业绩效的结构模型

表 7-19　全面创新管理机制研究的结构方程模型估计结果

假设与路径	路径系数	标准化路径系数	t 统计量	显著性水平 p
全要素创新 <--- 全员创新	0.463	0.582	12.610	***
全时空创新 <--- 全员创新	0.694	0.718	14.464	***

续表

假设与路径	路径系数	标准化路径系数	t统计量	显著性水平 p
全要素创新 <--- 全时空创新	0.341	0.415	9.320	***
全面绩效 <--- 全员创新	-0.042	-0.049	-0.614	0.540
全面绩效 <--- 全时空创新	0.299	0.344	4.648	***
全面绩效 <--- 全要素创新	0.604	0.573	4.960	***

注：*** 表示 $p<0.001$，** 表示 $p<0.01$，* 表示 $p<0.1$。

表 7-20　全面创新管理机制研究的结构方程模型拟合指标及结果

类型	拟合指标	参考标准	实际值
绝对拟合指标	拟合优度指数 GFI	>0.90	0.876
	调整的拟合优度指数 AGFI	>0.90	0.853
	近似均方根误差 RMSEA	<0.10	0.006
相对拟合指标	标准拟合指数 NFI	≥0.90	0.838
	相对拟合指数 CFI	>0.90	0.878
	递增拟合指数 IFI	>0.90	0.878
简效拟合指标	简效标准拟合指数 PNFI	>0.50	0.792
	简效拟合优度指数 PGFI	>0.50	0.830
	χ^2/df 统计量	2—5	4.292

从表 7-20 中可以看出，绝对拟合指标中的近似均方根误差（RMSEA）在接受的参考标准范围之内，GFI 和 AGFI 也接近于可接受的标准。

从相对拟合指标来看，CFI、IFI 和 NFI 都接近于可接受的标准。

从简效拟合指标来看，PNFI=0.792，PGFI=0.830，χ^2/df 统计量为 4.292，均在可接受标准的范围内。

综上所述，从整体上看，模型拟合可以接受。

（四）全面创新管理机制模型拟合的结果分析

我们把全面创新管理机制的结构方程模型估计结果和我们提出的假设整理成表，具体如表 7-21 所示。

由表 7-21 可知，全面创新各维度间以及它们分别与全面绩效间，除了全员创新对绩效影响不显著外，其余都在 p 值小于 0.001 的水平上达到显著影响。我们对检验假设关系成立的显著性水平标准定为：$p=0.05$。若实际 p 值为 0.001，则表明强支持假设。据此标准，我们认为：假设 H1、H2、H3、H9.2 和 H9.3 都得到实证支持；H9.1 得不到实证支持。

表 7-21　　　全面创新管理机制研究的理论假设检验结果

假设与路径	路径系数（p）	标准化路径系数	是否支持假设
H1：全要素创新 <--- 全员创新	0.463***	0.582	强支持
H2：全时空创新 <--- 全员创新	0.694***	0.718	强支持
H3：全要素创新 <--- 全时空创新	0.341***	0.415	强支持
H9.1：全面绩效 <--- 全员创新	-0.042	-0.049	不支持
H9.2：全面绩效 <--- 全时空创新	0.299***	0.344	强支持
H9.3：全面绩效 <--- 全要素创新	0.604***	0.573	强支持

注：*** 表示 $p<0.001$，** 表示 $p<0.01$，* 表示 $p<0.1$；显著性水平为 $p=0.05$，若 p 值为 ***，则强支持；若 p 值为 **，则支持；若 p 值为 *，则弱支持；其他为不支持。

二　控制变量对整合模型的影响研究

（一）解决问题的思路

对全面创新管理和全面绩效之间的关系研究，应该考虑控制变量对之影响。对制造业而言，我们在第六章的研究已经得出企业资源、技术动荡和市场动荡三个环境变量中企业资源和技术动荡对全面创新和全面绩效有显著影响；多个企业特征变量中只有发展阶段一个变量对全面绩效和全面创新有显著影响。因此，在考察环境变量对整合模型的影响时，需要考虑企业资源和技术动荡这两个环境因素；在考察企业特征变量对整合模型的影响时只需要考虑企业发展阶段一个变量。

本问题的研究仍然基于全书的核心框架，以研究有关控制变量对全面创新管理和绩效调节作用为主。整个研究经历如下三个步骤：

第一步，对相关控制变量分组。对企业资源和技术动荡进行高低分组：先求出各企业资源和技术动荡的三个测量指标的均值；然后求出企业资源和技术动荡各自的中位数；最后把企业资源和技术动荡均值小于中位数的企业抽选出来作为企业资源和技术动荡低组，把大于等于中位数的企业抽选出来作为企业资源和技术动荡高组。企业发展阶段本身就分为五组，但由于样本量的问题，我们只能对样本量大的成长阶段和成熟阶段两组加以比较研究。

第二步，基于整合模型，分不同组别估计出全面创新管理各维度（全员创新、全时空创新和全要素创新）和全面绩效之间的路径系数。由于在前面部分已经对该整合结构模型进行了识别检验，所以在此不再进行识别检验方面的工作。

第三步，通过比较不同组别路径系数的大小，来说明企业资源高低是如何影响全面创新管理和绩效之间的关系。

（二）企业资源影响下的模型估计与分析

我们运用 AMOS17.0 统计软件，对结构模型分不同组别进行估计。为了直观反映估计的结果，我们绘制了图 7-8 和图 7-9，前者是低企业资源组的结构模型估计结果，后者是高企业资源的结构模型估计结果。图 7-8 和图 7-9 中实线表示此路径通过了显著性检验，虚线表示此路径没有通过显著性检验。从图 7-8 和图 7-9 中可以直观看出：低资源组企业全时空创新和全员创新对全面绩效的影响作用已经不显著了；高资源组企业则仅仅是全员创新对全面绩效的影响不显著。

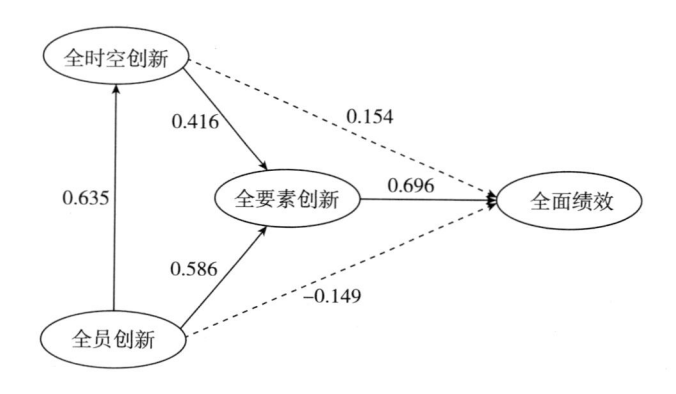

图 7-8　较低资源企业的全面创新作用机制的结构模型路径系数

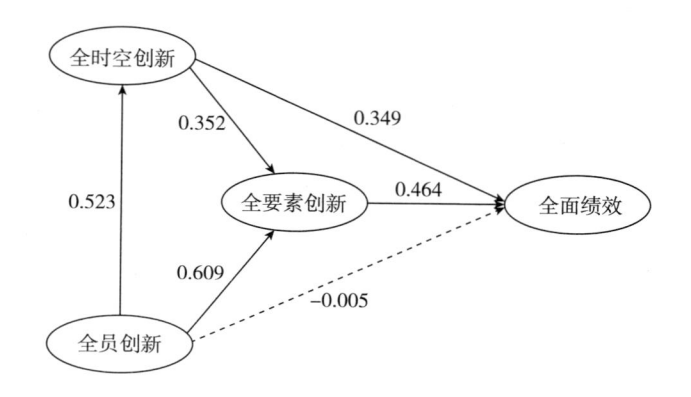

图 7-9　较高资源企业的全面创新作用机制的结构模型路径系数

为了便于比较，我们把结构模型的估计结果摘其要点编制成表，具体如表7-22所示。

表7-22　　　　　基于不同企业资源的理论假设检验结果

假设与路径	低企业资源		高企业资源	
	标准化回归系数	p值	标准化回归系数	p值
H1：全要素创新 <--- 全员创新	0.586	***	0.609	***
H2：全时空创新 <--- 全员创新	0.635	***	0.523	***
H3：全要素创新 <--- 全时空创新	0.416	***	0.352	***
H9.1：全面绩效 <--- 全员创新	-0.149	0.257	-0.005	0.964
H9.2：全面绩效 <--- 全时空创新	0.154	0.203	0.349	***
H9.3：全面绩效 <--- 全要素创新	0.696	***	0.464	***
拟合优度指标	$\chi^2/df = 2.371$ RMSEA = 0.065		$\chi^2/df = 2.616$ RMSEA = 0.065	

注：*** 表示 $p < 0.001$。

从表7-22，我们可以看出：

（1）从两组结构模型的拟合情况来看，两个模型基本上符合要求。对于较低企业资源企业组来说，RMSEA值为0.065，小于0.1的最高上限；卡方值和自由度的比值为2.371，小于5的最高上线。对于较高企业资源企业组来说，RMSEA值为0.065，小于0.1的最高上限；卡方值和自由度的比值为2.616，小于5的最高上线。因此，总体而言，基于两组样本的结构模型的拟合情况均可以接受。

（2）从路径的显著性来看，较高企业资源企业的全面创新管理的全时空创新和全要素创新对全面绩效均有显著作用，而较低企业资源企业的全面创新管理只有全要素创新对全面绩效有显著作用。这说明较高资源企业比较低资源企业更具备实施全面创新管理条件，因为实施全面创新管理企业可以获取更多的全面绩效。

（3）在两个组别的结构模型中，全面创新管理的全员创新、全时空创新和全要素创新对全面绩效的总效应计算如表7-23所示。

（三）技术动荡影响下的模型估计与分析

我们运用AMOS17.0统计软件，对结构模型分不同组别进行估计。为了直观反映估计的结果，我们绘制了图7-10和图7-11，前者是低技术动荡组的结构模型估计结果,后者是高技术动荡组的结构模型估计结果。图 7-10 和图 7-11 中实线表示此路径通过了显著性检验,虚线表示此路径没有通过显著性检验。从图 7-10 和图 7-11 中可以直观地看出:低技术动荡组企业全员创新对全面绩效的影响作用已经不显著了;高技术动荡组企业全时空创新和全员创新对全面绩效的影响都不显著。

表 7-23　不同企业资源全面创新对全面绩效的直接效应与间接效应

自变量	因变量:全面绩效					
	直接效应		间接效应		总效应	
	低资源组	高资源组	低资源组	高资源组	低资源组	高资源组
全要素创新	0.696	0.464	0.000	0.000	0.696	0.464
全时空创新	0.000	0.349	0.290	0.163	0.290	0.512
全员创新	0.000	0.000	0.592	0.551	0.592	0.551

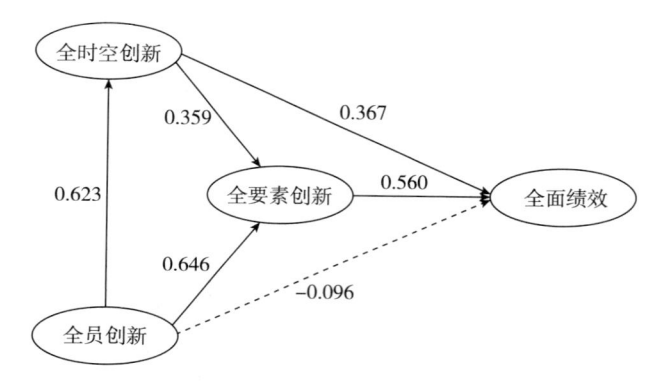

图 7-10　较低技术动荡企业的全面创新作用机制的结构模型路径系数

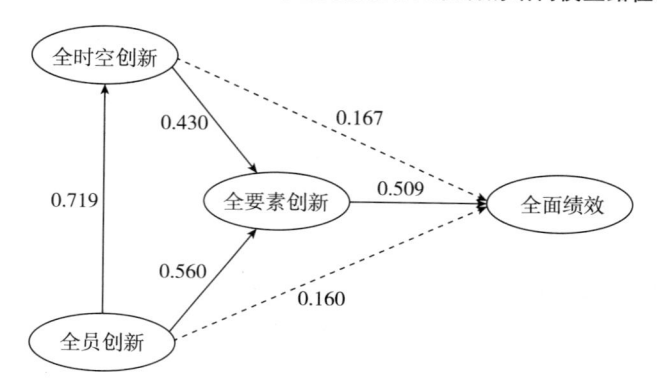

图 7-11　较高技术动荡企业的全面创新作用机制的结构模型路径系数

我们运用 AMOS17.0 统计软件,对结构模型分不同组别进行估计。其估计结果如表 7-24 所示。

表 7-24　　　　基于不同技术动荡的理论假设检验结果

假设与路径	低技术动荡		高技术动荡	
	标准化回归系数	p 值	标准化回归系数	p 值
H1:全要素创新 <--- 全员创新	0.646	***	0.560	***
H2:全时空创新 <--- 全员创新	0.623	***	0.719	***
H3:全要素创新 <--- 全时空创新	0.359	***	0.430	***
H9.1:全面绩效 <--- 全员创新	-0.096	0.393	0.160	0.265
H9.2:全面绩效 <--- 全时空创新	0.367	***	0.167	0.209
H9.3:全面绩效 <--- 全要素创新	0.560	***	0.509	0.014
拟合优度指标	$\chi^2/df = 2.801$ RMSEA = 0.064		$\chi^2/df = 2.280$ RMSEA = 0.069	

注:*** 表示 p<0.001。

由表 7-24 我们可以看出:

(1) 从两组结构模型的拟合情况来看,两个模型基本上符合要求。对于较低技术动荡企业组来说,RMSEA 值为 0.064,小于 0.1 的最高上限;卡方值和自由度的比值为 2.801,小于 5 的最高上线。对于较高技术动荡企业组来说,RMSEA 值为 0.069,小于 0.1 的最高上限;卡方值和自由度的比值为 2.280,小于 5 的最高上线。因此,总体而言,基于两组样本的结构模型的拟合情况均可以接受。

(2) 从路径的显著性来看,较低技术动荡企业的全面创新管理中的全时空创新和全要素创新对全面绩效均有显著作用,而较高技术动荡企业的全面创新管理中只有全要素创新对全面绩效有显著作用。这说明较低技术动荡企业比较高技术动荡企业更具备实施全面创新管理条件,因为实施全面创新管理企业可以获取更多的全面绩效,既有来自全要素创新创造的绩效,也有来自全时空创新创造的绩效。

(3) 在两个组别的结构模型中,全面创新管理的全员创新、全时空创新和全要素创新对全面绩效的总效应计算如表 7-25 所示。

表 7-25　不同技术动荡企业全面创新对全面绩效的直接效应与间接效应

自变量	因变量：全面绩效					
	直接效应		间接效应		总效应	
	低技术动荡组	高技术动荡组	低技术动荡组	高技术动荡组	低技术动荡组	高技术动荡组
全要素创新	0.560	0.509	0.000	0.000	0.560	0.509
全时空创新	0.367	0.000	0.201	0.218	0.568	0.218
全员创新	0.000	0.000	0.716	0.442	0.716	0.442

（四）发展阶段影响下的模型估计与分析

在第六章的研究中我们已经得知，企业发展阶段对全面创新和全面绩效都有较强的影响，所以有必要考察企业发展阶段对全面创新管理机制的影响情况。

我们运用 AMOS17.0 统计软件，在按发展阶段中的成长阶段和成熟阶段分别对结构模型进行估计。为了直观反映估计的结果，我们绘制了图 7-12 和图 7-13，前者是成长阶段的结构模型估计结果，后者是成熟阶段的结构模型估计结果。

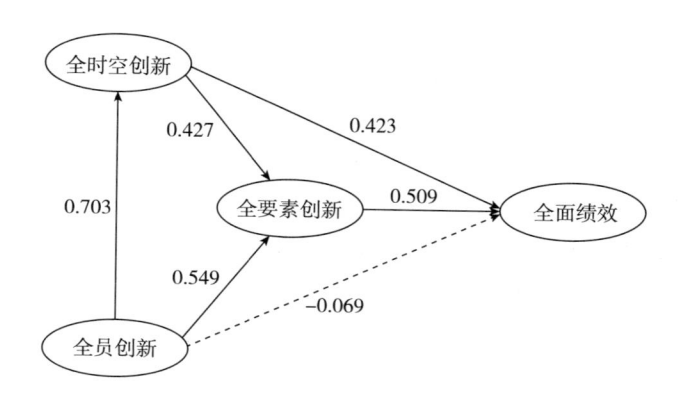

图 7-12　成长阶段企业全面创新作用机制的结构模型路径系数

图 7-12 中实线表示此路径通过了显著性检验，虚线表示此路径没有通过显著性检验。从图 7-12 中可以直观地看出：成长阶段企业全员创新对全面绩效的影响作用不显著，其他路径影响仍然显著。

图 7-13 中实线表示此路径通过了显著性检验，虚线表示此路径没有

通过显著性检验。从图7-13中可以直观地看出：成熟阶段企业全员创新和全时空创新对全面绩效的影响作用都不显著，其他路径影响仍然显著。

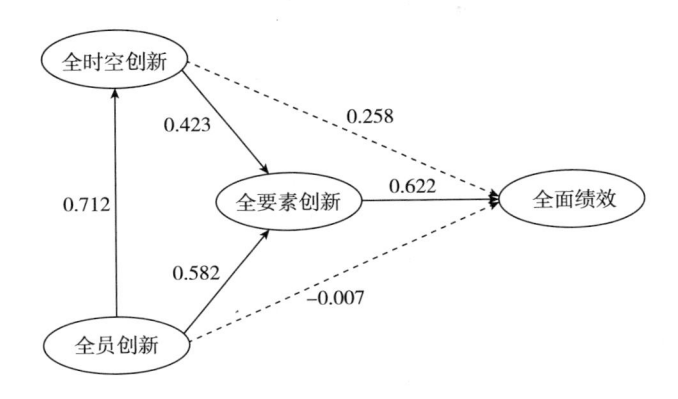

图7-13　成熟阶段企业的全面创新作用机制的结构模型路径系数

为了便于比较，我们把AMOS17.0统计软件对结构模型估计的标准回归系数和t检验对应的p值整理成表，具体如表7-26所示。

表7-26　　　　　基于不同发展阶段的理论假设检验结果

假设与路径	成长阶段		成熟阶段	
	标准化回归系数	p值	标准化回归系数	p值
H1：全要素创新 <--- 全员创新	0.549	***	0.582	***
H2：全时空创新 <--- 全员创新	0.703	***	0.712	***
H3：全要素创新 <--- 全时空创新	0.427	***	0.423	***
H9.1：全面绩效 <--- 全员创新	-0.069	0.474	-0.007	0.961
H9.2：全面绩效 <--- 全时空创新	0.423	***	0.258	0.057
H9.3：全面绩效 <--- 全要素创新	0.509	***	0.622	0.005
拟合优度指标	$\chi^2/df = 2.720$ RMSEA = 0.065		$\chi^2/df = 2.091$ RMSEA = 0.072	

注：*** 表示 $p < 0.001$。

由表7-26我们可以看出：

（1）从两组结构模型的拟合指标情况来看，两个模型基本上符合要求。对于成长阶段企业组来说，RMSEA值为0.065，小于0.1的最高上限；卡方值和自由度的比值为2.720，小于5的最高上线。对于成熟阶段企业组来说，RMSEA 值为 0.072，小于 0.1 的最高上限；卡方值和自由度的比值为 2.091，小于 5 的最高上线。因此，总体而言，基于两组样本的结构模型的拟合情况均可以接受。

（2）从路径的显著性来看，首先，无论成长阶段还是成熟阶段，企业全员创新、全要素创新和全时空创新之间的路径仍然显著，进一步证实了我们的研究假设：H1、H2 和 H3。其次，成长阶段企业的全面创新管理中的全时空创新和全要素创新对全面绩效均有显著作用，进一步实证了我们的研究假设：H9.2 和 H9.3；这说明成长阶段企业比成熟阶段企业更具备实施全面创新管理条件，因为实施全面创新管理企业可以获取更多的全面绩效，既有来自全要素创新创造的绩效，也有来自时空创新创造的绩效。最后，成熟阶段企业，只有全要素创新对全面绩效在显著性水平为 0.05 上有显著作用，从而也证实了 H9.3；如果显著性水平为 0.1，则全时空创新对全面绩效的影响也达到显著作用，从而说明 H9.2 也得到较弱的实证支持。

（3）在两个组别的结构模型中，全面创新管理的全员创新、全时空创新和全要素创新对全面绩效的总效应计算如表 7-27 所示。

表 7-27 不同发展阶段企业全面创新对全面绩效的直接效应与间接效应

自变量	因变量：全面绩效					
	直接效应		间接效应		总效应	
	成长阶段	成熟阶段	成长阶段	成熟阶段	成长阶段	成熟阶段
全要素创新	0.509	0.622	0.000	0.000	0.509	0.622
全时空创新	0.423	0.000	0.217	0.263	0.568	0.263
全员创新	0.000	0.000	0.730	0.549	0.730	0.549

第七节 本章小结

本章通过运用结构方程模型，对第三章提出的相关假设进行了全面检验，检验结果表明在不考虑控制变量的调节作用时，除了假设 H0、H4 和 H9.1 没有得到有力的实证支持外，其他假设均获得实际数据支持。表 7-28 汇总了本书研究的核心假设及检验结果。

表 7-28　　研究的核心假设检验结果

假设序号及假设描述	是否支持假设
H0：全要素创新对全员创新有积极的影响作用	不支持
H1：全员创新对全要素创新有积极的影响作用	强支持
H2：全员创新对全时空创新有积极的影响作用	强支持
H3：全时空创新对全要素创新有积极的影响作用	强支持
H4：战略层创新对操作层创新有积极的影响	不支持
H5：战略层创新对管理层创新有一定的影响	强支持
H5.1：战略创新对组织创新有积极的影响作用	强支持
H5.3：战略创新对文化创新有积极的影响作用	强支持
H6：管理创新层对操作创新层有一定的影响	强支持
H6.2：制度创新对市场创新有积极的影响作用	强支持
H6.3：文化创新对技术创新有积极的影响作用	强支持
H6.4：文化创新对市场创新有积极的影响作用	强支持
H6.5：组织创新对技术创新有积极的影响作用	强支持
H6.6：组织创新对市场创新有积极的影响作用	强支持
H7：管理创新层内部各要素间有一定的影响	强支持
H7.1：组织创新对制度创新有积极的影响作用	强支持
H7.2：文化创新对制度创新有积极的影响作用	强支持
H8：市场创新对技术创新有积极的影响作用	强支持
H9：全面创新管理对全面绩效有一定的影响	强支持
H9.1：全员创新对全面绩效有积极的影响作用	不支持
H9.1.1：全员创新对企业顾客绩效有积极的影响作用	弱支持
H9.1.2：全员创新对企业财务绩效有积极的影响作用	强支持
H9.1.3：全员创新对企业员工绩效有积极的影响作用	强支持
H9.2：全时空创新对全面绩效有积极的影响作用	强支持
H9.2.1：全时空创新对企业顾客绩效有积极的影响作用	强支持
H9.2.2：全时空创新对企业财务绩效有积极的影响作用	强支持
H9.2.3：全时空创新对企业员工绩效有积极的影响作用	强支持
H9.3：全要素创新对全面绩效有积极的影响作用	强支持
H9.3.1：全要素创新对企业顾客绩效有积极的影响作用	强支持
H9.3.2：全要素创新对企业财务绩效有积极的影响作用	强支持
H9.3.3：全要素创新对企业员工绩效有积极的影响作用	强支持

第八章 研究结论与展望

本章包括三部分内容：首先，总结和概括了我们的主要结论；其次，阐述了我们的主要理论贡献和实践意义；最后，在分析并指出本书研究不足的基础上对未来的相关研究做出了展望。

第一节 研究的主要结论

一 控制变量的控制效应研究结论

我们借助于 SPSS15.0 统计软件，通过单因素方差分析法（One – Way ANOVA）、多因素方差分析法和回归分析法，对企业规模、发展阶段、所属地区、企业年龄以及行业大类等企业特征变量以及环境变量的控制效应进行了研究。首先，通过单因素方差分析确定哪些企业特征变量对全面创新和全面绩效有影响；其次，通过多因素方差分析确定多个企业特征变量共同作用时，各变量及其交互作用对全面创新和全面绩效有哪些显著影响；最后，用回归的方法，来分析企业特征变量和企业环境变量（企业资源、技术动荡和市场动荡）对全面创新和全面绩效的影响方向和影响程度。

从控制变量的方差分析和回归分析，我们得到如下主要结论：

1. 单因素方差分析结论

首先，我们考察的企业特征变量中只有企业发展阶段和行业大类最明显：它们不仅对全面创新、全面创新的三个维度（全员创新、全时空创新和全要素创新）、全面绩效以及全面绩效的三个维度（顾客绩效、财务绩效和员工绩效）等都有显著性影响，而且也对全要素创新内部的各创新要素（战略创新、组织创新、制度创新、文化创新、市场创新和技术创新）有显著性影响；但不同的是，企业发展阶段影响的显著性水平均为 0.001，而行业大类影响的显著性水平为 0.05 或者 0.1。

其次，企业特征变量中的企业规模、所属地区和企业年龄等对全面创新和全面绩效等也有不同程度的影响，具体为：

（1）企业规模对全要素创新和财务绩效有显著性影响（p = 0.05）；但就全要素各维度而言，影响的显著性程度不尽相同，譬如对技术创新、组织创新和文化创新、市场创新影响的显著性水平分别为：p = 0.001、p = 0.05 和 p = 0.1；这一结果也验证了许多学者的相关观点，例如 Cardinal（2001），Chandy 和 Tellis（1998），Chandy 和 Tellis（2000），Collins、Hage 和 Hull（1988），Damanpour（1987），Day（1994），Dewar 和 Dutton（1986），Ettlie（1983），Fennell（1984），Hitt、Hoskisson、Johnson 和 Moesel（1996），Kelm、Narayanan 和 Pinches（1995），Kimberly 和 Evanisko（1981），Li 和 Atuahene – Gima（2002），Meyer 和 Goes（1988），Nohria 和 Gulati（1996），Pelham 和 Wilson（1996），Saez、Marco 和 Arribas（2002），Zmud（1984）等。

（2）企业所在地区对全面创新管理中的全员创新和全要素创新中的战略创新有显著性影响（其显著性水平分别为：p = 0.05、p = 0.1），也对顾客绩效和财务绩效有显著性影响（p = 0.05）；

（3）企业的年龄只对市场创新有显著性影响（p = 0.1）。

可见，企业的这些特征变量对全面创新和全面绩效的影响是复杂的，但总体上看，企业发展阶段和行业大类是重要的控制变量，而企业规模、企业所属地区等企业特征变量只对全面创新和全面绩效中的部分构成要素有显著影响。这一结论的理论意义在于：我们在对全面创新管理理论的深入研究时，应考虑企业不同发展阶段、不同行业、不同地区和不同规模可能出现的特点；其管理实践上的意义在于：运用全面创新管理理论指导企业实施全面创新管理时，应根据企业所处的发展阶段、行业大类、所属地区等有区别地加以对待。

2. 多因素方差分析结论

在单因素方差分析中得出的显著影响的变量，在多因素方差分析中只有发展阶段仍然显著地影响它们，而行业大类、行业大类与发展阶段的交互作用仅对较多变量有一定的显著性影响。其余因素及其交互作用绝大多数均无显著性影响。具体来说：

（1）对全面创新而言，同时考虑企业规模、企业发展阶段、企业行业大类以及交互作用的影响时，企业发展阶段对全要素创新（p = 0.001）、全员创新（p = 0.05）和全时空创新（p = 0.001）都有显著性影响作用；

企业发展阶段和企业行业大类的交互作用对全要素创新和全时空创新有显著性影响作用（$p=0.1$）。

（2）就全要素创新的各维度而言，企业发展阶段对除战略创新之外的所有创新有显著性影响作用（$p=0.001$）。

（3）就全面绩效而言，企业发展阶段对企业的财务绩效和员工绩效的影响作用是显著的（$p=0.001$）；企业的行业大类对顾客绩效（$p=0.1$）和财务绩效（$p=0.05$）有显著影响；但企业的发展阶段与行业大类的交互作用，对顾客绩效、财务绩效和员工绩效都有显著性影响，其显著性水平分别为$p=0.1$、$p=0.05$和$p=0.1$。

这些结论的理论意义在于：我们在研究全面创新和全面绩效的关系中，发展阶段、行业大类以及发展阶段和行业大类的交互作用是需要控制的变量；其管理实践中的意义在于：运用全面创新管理理论指导企业实施全面创新管理时，应根据企业所处的发展阶段、行业大类等有区别地加以对待。

3. 回归分析的主要结论

当把方差分析得到的影响全面创新和全面绩效的企业特征变量（发展阶段、行业大类）以及环境变量（企业资源、技术动荡和市场动荡）都引入回归模型后，我们得出如下主要结论：

（1）企业特征变量中的发展阶段对全面创新和全面绩效都有显著影响，所以在全面创新管理理论研究中，应该考虑来自发展阶段对之的影响作用；在实施全面创新管理的实践中要根据企业发展阶段的不同，要有不同的实施策略。

（2）企业环境变量中的市场动荡仅对全时空创新和顾客绩效有显著性影响，但由于其绝对影响值只有0.102和0.081，所以在全面创新管理理论研究中，可以忽略来自市场动荡对之的影响作用；但在全面创新管理的实践中，在涉及全时空创新和顾客绩效时要酌情考虑来自市场动荡的影响。

（3）企业环境变量中的技术动荡和企业资源，对全面创新、全面创新的三个维度（全员创新、全时空创新和全要素创新）、全面绩效以及全面绩效的三个维度（顾客绩效、财务绩效和员工绩效）等都有显著性影响；而且回归系数显示，企业资源对全面创新和全面绩效的影响程度比技术动荡要大些。因此，在全面创新管理理论研究中，应该着重考虑来自企业资源对之的影响作用，与此同时要兼顾到技术动荡的影响；在实施全面创新管理的实践中要根据企业所处的技术环境和资源环境的不同，要有不同的实施策略。

（4）企业特征变量和环境变量对全面创新的核心——全要素创新而言，我们的结论是：企业特征中的发展阶段对组织创新、文化创新和制度创新有显著影响；企业特征变量中的行业大类对组织创新、文化创新和市场创新有显著影响；但由于来自这些特征变量的影响的绝对值较小，所以在全要素创新管理理论研究中，可以忽略来自企业发展阶段和行业大类对之的影响效应。在全面创新管理实践中，在实施组织创新和文化创新时，要根据企业发展阶段和行业大类的不同，采取不同策略；在实施制度创新和市场创新时，要分别依据企业发展阶段和行业大类的不同，加以区别对待。

企业环境变量中的企业资源，对战略创新、组织创新、制度创新、文化创新、市场创新和技术创新都有显著性影响；环境变量中的技术动荡，除对市场创新没有显著影响外，对其他要素创新都有显著影响；环境变量中的市场动荡，对组织创新、制度创新和市场创新都有显著性影响，但对其他要素创新没有显著影响。据此，我们在全要素创新的理论研究中，要重点考察企业资源和技术动荡对要素创新的调节作用；但在实施全要素创新管理的实践中，除了考虑企业资源和技术动荡外，还要依据市场动荡情况，采取不同的策略。

二 全面创新管理的"三全"机制研究结论

全面创新管理不是对原有创新理论和方法的归纳集成和简单的延伸，而是一次具有革命性的突破。无论从其理论基础、目标、战略、结构、要素、时空范围还是管理风格等方面，都与传统的创新管理范式有本质的区别，特别是其根据环境的变化突破了原有的时空域和局限于研发部门和研发人员创新的框架，突出强调了新形势下全时创新（24/7创新）、全球化创新和人人参与创新的全员创新的重要性。因此，在全面创新管理的研究中，专家学者根据全面创新管理的三个维度，即运行主体、运行时空和运行内容把全面创新管理划分为全员创新、全时空创新和全要素创新，即"三全"创新。在"三全"创新中，全员创新是全面创新管理的运行主体，它是全面创新管理的基础并能动地作用于全时空创新和全要素创新。全时空创新受全员创新的影响并进一步影响全要素创新。关于全面创新管理的"三全"之间的机制，我们从企业案例研究中曾取得一些证据（许庆瑞，2007），但其普适性值得进一步研究。

我们通过对制造业的大样本调查和分析，至少证实了全面创新管理中

的三个维度间存在如下的主要关系:

(1) 全面创新管理说到底就是要实现全要素创新,而企业进行创新最终要通过人来实践,所以全员创新是全要素创新成功的基础。这具体体现在:全员创新对全要素创新的显著性直接标准化效应是 0.594,全员创新通过全时空创新对全要素创新的显著性间接标准化效应是 0.288,可见全员创新对全要素创新的总效应达到 0.882。

(2) 全员创新是全时空创新的关键前因,从具有显著性标准化路径系数来看,全员创新对全时空创新影响的总效应为 0.711。

(3) 以全员创新为基础来实现全要素创新,必须要从时间的长度和空间的宽度上延伸创新,即全时空创新在全员创新和全要素创新之间有部分中介作用。这主要表现在两个方面:一方面是全时空创新对全要素创新的显著性直接标准化效应为 0.405,另一方面全员创新通过全时空创新对全要素创新的标准化效应为 0.288。

三 全要素创新的各要素之间的机制研究结论

全要素创新主要指包括技术(产品、工艺等)与非技术(战略、文化、组织、制度等)在内的各创新要素的协同创新,并利用有效的创新工具和良好的创新机制,进一步激发和保障所有员工的创新活动。组织研究者指出,在组织这个基本单元内(Inter – unit)也存在层级分析,分析对象主要是对构成基本单元的相关要素结构和功能分析(梁磊、邢欣,2003)。Baum 指出在组织演化中存在组织内层级(Infra – organizational Level),组织内层级由组织各要素构成(Baum,2002)。因此,对于组织内各要素创新进行层级化的结构和功能分析,有助于进一步区分出要素创新的不同层次,从而为企业实施全面创新管理提供具体的理论指导。恩格尔伯特曾提出了组织活动(或组织工作)的 A、B、C 三个层次的观点(转引自 Senge,1992)。鉴于上述,我们认为企业全要素创新中的 6 个要素在全面创新管理中的作用也不是均等的,它们也有明显的层次结构。在恩格尔伯特的思想指导下,我们将全要素区分为三个有一定作用方向的子层次,并提出企业全要素创新的三层次模型。通过实证研究,我们得出主要结论是:战略层创新是全要素创新成功的基础,战略层创新对管理层创新的直接标准化效应是 0.701;管理层创新是完全中介于战略层创新和操作层创新,它对操作层创新的直接标准化效应是 0.962。具体来说:

(1) 组织创新、制度创新和文化创新是全要素创新三层次模型的中介变量,属于管理层,它们相当于恩格尔伯特意义上的 B 层。管理层上承战略层，体现了战略实现的组织安排；下连操作层，对技术创新、市场创新运作起到了支撑和管理作用。全要素创新的三层次结构方程的模型实证分析显示，在整合模型下，除战略创新对技术创新和市场创新有直接效应外，战略创新通过管理层的组织创新、制度创新和文化创新对技术创新的标准化间接效应分别为 0.427、0.423 和 0.299；战略创新通过管理层的组织创新、制度创新和文化创新对市场创新的标准化间接效应分别为 0.365、0.210 和 0.240。按照中介作用的判别原理，管理层的创新在战略层的创新和操作层的创新之间起着部分中介作用。

（2）技术创新和市场创新是全要素创新的目标，属于操作层，它们相当于恩格尔伯特意义上的 A 层。全要素创新的三层次结构方程的模型实证分析显示，除了战略创新对之有显著性直接效应外，管理层的组织创新、制度创新和文化创新对之也有显著性直接效应。它们三者对技术创新的直接绝对效应分别为 0.562、0.391 和 0.409，对市场创新的直接效应分别为 0.479、0.308 和 0.328。此外，它们三者通过市场创新对技术创新的间接效应为 0.254。

（3）战略创新在全要素创新中占主导地位，它相当于恩格尔伯特意义上的 C 层次。这一结论来源于在 $p = 0.05$ 的显著性水平下，用结构方程模型实证的结果：战略创新对技术创新和市场创新的标准化直接绝对效应分别为 0.158 和 0.34；战略创新对管理层的组织创新、制度创新和文化创新的标准化直接绝对效应分别是 0.761、0.209 和 0.723；战略创新通过管理层三个创新对技术创新的标准化间接效应为 0.806；战略创新通过市场创新对技术创新的间接标准化绝对效应为 0.078；战略创新通过组织创新和文化创新对制度创新的间接标准化效应分别为 0.406 和 0.461；总之，战略创新对操作层的技术创新和市场创新的总绝对效应分别为 0.884 和 0.532，而战略创新对管理层的组织创新、制度创新和文化创新影响的绝对效应分别为 0.761、0.658 和 0.723。

（4）管理层内部的组织创新和文化创新对制度创新均有正向促进作用，在 $p = 0.05$ 的显著性水平下，其标准化直接效应分别为 0.533 和 0.637，这说明管理层的创新核心是制度创新，而组织创新和文化创新起着实现战略创新到制度创新的部分中介作用。

（5）操作层内部的市场创新对技术创新有正向促进效应，在 $p = 0.05$ 的显著性水平下，其标准化直接效应为 0.228。

四 全面创新管理和全面绩效的机制研究结论

大多数企业认为,创新直接关系到一个企业的绩效。而且,创新成功的企业普遍认为其公司业绩高于创新失败的公司(Bougrain and Haudeville,2002;Damanpour and Evan,1984;Markham and Griffin,1998;Pelham and Wilson,1996;Souder、Sherman and Davies – Cooper,1998;Tjosvold and McNeely,1988)。我们在中国大陆制造业背景下也进一步验证了这一关系,我们的实证表明:在不考虑环境等变量的作用时,全面创新对全面绩效的标准化效用为 0.829。为了探索全面创新管理的全员创新、全时空创新和全要素创新分别对全面绩效的财务绩效、顾客绩效和员工绩效的具体影响强度,我们通过建立结构方程模型,并借助于 AMOS 17.0 软件对之进行了较详细的实证分析。在不考虑其他因素影响的情况下,研究结果表明,全要素创新对企业的财务绩效、员工绩效和顾客绩效影响的强度最大,其标准化路径系数分别达到 0.545、0.564 和 0.516 的水平。从总体上看,全时空创新较全员创新对绩效的影响程度要大,其平均标准化路径系数分别为 0.336 和 0.200,但具体到绩效的不同方面其特点如下:全时空创新和全员创新对员工绩效影响程度最大,其标准化路径系数分别达到 0.453 和 0.325;全时空创新对财务绩效的影响不小于对顾客绩效的影响,其标准化路径系数分别为 0.350 和 0.316;全员创新对顾客绩效和财务绩效都有显著的影响,其标准化路径系数分别为 0.063 和 – 0.174。这些实证结果说明,全面创新管理与全面绩效存在着显著正相关关系,全面创新管理的"三全"除全员创新外都可以成为全面绩效的三个方面的良好预测者。我们的结论是:总的来说,企业全面创新管理可以为企业带来财务绩效、顾客绩效和员工绩效。

值得一提的是,全面创新尽管总的来说对全面绩效有正向效应,但全员创新对全面绩效中的财务绩效是负效应。这说明实施全面创新,特别是全员创新时要投入一定财力,这对提升当前和长远企业顾客绩效以及员工绩效大有裨益,但对当前的财务绩效有负效应。认识到这一点,对企业实施全面创新管理有重要指导意义。

五 全面创新管理机制研究结论

上述关于主要变量间的关系的结论,均是在假设其他影响因素不变的情况下,探讨相关变量间的数量关系。尽管这些研究结论和许多前人的研究一致,但为了更一般地研究全面创新管理的内部作用机制,有必要建立同时考虑全面创新管理和全面绩效等变量的整合模型，继续探讨重要研究变量间的作用力及其作用方向是否有所变化，即进行全面创新管理机制研究。我们从考虑环境变量和不考虑环境变量两个角度对之进行了实证研究。

（一）不考虑环境变量时的主要结论

在不考虑环境变量时，通过建立基于全面创新的"三全"作用下的各维度对全面绩效如何影响的整合结构模型，通过运用 AMOS 17.0 对整合模型求解和分析，我们得到如下主要结论：

（1）全面创新管理的全员创新、全时空创新和全要素创新之间的关系依然存在，且方向和非整合模型分析的结果一致，所不同的是整合模型中"三全"间的标准化路径系数均有下降。这进一步说明全面创新管理的"三全"之间存在普遍的不平等关系：全员创新是基础，它对全要素创新的标准化路径系数高达 0.582（p 值小于 0.001），对全时空创新的标准化路径系数为 0.718（p 值小于 0.001）；全要素创新是目标，除了全员创新对其有作用外，全时空创新对其也有直接作用，反映这一作用的标准化路径系数为 0.451（p 值小于 0.001）；全时空创新在全员创新和全要素创新之间还起着部分中介作用。这一实证结果表明全面创新管理的"三全"之间的作用机理是：全面创新管理的基础是全员创新，全员创新直接影响全面创新管理的目标——全要素创新；全时空创新有助于全要素创新的实现，同时全员创新还通过全时空创新这个部分中介变量，对全要素创新进行间接影响。

（2）全面创新管理中的全时空创新和全要素创新对全面绩效有良好的解释作用，但全员创新对全面绩效的影响作用不显著。整合模型的分析结果显示，全时空创新对全面绩效的标准化路径系数为 0.344（p 值小于 0.001），全要素创新对全面绩效的标准化路径系数为 0.573（p 值小于 0.01），全员创新对全面绩效没有显著影响。由此，我们认为从整体上看，全面创新管理对全面绩效有显著的正向影响，但其中全要素创新对全面绩效作用最大。

（二）考虑环境变量时的主要结论

由于我们的研究发现，在诸多的环境变量中只有企业资源和技术动荡对全面创新管理和全面绩效有最为明显的影响，因此为了进一步深化我们的研究，以便给予企业更具体的管理建议，我们通过将样本企业分别以企业资源和技术动荡的上下四分位数为界分为高低两组，然后分别分析整合模型并加以比较研究后，得到如下主要结论：

1. 企业资源影响下的主要结论

（1）全面创新的"三全"之间的关系，无论较高企业资源还是较低企业资源，仍然都是显著的。这进一步说明了"三全"之间的关系是客观存在的。但"三全"关系间的路径系数，在粗略比较下还是有一定的差别。全员创新对全时空创新的作用路径、全时空创新对全要素创新的作用路径，较低企业资源组分别是 0.635 和 0.416，这明显大于较高企业资源组的 0.523 和 0.352；全员创新对全要素创新的总效用较低企业资源组和较高企业资源组分别为 0.85 和 0.793。由此我们可以得到启示：在实施全面创新管理时，对于较低企业资源的制造企业要更加重视全员创新对全要素创新的作用。

（2）全面创新管理对全面绩效的作用而言，较高企业资源的企业，其全面创新管理中的全时空创新和全要素创新对全面绩效作用的标准化路径系数分别为 0.349 和 0.464，其显著水平为 0.001；在此显著性水平下，较低企业资源企业，其全面创新管理的"三全"中，只有全要素创新对全面绩效有显著作用，其标准化路径系数为 0.696。这说明尽管全面创新管理对全面绩效有显著的影响，但按照企业的企业资源状况不同其作用路径及显著性水平也有明显不同。这一结论给我们的启示是：较高企业资源的企业比较低企业资源的企业更愿意实施全面创新管理，因为实施全面创新管理企业可以获取更多的全面绩效；较低企业资源的企业在实施全面创新管理时先从全要素创新做起，因为这更容易见到效果，从而有利于提高企业实施全面创新管理的积极性。

2. 技术动荡影响下的主要结论

（1）全面创新的"三全"之间的关系，无论较高技术动荡还是较低技术动荡，仍然都是显著的。这进一步说明了"三全"之间的关系是客观存在的。但"三全"关系间的路径系数，在粗略比较下也有一定的差别。譬如，全员创新对全时空创新的作用路径、全时空创新对全要素创新的作用路径，较低技术动荡组分别是 0.623 和 0.359，这明显小于较高技术动荡组的 0.719 和 0.430；但全员创新对全要素创新的总效用，较低技术动荡组和较高技术动荡组都为 0.87。由此我们可以得到启示：在实施全面创新管理时，对于全员创新没有必要把企业区分为较低或者较高技术动荡。

（2）全面创新管理对全面绩效的作用而言，较低技术动荡的企业，其全面创新管理中的全时空创新和全要素创新对全面绩效作用的标准化路径系数分别为 0.367 和 0.560，其显著水平为 0.001；在此显著性水平下，较高技术动荡企业，其全面创新管理的"三全"对全面绩效都没有显著作用；但在 0.05 的显著性水平下，全要素创新对全面绩效有显著作用，其标准化路径系数为 0.509。这说明，尽管全面创新管理对全面绩效有显著的影响，但按照企业的技术动荡状况不同其作用路径及显著性水平也有明显不同。这一结论给我们的启示是：较低技术动荡企业比较高技术动荡企业更愿意实施全面创新管理，因为实施全面创新管理企业可以获取更显著的全面绩效；而较高技术动荡的企业在实施全面创新管理时先从全要素创新做起，因为这更容易见到效果，从而有利于提高企业实施全面创新管理的积极性。

（三）考虑特征变量时的主要结论

在第六章的研究中我们已经得知，企业特征变量中只有企业发展阶段对全面创新和全面绩效都有较强的影响，所以我们也进一步考察了企业发展阶段对全面创新管理机制的影响情况。我们运用 AMOS17.0 统计软件，只按发展阶段中的成长阶段和成熟阶段分别对结构模型进行估计和分析，主要得到如下结论：

（1）全面创新的"三全"之间的关系，无论成长阶段还是成熟阶段，仍然都是显著的。这也进一步说明了"三全"之间的关系是客观存在的。但"三全"关系间的路径系数，在粗略比较下没有大的差别。譬如，全员创新对全时空创新的作用路径、全时空创新对全要素创新的作用路径，成熟阶段组分别是 0.712 和 0.423，这几乎等于成长阶段组的 0.703 和 0.427；而且全员创新对全要素创新的总效用，成熟阶段组和成长阶段组分别为 0.88 和 0.85，可见差别也不大。由此我们可以得到的启示是：在实施全面创新管理时，对于全员创新也不必要考虑企业发展阶段。

（2）全面创新管理对全面绩效的作用而言，成长阶段的企业，其全面创新管理中的全时空创新和全要素创新对全面绩效作用的标准化路径系数分别为 0.423 和 0.509，其显著水平为 0.001；在此显著性水平下，成熟阶段的企业，其全面创新管理的"三全"对全面绩效都没有显著作用；但在 0.01 的显著性水平下，全要素创新对全面绩效有显著作用，其标准化路径系数为 0.622。这说明，尽管全面创新管理对全面绩效有显著的影响，但按照企业的发展阶段不同其作用路径及显著性水平也有明显不同。这一结论给我们的启示：成长阶段的企业比成熟阶段的企业更愿意实施全面创新管理，因为实施全面创新管理企业可以获取更显著的全面绩效；而成熟阶段的企业在实施全面创新管理时先从全要素创新做起，因为这更容易见到效果，从而有利于提高企业实施全面创新管理的积极性。

第二节　研究的学术贡献

一　研究的主要观点

（1）我们认为企业全面创新管理的最终目的是为企业创造全新价值。它是以各种创新要素（如战略、组织、制度、文化、市场、技术等）的有机组合与协同创新为手段，通过有效的创新管理机制、方法和工具，在"三全一协同"的基础上来实现为企业创造全新价值之目的。

（2）我们认为考察全面创新管理绩效时应从股东、顾客和员工三个方面来衡量全面创新管理给企业带来的绩效，即把全面创新管理绩效区分为财务绩效、顾客绩效和员工绩效。这既便于深入考察全面创新管理的"三全创新"对企业全面创新绩效的三个不同方面的具体影响效果，也便于提出具有针对性和可操作性的管理建议。

（3）我们认为企业特质及企业环境等变量对全面创新管理与企业绩效有不同的调节效应。具体来说：组织资源对全面创新管理与企业绩效之间的关系有显著调节效应；企业所处的发展阶段和企业的技术动荡程度对全面创新管理和企业绩效影响的绝对量较小，而其他如企业规模、企业年龄、企业所属地区及行业大类等企业特征变量以及市场动荡等环境变量对全面创新管理与企业绩效间并未发现有调节效应。由于组织资源有显著调节效果，因此企业应保留宽裕资源，以便有适合的新机会产生时，有能力来创造新价值。此外，我们的实证表明组织资源宽裕，还有利于全时空创新对企业绩效的提升作用。

（4）我们认为"三全"创新应协同开展。具体来说：全员创新是全面创新管理的基础，所以企业在实施全面创新管理时首先应强调全员创新，要树立人人都可以成为创新者的理念，并尽快走出创新仅仅与研发人员有关的误区；尽管全面创新管理的落脚点是实现全要素创新，但是如果不从时间和空间上延伸创新，即不进行全时空创新，那么全要素创新效果就会被极大地削弱，所以企业要充分认识到全时空创新在全面创新管理体系中的地位和作用；此外，企业通过充分发挥全时空创新在全员创新和全要素创新之间有部分中介作用，有利于"三全"创新协同开展。

（5）我们认为企业全面创新管理能够给企业带来全面绩效，全面创新管理中的"三全"创新都可以成为企业全面绩效的三个方面的良好预测者，即企业全面创新管理可以为企业带来财务绩效、顾客绩效和员工绩效。

二 学术贡献及实践意义

（一）构建并实证了三个相互联系的理论模型

我们根据"投入—处理—产出"的框架结构，构建了相关研究的理论模型：把全面创新管理"三全"的全时空创新纳入全员创新和全要素创新的关系中，构建了"三全"关系的理论模型，以便深入探讨全员创新、全时空创新和全要素创新之间的作用机理；把全要素创新中"管理层创新"纳入"战略层创新"和"操作层创新"的关系中构建"全要素创新"的三层次理论模型，以便深入探讨战略创新、文化创新、组织创新、制度创新、市场创新和技术创新之间的内在关系；把环境变量整合到全面创新管理和企业绩效关系中，构建了研究全面创新管理机制的整体理论模型，以便深入探讨全面创新管理与企业绩效间关系。这三个理论模型的关系是："三全"关系的理论模型是全面创新管理机制研究的核心，"全要素创新"的三层次理论模型是对全面创新管理机制研究的进一步深化。全要素创新的三层次理论模型有助于厘清全要素创新的主要作用机理，全面创新管理的整合理论模型有助于了解全面创新管理对企业全面绩效的影响效果及其关系。

（二）进一步完善了全面创新测量量表

全面创新管理测量量表的建构，首先，通过文献探讨与焦点群体法的实施，设计量表初稿；其次，请有关专家学者对量表初稿做内容效度评价，即评价维度与题目适合程度，根据专家意见修改完善后就形成初步正式量表；再次，在正式大样本调查之前，先抽取小样本进行试测，对试测结果用探索性因素分析法进一步精炼量表（通过删除解释率较低的题目以及解释力不明确的题目），从而得到由 41 个题目构成的具有高度可信性的全面创新管理测量量表；最后，在大样本下对所建构之量表进行信度与效度检验，检验结果表明全面创新管理量表有较好的信度和效度。就理论而言，我们所建构的全面创新管理量表，较其他接近的国外量表或中译版量表在我国企业的测试上有较好的适用性，而且文化差异所造成的影响也将降至最低，后续研究可以运用此量表为衡量工具进行相关变量的关系研究。在管理实践中，我们关于全面创新管理评估量表的建构，有助于我国企业对于其全面创新管理状况进行较好的衡量和判断，从而为企业改善创新管理提供科学依据。

（三）提出并论证了企业全面创新绩效的概念

过去讨论全面创新管理对绩效的影响更多局限于技术创新绩效，我们认为反映全面创新管理的绩效用组织绩效更为恰当，但已有的研究在讨论组织绩效时多聚焦于组织的财务绩效，显然这难以涵盖全面创新管理所达成的绩效。鉴于已有的市场导向的相关研究强调市场导向有助于提升顾客满意度或员工满意及团结精神（Kirca，Jayachandran and Bearden，2005），故我们借鉴企业利益相关者的观点，从股东、顾客和员工三个方面来考察全面创新管理对企业带来的绩效，我们称为企业全面创新管理绩效，简称为企业绩效。同时将财务绩效、顾客绩效和员工绩效纳入企业绩效中，便于深入考察全面创新管理的"三全"对企业绩效的三个不同方面的具体影响效果，从而也为提出具有针对性和可操作性的管理建议打下了坚实的理论基础。

（四）提出并实证了"全要素创新"的三层次协同创新模型

我们提出并实证的全要素创新三层次模型，表明全要素创新中的6个要素在全面创新管理中的作用也不是均等的，它们有明显的层次结构。据此，企业在实施全要素创新时，首先应以战略创新为主导。这是因为战略创新不仅对操作层的技术创新和市场创新有直接作用，而且它还通过管理层的组织创新、制度创新和文化创新间接作用于操作层创新。其次，全要素创新的落脚点在操作层的技术创新和市场创新上，且市场创新对技术创新有明显的正向作用。因此，企业在重视技术创新的同时，还要积极进行市场创新，这有利于促使企业技术创新的成功。再次，属于管理层的组织创新、制度创新和文化创新，上承战略层，体现了战略实现的组织安排；下连操作层，对技术、市场创新起到了支撑和管理作用，可见管理层的创新在战略层的创新和操作层的创新之间起着中介作用。最后，管理层内部的组织创新和文化创新对制度创新均有正向促进作用，这说明管理层的创新核心是制度创新，而且组织创新和文化创新起着实现战略创新到制度创新的部分中介作用。可见，企业实施全面创新管理的抓手就是进行制度创新。

（五）梳理了全面创新管理文献，丰富和发展了全面创新管理理论

我们系统地整理了全面创新管理的相关文献，这本身就是对全面创新管理研究的学术贡献。我们所使用的特有的研究方法以及所得到的相关研究结论等，在一定程度上也是对全面创新管理理论的丰富和发展。这些工作有利于有兴趣的研究者，在此基础上开展进一步的后续研究。

第三节　研究的局限与建议

我们虽然努力遵循规范的科学研究范式，但因限于人力、物力及时间上的不足，因此在实施研究的过程中存在一些困难与限制，这正是未来相关研究进一步探索和改进的方向。

一　研究对象的局限与研究建议

我们是以制造业企业为研究对象，尽管这对我国实现从中国制造到中国创造的转变有其重要的现实意义，但就全面创新管理机制的理论研究，其普适性可能会因此受到一定影响。

建议后续研究者将研究对象延伸至制造业之外的其他行业的企业，同时也可以进行跨产业或是跨地区的比较研究。此外，研究者也可以考虑将研究对象延伸至事业单位，并可以考虑企业和事业的比较研究。通过改变研究对象和不同研究对象比较研究，有助于学术界及实务界对此议题的深入理解。

二　研究数据的局限与研究建议

就问卷本身而言，我们在问卷设计时，各项衡量工具是在参考过去相关文献的基础上修改而来，同时在面对面访谈多位理论专家和企业经理人之后，还专门吸收了网络调查专家意见，因此衡量工具应具有一定的效度水平。然而我们为了控制问项的总数目，选取了较少的题目来反映有关变量，从而使我们所使用的衡量工具尽管信度水平良好，但部分衡量工具的效度指标却仍有进一步改进的空间，建议后续研究在设计问卷时，可考虑增加更多的题目数来解决这一问题。

就问卷的填写人而言，由于各变量的题目均由企业同一人填答，尽管如此做法被多数研究者所采用，然而此法可能会产生偏误，所以建议后续研究者可考虑将不同的变量的问题由企业不同的人来填写，且同一个企业可考虑用多份问卷的均值来参加实证分析，这将有助于排除或者削弱此偏误。

就数据类型而言，我们是采取横截面数据进行实证研究，其实，用时间数列数据或者称纵向数据（Longitudinal data）来研究，可以动态考察模型内各变量关系。因此，本书研究的数据类型，部分地限制了变量因果关系的推论。后续研究者可采取纵向数据或者横向数据和纵向数据相结合的面板数据进行实证研究，除有助于了解各变量间动态因果关系外，同时还有利于解决样本容量不足以及多重共线性等问题。

三 研究议题的局限与研究建议

本书是关于企业全面创新管理的理论与实证研究，所以我们首先探讨并实证了全面创新管理的"三全"关系，然后进一步探索和实证了"三全"中的重要且复杂的全要素创新中的各个创新要素间的主要关系，最后又把全面创新管理和全面绩效整合到一个模型中进行实证研究。但在具体行文中，鉴于实证研究的局限性，以及人力、财力和论文篇幅等限制，对这些相关议题做了一定的简化处理。主要表现在如下几个方面：全面创新管理中的全员创新、全时空创新和全要素创新的关系研究，只考虑了"三全"创新之间的主流影响关系，而非主流的反作用关系则探讨比较少；全要素创新的三层次模型中的战略创新、文化创新、制度创新、组织创新、技术创新和市场创新等之间的关系也是只考虑了它们的主流影响关系，而非主流可能的反作用关系也没有深入探讨。

鉴于上述，建议后续研究者可以进一步探索非主流的反作用关系。

附　　录

调查问卷

尊敬的女士/先生：

  您好！

  感谢您抽时间参与这项有奖积分调查。完成这份问卷大概需要 10 分钟。这是一份有关"企业全面创新管理研究"的调查问卷。所有回收的问卷将严格保密，未经您的许可，任何有可能泄露贵公司的信息都不会在任何数据报告中使用，也不会以其他形式泄露给任何其他组织。问卷的答案没有对错之分，因此请您尽可能按照自己的真实想法作答。由于答题不全将无法继续，故请您逐题作答，并请仔细核对，不要遗漏。您的支持是我们成功的关键，对您的积极参与再次表示感谢！

  衷心祝您身体健康，工作愉快！

单位：嘉兴学院

姓名：水常青

Email：scq@mail.zjxu.edu.cn

  【说明】下列 1—10 题，是单项选择题。请您在 1—7 的数字中，根据贵公司的实际情况与下列陈述的符合程度，用彩色标示您最认同的数字，数字大小代表着您的同意程度。"1"代表完全不同意；"2"代表不同意；"3"代表有点不同意；"4"代表一般；"5"代表有点同意；"6"代表同意；"7"代表完全同意。

  下列 11—15 题，是填空题。请您根据贵公司的实际情况填写相应的数字即可。

  例如您完全同意"公司能顺应外部环境并把握好市场机会"，请您用彩色标示您最认同的数字 7。若贵公司的职工人数为 4000 人，则您应在公司员工人数后填上（3），或者用彩色标示对应的选项（3）。

编号	问项	完全不同意←——→完全同意
X11	公司能顺应外部环境并把握好市场机会	1 2 3 4 5 6 7

11. 公司员工人数：（3）

（1）300 人以下
（2）301—2000 人
（3）2001 人及以上

请开始选择！

编号	问项	完全不同意←——→完全同意
1. 选出贵公司在与同行比较中战略创新方面的实施程度		
X11	公司能顺应外部环境并把握好市场机会	1 2 3 4 5 6 7
X12	公司组织文化有助于实施与开展各项创新	1 2 3 4 5 6 7
X13	公司尽可能满足利益相关者（如供应商、消费者、竞争对手等）的要求与期望	1 2 3 4 5 6 7
X14	公司会采取合适的战略联盟（如研究开发联盟、供求联盟、市场共享联盟等）应对外部环境变化	1 2 3 4 5 6 7
X15	公司会依据客户需求改变服务项目及改善服务方式	1 2 3 4 5 6 7
2. 选出贵公司在与同行比较中技术创新方面的实施程度		
X21	公司经常开发一些新产品或服务	1 2 3 4 5 6 7
X22	公司的产品或新技术在市场上创造出许多商机	1 2 3 4 5 6 7
X23	公司推出的新产品常采用先进的技术	1 2 3 4 5 6 7
X24	公司很少推出和目前产品截然不同的新产品或服务（检验项）	1 2 3 4 5 6 7
X25	公司在产品创新方面是相当有名的	1 2 3 4 5 6 7
X26	公司的新产品曾得过创新方面的奖项	1 2 3 4 5 6 7
X27	公司会引进一些可以改善工艺或作业流程的新技术	1 2 3 4 5 6 7
3. 选出贵公司在组织创新方面的实施程度		
X32	公司采取参与式的工作方式让员工更认同组织	1 2 3 4 5 6 7
X33	公司管理层对组织变革（即对组织的权利结构、组织规模、沟通渠道、角色设定等进行系统的调整、革新）表现出极大的兴趣	1 2 3 4 5 6 7
X35	公司组织变革有利于创意到市场化的顺利延伸	1 2 3 4 5 6 7

续表

编号	问 项	完全不同意←——→完全同意
X36	公司研发部门和市场部门联系紧密度很高	1 2 3 4 5 6 7
X34	公司的各部门（如研发、生产、市场）为创新提供了优良的服务	1 2 3 4 5 6 7
4. 选出贵公司在文化创新方面的实施程度		
X41	公司鼓励员工的个人创造性的开发	1 2 3 4 5 6 7
X44	公司每年评选最佳创新员或团队	1 2 3 4 5 6 7
X45	公司的创新行为经常发布于公司媒体	1 2 3 4 5 6 7
5. 选出贵公司在制度创新方面的实施程度		
X51	公司会采用新的管理方式	1 2 3 4 5 6 7
X52	公司会应用新的领导手段调动员工的工作积极性	1 2 3 4 5 6 7
X53	公司绩效评价方案能正确地评价出员工的贡献	1 2 3 4 5 6 7
X54	公司不断改进的员工聘用制度有效提高了工作效率	1 2 3 4 5 6 7
X55	公司薪酬制度可有效地促使员工努力完成任务	1 2 3 4 5 6 7
X56	公司财务控制系统能有效地检视实际绩效与目标差距	1 2 3 4 5 6 7
X57	公司不断改进和完善员工的学习培训制度	1 2 3 4 5 6 7
6. 选出贵公司在全员创新方面的实际实施程度		
X61	公司让员工觉得可以自由发挥水平	1 2 3 4 5 6 7
X62	公司员工经常因提出合理化建议而得到奖励	1 2 3 4 5 6 7
X63	公司鼓励每位员工用新颖的方式解决问题	1 2 3 4 5 6 7
X64	公司各级领导经常引导员工以新观点看旧问题	1 2 3 4 5 6 7
X65	公司各级领导经常会征求员工的合理化建议	1 2 3 4 5 6 7
X66	公司开会时大家会表达自己的意见并讨论想法	1 2 3 4 5 6 7
7. 选出贵公司在市场创新方面的实施程度		
X71	公司经常是市场上第一个推出崭新的促销活动的公司	1 2 3 4 5 6 7
X72	公司推出营销活动总是领导产业发展的方向	1 2 3 4 5 6 7
X73	公司的营销活动是创新导向	1 2 3 4 5 6 7
X74	公司的广告曾得到过创新方面的奖项	1 2 3 4 5 6 7

8. 下列描述为全时空创新方面的情况，请根据您的认知，选出贵公司在与同行比较中各项活动实际实施的程度

续表

编号	问　项	完全不同意←——→完全同意
X82	公司建立了网上创意信箱	1 2 3 4 5 6 7
X83	公司建立了创新成功与失败的案例库	1 2 3 4 5 6 7
X84	公司的创新工作对网络的依赖性大	1 2 3 4 5 6 7
X85	公司有良好的外部联系并可获得相应的创新资源	1 2 3 4 5 6 7
X86	公司采用开放的沟通环境并有良好的沟通渠道	1 2 3 4 5 6 7

9. 下列有关绩效方面的描述和贵公司的符合程度

编号	问　项	完全不同意←——→完全同意
X101	公司产品的客户忠诚度很高	1 2 3 4 5 6 7
X102	客户很满意公司的产品质量	1 2 3 4 5 6 7
X103	客户愿与公司保持长期往来	1 2 3 4 5 6 7
X104	过去三年公司产品的市场占有率持续增加	1 2 3 4 5 6 7
X105	过去三年公司产品的营业额持续增长	1 2 3 4 5 6 7
X106	公司产品的盈利能力比主要竞争者高	1 2 3 4 5 6 7
X107	公司员工的流失比主要竞争者严重（R）	1 2 3 4 5 6 7
X108	公司员工的凝聚力比主要竞争者高	1 2 3 4 5 6 7
X109	公司的员工能有效地完成工作目标	1 2 3 4 5 6 7

10. 根据贵公司的实际情况，选出您对下列有关描述的同意程度

编号	问　项	完全不同意←——→完全同意
X111	公司所属行业环境变化很快	1 2 3 4 5 6 7
X112	公司的竞争对手也在积极改变经营活动	1 2 3 4 5 6 7
X113	客户对产品（服务）的偏好很难预测	1 2 3 4 5 6 7
X114	公司所属行业内的技术变化很快	1 2 3 4 5 6 7
X115	技术改变常常给企业提供发展机会	1 2 3 4 5 6 7
X116	本行业的技术发展很难预测（检验项）	1 2 3 4 5 6 7
X117	新技术对企业的经营影响很大	1 2 3 4 5 6 7
X118	公司有充分的资金支持发起新的创新活动	1 2 3 4 5 6 7
X119	公司提供足够的自由时间开展各项新的计划	1 2 3 4 5 6 7
X120	公司为员工创新提供了必要的实验设备与场所	1 2 3 4 5 6 7

11. 公司员工人数

（1） 300人及以下

（2） 301—2000人

（3） 2001人及以上

续表

编号	问　项	完全不同意←——→完全同意

12. 公司自成立至今的年数

（1）0—4 年

（2）5—14 年

（3）15—29 年

（4）30—59 年

（5）60 年及以上

13. 公司的组织生命周期发展阶段大约位于以下的哪一阶段

（1）诞生阶段

（2）成长阶段

（3）成熟阶段

（4）衰退阶段

（5）再生阶段

14. 公司总部所在地

（1）广东

（2）广西

（3）湖北

（4）湖南

（5）河北

（6）河南

（7）山东

（8）山西

（9）新疆

（10）黑龙江

（11）浙江

（12）江西

（13）江苏

（14）宁夏

（15）辽宁

（16）青海

（17）陕西

（18）甘肃

（19）云南

（20）贵州

（21）西藏

续表

编号	问　项	完全不同意←——→完全同意
（22）	四川	
（23）	北京	
（24）	上海	
（25）	天津	
（26）	内蒙古	
（27）	台湾	
（28）	海南	
（29）	福建	
（30）	吉林	
（31）	安徽	
（32）	重庆	
（33）	香港特别行政区	
（34）	澳门特别行政区	

15. 公司所属的行业

（1）　农副食品加工业

（2）　食品制造业

（3）　饮料制造业

（4）　烟草制品业

（5）　纺织业

（6）　纺织服装、鞋、帽制造业

（7）　皮革、毛皮、羽毛（绒）及其制品业

（8）　木材加工及木、竹、藤、棕、草制品业

（9）　家具制造业

（10）　造纸及纸制品业

（11）　印刷业和记录媒介的复制

（12）　文教体育用品制造业

（13）　石油加工、炼焦及核燃料加工业

（14）　化学原料及化学制品制造业

（15）　医药制造业

（16）　化学纤维制造业

（17）　橡胶制品业

（18）　塑料制品业

（19）　非金属矿物制品业

（20）　黑色金属冶炼及压延加工业

（21）　有色金属冶炼及压延加工业

续表

编号	问　项	完全不同意←——→完全同意
（22）	金属制品业	
（23）	通用设备制造业	
（24）	专用设备制造业	
（25）	交通运输设备制造业	
（26）	电气机械及器材制造业	
（27）	通信设备、计算机及其他电子设备制造业	
（28）	仪器仪表及文化、办公用机械制造业	
（29）	工艺品及其他制造业	
（30）	废弃资源和废旧材料回收加工业	
（31）	其他	

参考文献

安纳利·萨克森宁：《硅谷优势》，曹蓬、杨宇光等译，上海远东出版社2000年版。

白俊红、陈玉和、江可申：《创新管理概念、特征与实现问题的探讨》，《科技进步与对策》2009年第8期。

彼得·德鲁克：《创新与企业家精神》，彭志华译，海南出版社2000年版。

彼得·德鲁克：《管理》，约瑟夫·马恰列洛编，辛弘译，机械工业出版社2010年版。

彼得·圣吉：《第五项修炼学习型组织的艺术与实务》（第2版），郭进隆译，上海三联书店1998年版。

蔡启通：《组织因素、组织成员整体创造性与组织创新之关系》，博士学位论文，台湾大学，1997年。

曹青洲等著：《企业集成创新》，学林出版社2001年版。

陈洁：《跨国公司子公司知识与创新管理研究新进展——对AIB2009年会论文的评述》，《科技进步与对策》2010年第15期。

陈劲、李飞：《中小企业全面创新管理模式的关键维度研究》，《管理工程学报》2009年第（S1）期。

陈劲：《创新的地平线》，现代教育出版社2007年版。

陈劲：《开展迎接创新强国的技术创新研究》，《技术经济》2015年第1期。

陈劲：《创新引领》，清华大学出版社2019年版。

陈彦军：《JNMC公司技术创新管理研究》，硕士学位论文，兰州大学，2008年。

陈怡：《全面创新管理研究——基于资源集中战略的对比思考》，《中国商界》2009年第4期。

陈又星：《企业生命周期不同发展阶段变革特征比较研究》，《经济与管理》2004 年第 2 期。

陈悦、宋刚、郑刚、陈劲：《中国创新管理研究的知识结构分析》，《科研管理》2011 年第 2 期。

程东升、刘丽丽：《华为真相——在矛盾和平衡中前进的"狼群"》，当代中国出版社 2003 年版。

程东升、刘丽丽：《华为经营管理智慧：中国"土狼"的制胜攻略》，当代中国出版社 2005 年版。

达夫·尤里奇等：《通用电气"群策群力"》，柏满迎等译，中国财政经济出版社 2003 年版。

戴布拉·艾米顿：《创新高速公路构筑知识创新与知识共享的平台》，陈劲、朱朝晖译，知识产权出版社 2005 年版。

邓恒进、胡树华：《"产品创新管理"研究的必要性探讨》，《改革与战略》2008 年第 11 期。

邓洲：《全球化与创新管理发展——2009 首届技术创新管理与政策国际研讨会观点综述》，《经济管理》2010 年第 1 期。

丁雨：《基于技术创新管理的科技统计指标体系构建》，《科技创新与应用》2013 年第 3 期。

杜健、丁飒飒：《国际多元化与企业绩效关系之元分析》，《国际贸易问题》2019 年第 10 期。

段永桓：《知识管理在企业创新管理中的应用研究》，硕士学位论文，天津大学，2008 年。

冯之浚：《国家创新系统研究纲要》，山东教育出版社 2000 年版。

傅家骥等：《技术创新中国企业发展之路》，企业管理出版社 1992 年版。

傅蜜蜜：《试论组织文化对创新管理的影响——以海尔为例》，《肇庆学院学报》2008 年第 1 期。

傅小舟：《中小企业全面创新管理能力研究》，硕士学位论文，浙江大学，2008 年。

高鹏斌、吴伟伟、于渤：《基于元分析的管理创新与企业绩效的关系研究》，《软科学》2017 年第 2 期。

高顺成：《基于案例的企业创新来源分析》，《学术论坛》2011 年第 7 期。

顾良丰：《基于模块化的企业全面创新学习机制研究》，博士学位论文，浙江大学，2005 年。

郭斌、许庆瑞、陈劲、毛义华：《企业组合创新研究》，《科学学研究》1997 年第 1 期。

郭慧文：《IBM：高绩效导向的薪酬体系》，《销售与管理》2006 年第 3 期。

郭开森、张鹏、吴建国：《华为全面西化中?》，《IT 经理世界》2004 年第 17 期。

郭士纳：《谁说大象不能跳舞——IBM 董事长郭士纳自传》（第 3 版），张秀琴、音正权译，中信出版社 2006 年版。

郝登峰、刘梅：《论科研团队凝聚力的结构》，《中国科学基金》2005 年第 2 期。

贺丹：《高新技术企业的产品创新管理研究》，硕士学位论文，南京林业大学，2008 年。

亨利·明茨伯格等：《战略历程——纵览战略管理学派》，刘瑞红等译，机械工业出版社 2002 年版。

侯杰泰等：《结构方程模型及其应用》，教育科学出版社 2004 年版。

胡超颖、金中坤：《探索式创新、利用式创新与企业绩效关系的元分析》，《企业经济》2017 年第 5 期。

胡树华、邓恒进：《新宏观环境下的"产品创新管理"研究》，《科技进步与对策》2010 年第 1 期。

胡银花：《华为的土狼文化》，《企业管理》2005 年第 2 期。

胡泳：《海尔中国造之竞争策略与核心能力》，海南出版社 2002 年版。

胡泳：《张瑞敏如是说：中国第一 CEO 的智慧》，浙江人民出版社 2003 年版。

桦君：《反思海尔》，中国纺织出版社 2003 年版。

黄芳铭：《结构方程模式理论与应用》，中国税务出版社 2005 年版。

黄国辉、温荣辉：《都是韦尔奇惹的祸》，万卷出版公司 2004 年版。

黄江明、周云杰：《中国企业产品创新管理模式研究（四）——以海尔品牌经理为案例》，《管理世界》2008 年第 2 期。

黄磊、武颂：《多元文化管理——华为公司的启示》，《中外企业文化》2003 年第 6 期。

黄怡、康兰英：《全面创新管理体系在水科技平台中的运用》，《科学咨询（科技·管理）》2012 年第 8 期。

江辉、陈劲：《集成创新：一类新的创新模式》，《科研管理》2000 年第 5 期。

蒋春燕、赵曙明：《社会资本和公司企业家精神与绩效的关系：组织学习的中介作用——江苏与广东新兴企业的实证研究》，《管理世界》2006年第10期。

蒋天旭、朱敏：《企业技术创新与企业经济绩效关系的探析》，《工业技术经济》2016年第1期。

康德瓦拉P.N.：《创新管理：保持并拓展你的优势》，张谊译，华夏出版社2005年版。

克莱顿·克里斯坦森、迈克尔·雷纳：《创新者的解答》，李瑜偲等译，中信出版社2010年版。

拉里·唐斯、保罗·纽恩斯：《大爆炸式创新》，粟之敦译，浙江人民出版社2014年版。

赖小东、施骞：《低碳技术创新管理研究回顾及展望》，《科技进步与对策》2012年第9期。

黎群：《IBM公司战略转型与文化变革的经验与启示》，《企业文明》2016年第5期。

李怀祖：《管理研究方法论》，西安交通大学出版社2004年版。

李义平：《当前我国民营企业发展面临的机遇与挑战》，《西安日报》2018年12月3日第1版。

李跃：《创新管理模式实现低成本高效运营》，《通信企业管理》2008年第3期。

梁磊、邢欣：《论组织生态学研究对象的层次结构》，《科学学研究》2003年第（S1）期。

林剑、李中斌、孔德议：《企业创新管理研究述评》，《科技管理研究》2012年第21期。

林艳、王宏起：《基于TRIZ理论的高新技术企业链式创新管理方法研究》，《科技进步与对策》2009年第15期。

刘景江：《网络环境下制造企业组织创新的机理与模式研究》，博士学位论文，浙江大学，2004年。

刘石兰：《市场导向、学习导向对组织绩效作用的影响——以产品创新为中介变量》，《科学学研究》2007年第2期。

刘祥祺、周寄中、许治：《台湾高新技术企业与传统企业技术创新管理模式的比较研究》，《科学学与科学技术管理》2008年第9期。

刘新民：《企业创新三维因素的互动及与绩效的关系》，《山东科技大学学报》（社会科学版）2005年第1期。

刘雪琳：《对中国企业创新管理的思考》，《黑龙江社会科学》2011 年第 6 期。

刘燕华：《实现从研发管理到创新管理的转变》，《中国科技产业》2009 年第 7 期。

刘震、赵玉彬：《大型制药企业创新管理体系的建立与实施》，《化工管理》2008 年第 2 期。

刘智全、冯英浚：《科学评价企业全要素创新管理绩效的理论与方法研究》，《自然辩证法研究》2009 年第 2 期。

龙飞、戴昌钧：《组织知识创新管理基础的结构方程分析与实证》，《科学学研究》2010 年第 12 期。

陆铭、任声策、尤建新：《基于公共治理的科技创新管理：一个整合框架》，《科学学与科学技术管理》2010 年第 6 期。

路江涌：《图解创新管理经典》，机械工业出版社 2018 年版。

罗伯特·塔克：《创新才有增长——23 家创新先锋企业如何规划创新流程》，燕清联合译，新华出版社 2004 年版。

吕飞：《面向全员创新的创新型文化构成要素研究》，硕士学位论文，浙江大学，2003 年。

吕一博、程露：《基于共词网络的我国创新管理研究结构分析》，《管理学报》2011 年第 10 期。

马建勋：《海尔：不卖产品卖方案——用创新管理消除库存和应收账款》，《经理人》2009 年第 9 期。

马介强：《战略性产品创新管理》，《企业管理》2009 年第 4 期。

马庆国：《管理统计——数据获取、统计原理、SPSS 工具与应用研究》，科学出版社 2002 年版。

马庆国：《管理类研究生学位论文要求与评判参考标准》，《高等教育研究》2004 年第 1 期。

马庆国：《管理科学研究方法与研究生学位论文的评判参考标准》，《管理世界》2004 年第 12 期。

马元三：《科技统计与技术创新管理研究》，《技术经济与管理研究》2010 年第（S2）期。

毛胜国：《论企业技术创新管理》，《四川有色金属》2012 年第 1 期。

毛武兴：《企业全面创新管理能力研究》，博士学位论文，浙江大学，2006 年。

孟宣宇：《国内外中小企业创新管理模式比较研究》，硕士学位论文，吉林大学，2010 年。

倪昌红、梁珊珊、邵良玭：《企业绩效界定、测量与结构性整合》，《牡丹江师范学院学报》（社会科学版）2019 年第 3 期。

欧阳桃花、周云杰：《中国企业产品创新管理模式研究（三）——以海尔产品经理为案例》，《管理世界》2008 年第 2 期。

潘佳、刘益、王良：《企业技术创新与企业社会绩效关系实证研究——基于国有企业和民营企业的分类样本》，《科技进步与对策》2014 年第 13 期。

彭红霞、达庆利：《企业文化、组织学习、创新管理对组织创新能力影响的实证研究》，《管理学报》2008 年第 1 期。

齐宝鑫、武亚军：《转型经济中民营企业成长的中长期激励机制研究——华为推行 TUP 的产权制度创新实践与理论启示》，《复旦学报》（社会科学版）2018 年第 3 期。

邱永明：《全球化人才争夺战中的中国战略抉择》，《中国人才》2003 年第 7 期。

区毅勇、谢洪明、王成、罗惠玲：《市场导向、组织创新与组织绩效的关系：珠三角地区企业的实证研究》，《科技进步与对策》2008 年第 3 期。

盛龙：《M 公司技术创新管理的实践与战略》，硕士学位论文，上海交通大学，2009 年。

盛亚、尹宝兴：《复杂产品系统项目的组织与技术创新管理研究现状》，《科技进步与对策》2009 年第 5 期。

史蒂文·约翰逊：《伟大创意的诞生——创新自然史》，盛杨燕译，浙江人民出版社 2014 年版。

束军意：《论创新管理视角下的"企业创新文化建设"》，《科学学与科学技术管理》2010 年第 10 期。

水常青、郑刚、许庆瑞：《影响中国大中型工业企业协同创新要素的实证研究》，《科学学与科学技术管理》2004 年第 12 期。

水常青、宋永高：《我国企业做 OEM 的实证分析——基于博弈论的视角》，《中国软科学》2004 年第 11 期。

水常青、许庆瑞：《企业创新文化理论研究述评》，《科学学与科学技术管理》2005 年第 3 期。

水常青、周兆透、谢荷锋：《对"范式"在创新经济与管理中的应用轨迹探讨》，《技术经济》2005 年第 10 期。

斯图尔特·克雷纳、戴斯·狄洛夫：《创新的本质》，李月等译，中国人民大学出版社 2017 年版。

斯晓夫：《创业管理——理论与实践》，浙江大学出版社 2016 年版。

孙爱英、李垣、任峰：《组织文化与技术创新方式的关系研究》，《科学学研究》2004 年第 4 期。

孙晓生、谢波：《界面管理：医药制造企业技术创新管理的新趋向》，《中国医药技术经济与管理》2008 年第 11 期。

唐晓华、赵丰义：《企业管理传承性创新的理论与经验研究——基于资源基础理论的分析视角》，《产业经济评论》2010 年第 3 期。

唐宇：《高新技术企业 R&D 联盟创新管理机制研究》，博士学位论文，哈尔滨理工大学，2009 年。

田涛：《华为的理念创新与制度创新》，《企业管理》2016 年第 3 期。

万劲波：《路线图方法的发展及其在创新管理中的应用》，《科学学研究》2009 年第 19 期。

汪淼军、张维迎、周黎安：《信息化、组织行为与组织绩效：基于浙江企业的实证研究》，《管理世界》2007 年第 4 期。

王芳、赵兰香：《重大科技项目模块化创新管理方法研究——对美国国防采办管理方法的探析》，《科研管理》2009 年第 1 期。

王海威：《全面创新管理框架下的企业全员创新能力研究》，硕士学位论文，浙江大学，2006 年。

王靖宇、付嘉宁、张宏亮：《产品市场竞争与企业创新：一项准自然实验》，《现代财经》（天津财经大学学报）2019 年第 12 期。

王硕：《海尔精神》，哈尔滨出版社 2002 年版。

王文亮、晋晶晶：《中韩企业全面创新管理模式分析比较——海尔模式与三星模式》，《技术经济》2012 年第 3 期。

王重鸣：《心理学研究方法》，人民教育出版社 1990 年版。

威尔弗里德·费尔顿克辛：《西门子传——从手工作坊到跨国公司》，李少辉、王景涛译，华夏出版社 2000 年版。

韦尔奇、拜恩：《杰克·韦尔奇自传》，曹彦博、孙立朋、丁浩译，中信出版社 2007 年版。

魏江、刘洋：《中国企业的非对称创新战略》，《清华管理评论》2017 年第 10 期。

吴邦国：《大力推进企业信息化建设带动各项工作创新和升级》，《管理世界》2003 年第 1 期。

吴波：《英国科技创新管理体制的构建与启示》，《中国科技论坛》2009年第7期。

吴旻佳、赵增耀：《中小企业创新与企业绩效关系的META分析》，《工业技术经济》2019年第6期。

吴晓波、吴东：《中国企业技术创新与发展》，《科学学研究》2018年第12期。

吴晓波：《创新引领发展中国创新管理理论新探索》，浙江大学出版社2019年版。

吴永忠：《论技术创新的不确定性》，《自然辩证法研究》2002年第6期。

习近平：《我国经济已由高速增长阶段转向高质量发展阶段》，《新湘评论》2019年第24期。

谢德荪：《重新定义创新：转型期的中国企业智选之道》，中信出版社2016年版。

谢洪明、刘常勇、陈春辉：《市场导向与组织绩效的关系：组织学习与创新的影响——珠三角地区企业的实证研究》，《管理世界》2006年第2期。

谢洪明：《社会资本对组织创新的影响：中国珠三角地区企业的实证研究及其启示》，《科学学研究》2006年第1期。

谢彦明、汪戎、纳鹏杰：《战略创新、市场创新、技术创新与企业绩效互动关系研究——以海尔为例》，《科技与经济》2016年第1期。

谢章澍、许庆瑞：《论全面创新管理发展及模式》，《科研管理》2004年第4期。

谢章澍：《TIM视角下企业全员创新机理与管理模式研究》，博士学位论文，浙江大学，2006年。

徐彬：《基于共生理论的中小型科技企业技术创新管理研究》，《软科学》2010年第11期。

徐静：《企业全时创新的因素分析和模式研究》，硕士学位论文，浙江大学，2004年。

徐晓巍：《跨国公司在华研发战略：挑战与对策》，《世界经济研究》2003年第12期。

许庆瑞、陈劲、郑刚：《21世纪的全面创新管理》，《国际学术动态》2005年第4期。

许庆瑞、顾良丰：《中美企业全面创新管理模式比较——海尔模式与惠普模式》,《科学学研究》2004 年第 6 期。

许庆瑞、贾福辉、谢章澍、郑刚：《基于全面创新管理的全员创新》,《科学学研究》2003 年第（S1）期。

许庆瑞、王海威：《全面创新管理形成的动因探讨》,《科学学与科学技术管理》2004 年第 7 期。

许庆瑞、谢章澍、杨志蓉：《全面创新管理（TIM）：以战略为主导的创新管理新范式》,《研究与发展管理》2004 年第 6 期。

许庆瑞、谢章澍、郑刚：《全面创新管理的制度分析》,《科研管理》2004 年第 3 期。

许庆瑞、谢章澍：《企业创新协同及其演化模型研究》,《科学学研究》2004 年第 3 期。

许庆瑞、朱凌、王方瑞：《海尔的创新型"文化场"——全面创新管理研究系列文章》,《科研管理》2005 年第 2 期。

许庆瑞：《全面创新管理——理论与实践》,科学出版社 2007 年版。

许庆瑞：《应用全面创新管理提高中小型企业创新能力研究》,《管理工程学报》2009 年第（S1）期。

许庆瑞：*To Leverage Innovation Capabilities of Chinese Small - & Medium - Sized Enterprises by Total Innovation Management*，浙江大学出版社 2012 年版。

许庆瑞：《中国特色自主创新道路研究——从二次创新到全面创新》,浙江大学出版社 2019 年版。

许小东：《关于 R&D 团队建设与管理的思考》,《科学学研究》2001 年第 2 期。

许振亮、刘则渊、陈悦：《绘制国际创新管理主流学术群体的知识图谱》,《大连理工大学学报》（社会科学版）2008 年第 1 期。

闫明：《中国创新管理研究的知识图谱分析》,硕士学位论文，中国科学技术大学，2010 年。

杨百寅、高昂：《企业创新管理方式选择与创新绩效研究》,《科研管理》2013 年第 3 期。

杨丹辉：《跨国公司对华技术转移的新动向与对策》,《中国外资》2004 年第 10 期。

杨磊、刘海兵：《创新情境、吸收能力与开放式创新共演路径——基于华为、海尔、宝洁的跨案例研究》,《中国科技论坛》2020 年第 2 期。

杨薇钰、李元：《基于差距补救的企业技术创新管理体系及其动态回应能力的实现》,《中国科技论坛》2008 年第 9 期。

姚山季、王永贵、贾鹤:《产品创新与企业绩效关系之 Meta 分析》,《科研管理》2009 年第 4 期。

叶生洪、杨建华、王成慧:《企业生命周期中的创新力与控制力分析》,《江苏商论》2004 年第 12 期。

伊察克·爱迪思:《企业生命周期》,赵睿、陈苏、何燕生译,中国社会科学出版社 1997 年版。

余传鹏、林春培、张振刚、叶宝升:《专业化知识搜寻、管理创新与企业绩效:认知评价的调节作用》,《管理世界》2020 年第 1 期。

余浩:《基于互搏意愿的颠覆性产品创新管理机制研究》,博士学位论文,浙江大学,2008 年。

张昌盛:《我国国有大中型企业技术创新管理发展研究》,《中国高新技术企业》2012 年第 11 期。

张鼎昆:《改善与革命——企业变革的理论综述》,《中国软科学》2000 年第 10 期。

张钢、陈劲、许庆瑞:《技术、组织与文化的协同创新模式研究》,《科学学研究》1997 年第 2 期。

张钢:《企业组织创新的内在逻辑过程研究——兼论组织创新的策略与管理》,《科学管理研究》2000 年第 5 期。

张洁、何代欣、安立仁、张宸璐:《领先企业开放式双元创新与制度多重性——基于华为和 IBM 的案例研究》,《中国工业经济》2018 年第 12 期。

张瑞敏:《前台一张网　后台一条链——以市场链为纽带实施业务流程再造和信息化》,《企业管理》2002 年第 1 期。

张炜:《智力资本与组织创新能力关系实证研究——以浙江中小技术企业为样本》,《科学学研究》2007 年第 5 期。

张文彬:《全面创新管理视角下企业技术创新能力成长模型》,《技术经济》2012 年第 7 期。

张雪兰:《市场导向与组织绩效:基于竞争优势视角的实证分析》,《财贸经济》2007 年第 7 期。

张燕生、毕吉耀:《对经济全球化趋势的理论思考》,《世界经济》2003 年第 4 期。

张哲人:《经济全球化发展趋势展望》《中国经贸导刊》2019 年第 24 期。

张振刚、陈志明编著:《创新管理——企业创新路线图》,机械工业出版社 2013 年版。

赵继军:《感悟华为文化》,《中国电信业》2005 年第 6 期。

赵瑞君、暴占光、郑鹃:《现代企业自主创新管理机制研究》,《当代经济管理》2008 年第 10 期。

甄晓非、林全盛:《高科技企业知识增值与创新管理研究》,《科学管理研究》2012 年第 3 期。

郑刚、任宗强:《中小企业全面创新管理实施框架与典型模式》,《管理工程学报》2009 年第(S1)期。

郑刚、朱凌、陈悦:《中国创新地图——基于文献计量学的我国创新管理研究力量分布研究》,《科学学研究》2008 年第 2 期。

郑刚:《基于 TIM 视角的企业技术创新过程中各要素全面协同机制研究》,博士学位论文,浙江大学,2004 年。

周熙、邵兵家、伍颖:《市场导向与企业绩效之间调节变量综述》,《科技进步与对策》2007 年第 11 期。

周筱云:《IBM 公司独特的企业文化》,《人事管理》2002 年第 179 期。

周亚庆、郑刚、沈威:《我国企业技术创新体系建设的最佳实践——海尔集团国际化的技术创新体系》,《科研管理》2004 年第 5 期。

朱凌:《基于全面创新视角的企业子文化创新协调机制研究》,博士学位论文,浙江大学,2006 年。

朱瑜、王雁飞、蓝海林:《组织学习、组织创新与企业核心能力关系研究》,《科学学研究》2007 年第 3 期。

佐佐木裕彦:《通用电气之道》,中信出版社 2001 年版。

Aamir Rafique Hashmi, "Competition and Innovation: The Inverted – U Relationship Revisited", *Review of Economics and Statistics*, Vol. 95, No. 5, 2013.

Abernathy, William J. and Clark, Kim B., "Innovation: Mapping the Winds of Creative Destruction", *North – Holland*, Vol. 14, No. 1, 1985.

Abernethy, M. A. and Stoelwinder, J. U., "Budget Use, Task Uncertainty, System Goal Orientation and Subunit Performance: A Test of the 'Fit' Hypothesis in Not – for – profit Hospitals", *Accounting Organizations & Society*, Vol. 16, No. 2, 1991.

Abrahamson, E. and Fairchild, G., "Management Fashion: Lifecycles, Triggers, and Collective Learning Processes", *Administrative Science Quarterly*,

Vol. 44, No. 4, 1999.

Afuah and Allen, *Innovation Management: Strategies, Implementation, and Profits*, New York: Oxford University Press, 1998.

Alan D. Meyer and James B. Goes, "Organizational Assimilation of Innovations: A Multilevel Contextual Analysis", *The Academy of Management Journal*, Vol. 31, No. 4, 1988.

Alan K. M. Au and Alan C. B. Tse., "The Effect of Marketing Orientation on Company Performance in the Service Sector", *Journal of International Consumer Marketing*, Vol. 8, No. 2, 1995.

Alderson and Wroe, "A Marketing View of Business Policy", *Cost and Profit Outlook*, Vol. 18, No. 12, 1955.

Allen, T. J., *Managing the Flow of Technology: Technology Transfer and the Dissemination of Technological Information within the R&D Organization*, Cambridge, MA: MIT Press, 1977.

Amabile, T. M., "How to Kill Creativity", *Harvard Business Review*, Vol. 76, No. 5, 1998.

Amabile, T. M., Hill, K. G. and Hennessey, B. A. et al., "The Work Preference Inventory: Assessing Intrinsic and Extrinsic Motivational Orientations", *Journal of Personality and Social Psychology*, Vol. 66, No. 5, 1994.

Ancona, D. G. and Caldwell, D. F., "Beyond Task and Maintenance: Defining External Functions in Groups", *Group & Organization Management*, Vol. 13, No. 4, 1988.

Anders Richtnér and Pär Ahlström, "Organizational Slack and Knowledge Creation in Product Development Projects: The Role of Project Deliverables", *Creativity and Innovation Management*, Vol. 19, No. 4, 2010.

Anderson, J. C. and Gerbing, D. W., "Structural Equation Modeling in Practice: A Review and Recommended Two-step Approach", *Psychological Bulletin*, Vol. 103, No. 3, 1988.

Anderson, N. R. and West, M. A., *Team Climate Inventory: Manual and User's Guide*, Windsor, Berkshire, England: Nfer Nelson, 1994.

Anil K. Gupta and V. Govindarajan, "Business Unit Strategy, Managerial Characteristics, and Business Unit Effectiveness at Strategy Implementation", *The Academy of Management Journal*, Vol. 27, No. 1, 1984.

Arghya Ghosh, Takao Kato and Hodaka Morita, "Incremental Innovation and Competitive Pressure in the Presence of Discrete Innovation", *Journal of Economic Behavior and Organization*, 2016.

Arie Y. Lewin and John W. Minton, "Determining Organizational Effectiveness: Another Look, and an Agenda for Research", *Management Science*, Vol. 32, No. 5, 1986.

Bagozzi, R. P., *Causal Models in Marketing*, New York: Wiley, 1979.

Banker, R. D., Charnes, A. and Cooper, W. W., "Some Models for Estimating Technical and Scale Inefficiencies in Data Envelopment Analysis", *Management Science*, Vol. 30, No. 9, 1984.

Baum, J. A. C., *Companion to Organizations*, Malden, MA: Blackwell Publishers Ltd., 2002.

Beatriz Minguela-Rata, Jose Fernández-Menéndez and Marta Fossas-Olalla, "Cooperation with Suppliers, Firm Size and Product Innovation", *Industrial Management & Data Systems*, Vol. 114, No. 3, 2014.

Benoît Mulkay, "How does Competition Affect Innovation Behaviour in French Firms?" *Structural Change and Economic Dynamics*, Vol. 51, 2019.

Bentler P. M. and Chou C. P., "Practical Issues in Structural Modeling", *Sociological Methods & Research*, Vol. 16, No. 1, 1987.

Beyer, J. M. and Trice, H. M., *Implementing Change*, Free Press, New York, 1978.

Bingham, R. D., *The Adoption of Innovation by Local Government*, Lexington, MA: Lexington Books, 1976.

Bollen, M., *Understanding Power Quality Problems: Voltage Sags and Interruptions*, New York: IEEE Industry Applications Society, 2000.

Boomsma, A., *On the Robustness of LISREL (Maximum Likelihood Estimation) Against Small Sample Size and Non-normality*, Amsterdam: Sociometric Research Foundation, 1983.

Boris Durisin, Giulia Calabretta and Vanni Parmeggiani, "The Intellectual Structure of Product Innovation Research: A Bibliometric Study of the Journal of Product Innovation Management, 1984-2004", *Journal of Product Innovation Management*, Vol. 27, No. 3, 2010.

Brentani, U. and Reid, S., "The Fuzzy Front-End of Discontinuous Innovation: Insights for Research and Management", *Journal of Product Innovation Management*, Vol. 29, No. 1, 2012.

Brownell, Peter and Dunk, Alan S., "Task Uncertainty and Its Interaction with Budgetary Participation and Budget Emphasis: Some Methodological Issues and Empirical Investigation", *Pergamon*, Vol. 16, No. 8, 1991.

Burgess, B. H., *Industrial Organization*, Prentice‑Hall, Englewood Cliffs, N. J, 1989.

Burke, W. W., *Organization Change: Theory and Practice*, Sage Publications, Inc, 2001.

Burnes, B., *Managing Change: A Strategic Approach to Organization Dynamics*, Prentice Hall, 1996.

Burns, T. and Stalker, G., *The Management of Innovation*, London: Tavistock, 1961.

Cao Guangming, Steve Clarke and Brian Lehaney, "Towards Systemic Management of Diversity in Organizational Change", *Strategic Change*, Vol. 8, No. 4, 1999.

Carol Slappendel, "Perspectives on Innovation in Organizations", *Organization Studies*, Vol. 17, No. 1, 1996.

Castellion, G., "Strategy, Innovation, and Change: Challenges for Management Edited by Robert Galavan, John Murray, and Costas Markides", *Journal of Product Innovation Management*, Vol. 26, No. 5, 2009.

César Camisón‑Zornoza, "A Meta‑analysis of Innovation and Organizational Size", *Organization Studies*, Vol. 25, No. 3, 2004.

Chang Tung‑Zong and Chen Su‑Jane, "Market Orientation, Service Quality and Business Profitability: A Conceptual Model and Empirical Evidence", *The Journal of Services Marketing*, Vol. 12, No. 4, 1998.

Chen Jei‑Ching, Pier A. Abetti and Lois S. Peters, "Innovation in the 'Baby Bell' Companies: A Comparative Longitudinal Analysis", *International Journal of Technology Management*, Vol. 15, No. 6‑7, 1998.

Chenhall, R., Kallunki, J. and Silvola, H., "Exploring the Relationships between Strategy, Innovation, and Management Control Systems: The Roles of Social Networking, Organic Innovative Culture, and Formal Controls", *Journal of Management Accounting Research*, Vol. 23, 2011.

Chesbrough, H. W., *Open Innovation: The New Imperative for Creating and Profiting from Technology*, Harvard Business Press, 2005.

Christensen, C. M., "The Law of Conservation of Attractive Profits",

Harvard Business Review, Vol. 82, No. 2, 2004.

Christensen, C. M., *The Innovator's Dilemma*, New York: Harper Collins, 2003.

Christopher L. Shook, David J. Ketchen Jr. and G. Tomas M. Hult et al., "An Assessment of the Use of Structural Equation Modeling in Strategic Management Research", *Strategic Management Journal*, Vol. 25, No. 4, 2004.

Claes Fornell and David F. Larcker, "Evaluating Structural Equation Models with Unobservable Variables and Measurement Error", *Journal of Marketing Research*, Vol. 18, No. 1, 1981.

Cohen M. Wesley and Daniel A. Levinthal, "Absorptive Capacity: A New Perspective on Learning and Innovation", *Administrative Science Quarterly*, Vol. 35, No. 1, 1990.

Converse, P. D. and Huegy, H. W., *The Elements of Marketing*, New York: Prentice Hall, 1946.

Cooper, R. G. and Kleinschmidt, E. J., "New Products: What Separates Winners from Losers", *Journal of Product Innovation Management*, No. 4, 1987.

Cooper, R. G. and Kleinschmidt, E. J., "Success Factors in Product Innovation", Industrial Marketing Management, Vol. 16, No. 3, 1987.

Courtright, J. and Smudde, P., "Leveraging Organizational Innovation for Strategic Reputation Management", *Corporate Reputation Review*, Vol. 12, No. 3, 2009.

Cristina Bayona Sáez, Teresa Garc'ıa Marco and Emilio Huerta Arribas, "Collaboration in R&D with Universities and Research Centres: An Empirical Study of Spanish Firms", *R&D Management*, Vol. 32, No. 4, 2002.

Crossan, M. M. and Apaydin, M., "A Multi-dimensional Framework of Organizational Innovation: A Systematic Review of the Literature", *Journal of Management Studies*, Vol. 47, 2010.

Csikszentmihalyi, M., *Creativity: Flow and the Psychology of Discovery and Invention*, New York: Harper Collins Publishers, 1996.

Dahlander, L., "Appropriating Returns from Open Innovation Processes: A Multiple Case Study of Small Firms in Open Source Software", http://opensource.mit.edu/papers/dahlander. 2005.

Damanpour, F. and Shanthi Gopalakrishnan, "The Dynamics of the Adoption of Product and Process Innovations in Organizations", *The Journal of Management Studies*, Vol. 38, No. 1, 2001.

Damanpour, F., Szabat, K. A. and Evan, W. M., "The Relationship between Types of Innovation and Organizational Performance", *Journal of Management Studies*, Vol. 26, 1989.

Damanpour, F., Walker, R. M. and Avellaneda, C. N., "Combinative Effects of Innovation Types and Organizational Performance: A Longitudinal Study of Service Organizations", *Journal of Management Studies*, Vol. 46, 2009.

Daniel Andriessen, "IC Valuation and Measurement: Classifying the State of the Art", *Journal of Intellectual Capital*, Vol. 5, No. 2, 2004.

Daniel Bradley, Incheol Kim and Xuan Tian, "Do Unions Affect Innovation?", Management Science, 2016.

Danny Miller, "Relating Porter's Business Strategies to Environment and Structure: Analysis and Performance Implications", *The Academy of Management Journal*, Vol. 31, No. 2, 1988.

Dansereau, F., Alutto, J. A. and Yammarino, F. J., *Theory Testing in Organizational Behavior: The Variant Approach*, Englewood Cliffs, NJ: Prentice–Hall, 1984.

David A. Whetten, "What Constitutes a Theoretical Contribution?", *The Academy of Management Review*, Vol. 14, No. 4, 1989.

David M. Szymanski and Richard T. Hise, "E–satisfaction: An Initial Examination", *Journal of Retailing*, Vol. 76, No. 3, 2000.

Day, J. D., Mang, P. Y. and Richter, A. et al., "The Innovative Organizations: Why New Venture Needs More", *McKinsey Quarterly*, No. 5, 2002.

Dean Tjosvold, "Innovation Through Communication in an Educational Bureaucracy", *Communication Research*, Vol. 15, No. 5, 1988.

Deshpande, R., Farley, J. and Webster, F. E., "Corporate Culture, Customer, and Innovativeness in Japanese Firms: A Quadrate Analysis", *Journal of Marketing*, Vol. 57, No. 1, 1992.

Detmar W. Straub, "Validating Instruments in MIS Research", *MIS Quarterly*, Vol. 13, No. 2, 1989.

Donald C. Pelz, "Innovation Complexity and the Sequence of Innovating

Stages", *Science Communication*, Vol. 6, No. 3, 1985.

Dougherty, D. and Bowman, E. H., "The Effect of Organizational Downsizing of Product Innovation", *California Management Review*, Vol. 37, No. 4, 1995.

Downs, G. W. and Mohr, L. B., "Conceptual Issues in the Study of Innovation", *Administrative Science Quarterly*, Vol. 21, No. 4, 1976.

Drucker, P. F., *The Practice of Management*, New York: Harper and Row Publishers, 1954.

Duncan, R. B., "Characteristics of Organizational Environments and Perceived Environmental Uncertainty", *Academy of Science Quarterly*, Vol. 17, No. 3, 1972.

Dundon, E., *The Seeds of Innovation: Cultivating the Synergy That Fosters New Ideas*, New York: AMACOM, 2002.

Eisenbei, S. A. and Boerner, S., "Transformational Leadership and R&D Innovation: Taking a Curvilinear Approach", *Creativity and Innovation Management*, Vol. 19, No. 4, 2010.

Eric D. Beinhocker, "Robust Adaptive Strategies", *Sloan Management Review*, Vol. 40, No. 3, 1999.

Esslemont D. and Lewis, T., "Some Empirical Tests of the Marketing Concept", *Marketing Bulletin*, No. 2, 1991.

Ettlie, J. E., "Organizational Policy and Innovation Among Suppliers to the Food – processing Sector", *Academy of Management Journal*, Vol. 26, No. 1, 1983.

Eva Bucherer, Uli Eisert and Oliver Gassmann, "Towards Systematic Business Model Innovation: Lessons from Product Innovation Management", *Creativity and Innovation Management*, Vol. 21, No. 2, 2012.

Fan Shuangrui, Wang Cong, "Firm Age, Ultimate Ownership, and R&D Investments", International Review of Economics and Finance, 2019.

Fang Tony and Ge Ying, "Unions and Firm Innovation in China: Synergy or Strife?", *China Economic Review*, Vol. 23, No. 1, 2011.

Fariborz Damanpour and Deepa Aravind, "Managerial Innovation: Conceptions, Processes, and Antecedents", *Management and Organization Review*, Vol. 8, No. 2, 2012.

Fariborz Damanpour and Evan, W. M., "Organizational Innovation and

Performance: The Problem of 'Organizational Lag'", *Administrative Science Quarterly*, Vol. 29, No. 3, 1984.

Fariborz Damanpour and Shanthi Gopalakrishnan, "The Dynamics of the Adoption of Product and Process Innovations in Organizations", *Journal of Management Studies*, Vol. 38, No. 1, 2001.

Fariborz Damanpour, "Innovation Type, Radicalness, and the Adoption Process", *Communication Research*, Vol. 15, No. 5, 1988.

Fariborz Damanpour, "Organizational Complexity and Innovation: Developing and Testing Multiple Contingency Models", *Management Science*, Vol. 42, No. 5, 1996.

Fariborz Damanpour, "Organizational Innovation: A Meta – Analysis of Effects of Determinants and Moderators", *The Academy of Management Journal*, Vol. 34, No. 3, 1991.

Farrell, M. J., "The Measurement of Productive Efficiency", *Journal of the Royal Statistical Society*, Series A (General), Vol. 120, No. 3, 1957.

Farris, G. F., "The Effect of Individual Roles on Performance in Innovative Groups", *R&D Management*, No. 3, 1972.

Felton, A. P., "Making the Marketing Concept Work", *Harvard Business Review*, Vol. 37, No. 7 – 8, 1959.

Fennell, M. L., "Synergy, Influence, and Information in the Adoption of Administrative Innovations", *Academy of Management Journal*, Vol. 27, No. 1, 1984.

Fiol, C. M. and Huff, A. S., "Maps for Managers: Where are We? Where do We Go from Here?", *Journal of Management Studies*, Vol. 29, No. 3, 1992.

Fitzgerald, Thomas H., "Can Change in Organizational Culture Really Be Managed?", *Pergamon*, Vol. 17, No. 2, 1988.

Fleming, L. and Sorenson, O., "Navigating the Technology Landscape of Innovation", *Sloan Management Review*, Vol. 44, No. 2, 2003.

Floortje Blindenbach – Driessen and Jan Van Den Ende, "Innovation Management Practices Compared: The Example of Project – Based Firms", *Journal of Product Innovation Management*, Vol. 27, No. 5, 2010.

Ford, C. M., "A Theory of Individual Creativity in Multiple Social Domains", *Academy of Management Review*, Vol. 21, No. 4, 1996.

Frances, J. and John, P. U. , "Enhancing Innovation Capacity in SMEs through Early Network Relationships", *Creativity and Innovation Management*, Vol. 19, No. 4, 2010.

Frances J. Milliken, "Three Types of Perceived Uncertainty about the Environment: State, Effect, and Response Uncertainty", *The Academy of Management Review*, Vol. 12, No. 1, 1987.

Frank M. Andrews and George F. Farris, "Supervisory Practices and Innovation in Scientific Teams", *Personnel Psychology*, Vol. 20, No. 4, 1967.

Frischer, J. , "Empowering Management in New Product Development Units", *Journal of Product Innovation Management*, No. 10, 1993.

Galbraith, J. R. , *Designing Complex Organizations*, Reading, Ma: Addison – Wesley, 1973.

Galbraith, J. R. , *Organization Design*, Reading, Ma: Addison – Wesley, 1977.

Galunic D. Charles , Kathleen M. Eisenhardt, "Architectural Innovation and Modular Corporate Forms", *The Academy of Management Journal*, Vol. 44, No. 6, 2001.

Gary S. Lynn and Ali E. Akgün, "Project Visioning: Its Components and Impact an New Product Success", *The Journal of Product Innovation Management*, Vol. 18, No. 6, 2001.

Gattiker, U. E. , *Technology Management in Organization*, Sage, CA, 1990.

Gee W. Bock and Young – Gul Kim, "Breaking the Myths of Rewards: An Exploratory Study of Attitudes about Knowledge Sharing", *Information Resources Management Journal (IRMJ)*, Vol. 15, No. 2, 2002.

George J. Avlonitis and Spiros P. Gounaris, "Marketing Orientation and Company Performance: Industrial VS. Consumer Goods Companies", *Industrial Marketing Management*, Vol. 26, No. 5, 1997.

Gerhard, D. , Brem, A. and Baccarella, C. et al. , "Innovation Management and Marketing in the High – tech Sector: A Content Analysis of Advertisements", *International Journal of Management*, Vol. 28, No. 1, 2011.

Gloria Barczak, Felicia Lassk and Jay Mulki, "Antecedents of Team Creativity: An Examination of Team Emotional Intelligence, Team Trust and Collaborative Culture", *Creativity and Innovation Management*, Vol. 19, No. 4, 2010.

Goffin, R. D., Rothstein, M. G. and Johnston, N. G., "Personality Testing and the Assessment Center: Incremental Validity for Managerial Selection", *Journal of Applied Psychology*, Vol. 81, 1996.

Goll, I. and Rasheed, A. M. A., "Rational Decision – Making and Firm Performance: The Moderating Role of Environment", *Strategic Management Journal*, Vol. 18, No. 7, 1997.

Goran Ekvall, "Organizational Climate for Creativity and Innovation", *European Journal of Work and Organizational Psychology*, Vol. 5, No. 1, 1996.

Gough, H. G., "A Creative Personality Scale for the Adjective Check List", *Journal of Personality and Social Psychology*, Vol. 37, No. 8, 1979.

Govindarajan, V., "Appropriateness of Accounting Data in Performance Evaluation: An Empirical Examination of Environmental Uncertainty as an Intervening Variable", *Pergamon*, Vol. 9, No. 2, 1984.

Greg R. Oldham and Anne Cummings, "Employee Creativity: Personal and Contextual Factors at Work", *The Academy of Management Journal*, Vol. 39, No. 3, 1996.

Gregory G. Dess and Donald W. Beard, "Dimensions of Organizational Task Environments", *Administrative Science Quarterly*, Vol. 29, No. 1, 1984.

Gregory G. Dess and Richard B. Robinson, "Measuring Organizational Performance in the Absence of Objective Measures: The Case of the Privately – Held Firm and Conglomerate Business Unit", *Strategic Management Journal*, Vol. 5, No. 3, 1984.

Gro Ellen Mathisen and Stale Einarsen, "A Review of Instruments Assessing Creative and Innovative Environments Within Organizations", *Creativity Research Journal*, Vol. 16, No. 1, 2004.

Gronhang Kjell and Kaufmann, G., *Innovation: A Cross – disciplinary Perspective*, Oslo, Norway: Norweigan University Press, 1988.

Hage, J. and Aiken, M., *Change in Complex Organizations*, Englewood Cliffs, NJ: Prentice – Hall, 1970.

Hage, J., *Theories of Organizations*, New York: Wiley, 1980.

Hage, "Organization Innovation and Organization Change", *Annu. Rev. Social*, Vol. 25, 1999.

Hammer, M. and Champy, J., *Reengineering the Corporation*, Harper Business, 1993.

Hansen, M., "Antecedents of Organizational Innovation: The Diffusion of New Public Management into Danish Local Government", *Public Administration*, Vol. 89, No. 2, 2011.

Hecker, A. and A. Ganter, "The Influence of Product Market Competition on Technological and Management Innovation: Firm – level Evidence from a Large – scale Survey", *European Management Review*, No. 10, 2013.

Heidi Olander, Pia Hurmelinna – Laukkanen and Pia Heilmann, "Do SMEs Benefit from Hrm – related Knowledge Protection in Innovation Management?", *International Journal of Innovation Management*, Vol. 15, No. 3, 2011.

Helen T. Wagner, Susan C. Morton and Andrew R. J. Dainty et al., "Path Dependent Constraints on Innovation Programmes in Production and Operations Management", *International Journal of Production Research*, Vol. 49, No. 11, 2011.

Henderson, R. M. and Clark, K. B., "Architectural Innovation: The Reconfiguration of Existing Product Technologies and the Failure of Established Firms", *Administrative Science Quarterly*, Vol. 35, No. 1, 1990.

Henny Romijn and Manuel Albaladejo, "Determinants of Innovation Capability in Small Electronics and Software Firms in Southeast England", *Research Policy*, Vol. 31, No. 7, 2002.

Higgins, James M., "Innovation: The Core Competence", *Planning Review*, Vol. 23, No. 6, 1995.

Hippel, V. E., *The Sources of Innovation*, New York: Oxford University Press, 1998.

Hitt, M. H., Hoskisson, R. E. and Kim, H. et al., "International Diversification: Effects on Innovation and Firm Performance in Product Diversified Firms", *Academy of Management Journal*, Vol. 40, No. 4, 1997.

Hogan, S. J. and Coote, L. V., "Organizational Culture, Innovation and Performance: A Test of Schein's Model", *Journal of Business Search*, Vol. 67, No. 8, 2014.

Hollen, R. M. A., Van Den Bosch, F. A. J. and Volberda, H. W., "The Role of Management Innovation in Enabling Technological Process Innovation: An Inter – Organizational Perspective", *European Management Review*, Vol. 10, No. 1, 2013.

Homburg, C. and Pflesser, C., "A Mufti-layer Model of Market-Oriented Organizational Culture: Measurement Issues and Performance Outcomes", *Journal of Marketing Research*, Vol. 37, No. 11, 2000.

Howell, Jane M. and Higgins, Christopher A., "Champions of Technological Innovation", *Administrative Science Quarterly*, Vol. 35, No. 2, 1990.

Hristos Doucouliagos and Patrice Laroche, "Unions and Innovation: New Insights from the Cross-country Evidence", *Industrial Relations: A Journal of Economy and Society*, Vol. 52, No. 2, 2013.

Hu, L. T., Bentler, P. M. and Kano, Y., "Can Test Statistics in Covariance Structure Analysis Be Trusted?", *Psychological Bulletin*, Vol. 112, No. 2, 1992.

Hull, F. and Hage, J., "Organization for Innovation: Beyond Burns and Stalker's Organic Type", *Sociology*, Vol. 16, 1982.

Hung Kuang-Peng and Chou Christine, "The Impact of Open Innovation on Firm Performance: The Moderating Effects of Internal R&D and Environmental Turbulence", *Technovation*, Vol. 33, No. 10-11, 2013.

Hung Richard Yu-Yuan, Lien Bella Ya-Hui and Fang Shih-Chieh et al., "Knowledge as a Facilitator for Enhancing Innovation Performance Through Total Quality Management", *Total Quality Management & Business Excellence*, Vol. 21, No. 4, 2010.

Indrit Troshani, Giselle Rampersad and Carolin Plewa, "Adopting Innovation Management Software in University Innovation Commercialization", *Journal of Computer Information Systems*, Vol. 52, No. 2, 2011.

Ingenbleek, P., Frambach, R. and Verhallen, T., "The Role of Value-Informed Pricing in Market-oriented Product Innovation Management", *Journal of Product Innovation Management*, Vol. 27, No. 7, 2010.

Isabella, L. A. and Waddock, S. A., "Top Management Team Certainty: Environmenta Assessments, Teamwork, and Performance Implications", *Journal of Management*, Vol. 20, No. 4, 1994.

Jaakko Paasi, Katri Valkokari and Tuija Rantala et al., "Innovation Management Challenges of a System Integrator in Innovation Networks", *International Journal of Innovation Management*, Vol. 14, No. 6, 2010.

James Euchner and Austin Henderson, "The Practice of Innovation: Innovation as the Management of Constraints", *Research-Technology Management*,

Vol. 54, No. 2, 2011.

James, W. M., "Best HR Practices for Today's Innovation Management", *Research Technology Management*, Vol. 45, No. 1, 2002.

Ján Košturiak, "Innovations and Knowledge Management", *Human Systems Management*, Vol. 29, No. 1, 2010.

Jeffrey H. Dyer and Kentaro Nobeoka, "Creating and Managing a High-performance Knowledge-sharing Network: The Toyota Case", *Strategic Management Journal*, Vol. 21, No. 3, 2000.

Jennie Björk, Paolo Boccardelli and Mats Magnusson, "Ideation Capabilities for Continuous Innovation", *Creativity and Innovation Management*, Vol. 19, No. 4, 2010.

Jim Euchner, "Innovation is Change Management", *Research Technology Management*, Vol. 56, No. 4, 2013.

Johannessen, J. A. and Do Lva, J. O., "Competence and Innovation: Identifying Critical Innovation Factors", *Entrepreneurship, Innovation, and Change*, Vol. 3, No. 3, 1994.

John Child, "Organization Structure and Strategies of Control: A Replication of the Aston Study", *Administrative Science Quarterly*, Vol. 17, No. 2, 1972.

John Child, "Organizational Structure, Environment and Performance: The Role of Strategic Choice", *Sociology*, Vol. 6, No. 1, 1972.

John E. Butler, "Theories of Technological Innovation as Useful Tools for Corporate Strategy", *Strategic Management Journal*, Vol. 9, No. 1, 1988.

John E. Ettlie, William P. Bridges and Robert D. O'Keefe, "Organization Strategy and Structural Differences for Radical Versus Incremental Innovation", *Management Science*, Vol. 30, No. 6, 1984.

John E. Prescott, "Environments as Moderators of the Relationship between Strategy and Performance", *The Academy of Management Journal*, Vol. 29, No. 2, 1986.

Jon L. Pierce and Andre L. Delbecq, "Organization Structure, Individual Attitudes and Innovation", *The Academy of Management Review*, Vol. 2, No. 8, 1977.

Jon Sundbo, *The Theory of Innovation: Entrepreneurs, Technology and Strategy*, Cheltenham, UK, 1998.

Jones, G. and James, L. R., "Psychological Climate: Dimensions and Relationships of Individual and Aggregate Work Environment Perceptions", *Organizational Behavior and Human Performance*, Vol. 23, No. 2, 1979.

Jorgensen, F. and Ulhoi, J. P., "Enhancing Innovation Capacity in SMEs Through Early Network Relationships Creativity and Innovation Management Enhancing Innovation Capacity in SMEs", *Creativity and Innovation Management*, Vol. 19, No. 4, 2010.

José Pla – Barber and Joaquín Alegre, "Analysing the Link between Export Intensity, Innovation and Firm Size in a Science – based Industry", *International Business Review*, Vol. 16, No. 3, 2007.

Josep Bisbe and Ricardo Malagueno, "The Choice of Interactive Control Systems Under Different Innovation Management Modes", *European Accounting Review*, Vol. 18, No. 2, 2009.

Joseph Maciariello, "Marketing and Innovation in the Drucker Management System", *Journal of the Academy of Marketing Science*, Vol. 37, No. 1, 2009.

Joung Yeo Angela No and Boyoung Seo, "Innovation and Competition", *Korea and the World Economy*, Vol. 15, No. 2, 2014.

Juan A. Correa, "Innovation and Competition: An Unstable Relationship", *Journal of Applied Econometrics*, Vol. 27, No. 1, 2012.

Juan Ignacio Igartua, Jose Albors Garrigós and Jose Luis Hervas – Oliver, "How Innovation Management Techniques Support an Open Innovation Strategy", *Research – Technology Management*, Vol. 53, No. 3, 2010.

Judge, W. Q., Gryxell, G. E. and Dooley, R. S., "The New Task of R&D Management: Creating Goal – directed Communities for Innovation", *California Management Review*, Vol. 39, 1997.

Judith R. Blau and William Mckinley, "Ideas, Complexity, and Innovation", *Administrative Science Quarterly*, Vol. 24, No. 2, 1979.

Julian Birkinshaw, Gary Hamel and Michael J. Mol, "Management Innovation", *The Academy of Management Review*, Vol. 33, No. 4, 2008.

Kanter, R. M., "When a Thousand Flowers Bloom: Structural, Collective, and Social Conditions for Innovation in Organization", *Research in Organizational Behavior*, No. 10, 1988.

Kanter Rosabeth, "Supporting Innovation and Venture Development in Established Companies", *Elsevier*, Vol. 1, No. 1, 1985.

Karacharovskii, V., "Innovation Management in Industrial Production", *Problems of Economic Transition*, Vol. 53, No. 11, 2011.

Katherine J. Klein, Fred Dansereau and Rosalie J. Hall, "Levels Issues in Theory Development, Data Collection, and Analysis", *The Academy of Management Review*, Vol. 19, No. 2, 1994.

Kelm, K. M., Narayanan, V. K. and Pinches, G. E., "Shareholder Value Creation During R&D Innovation and Commercialization Stages", *Academy of Management Journal*, Vol. 38, No. 3, 1995.

Kenneth A. Merchant, "The Design of the Corporate Budgeting System: Influences on Managerial Behavior and Performance", *The Accounting Review*, Vol. 56, No. 4, 1981.

Kenneth E. Knight, "A Descriptive Model of the Intra – firm Innovation Process", *The Journal of Business*, Vol. 40, No. 4, 1967.

Khan, Arshad M. and Manopichetwattana, V., "Innovative and Noninnovative Small Firms: Types and Characteristics", *Management Science*, Vol. 35, No. 5, 1989.

Kim Linsu, "Organizational Innovation and Structure", *Elsevier*, Vol. 8, No. 2, 1980.

Kim Linsu, "Stages of Development of Industrial Technology in a Developing Country: A Model", *North – Holland*, Vol. 9, No. 3, 1980.

Kimberly and John, R., "Organizational Size and the Structuralist Perspective: A Review, Critique, and Proposal", *Administrative Science Quarterly*, Vol. 21, No. 4, 1976.

Kimberly, J. R. and Evanisko, M. J., "Organizational Innovation: The Influence of Individual, Organizational, and Contextual Factors on Hospital Adoption of Technological and Administrative Innovations", *Academy of Management Journal*, Vol. 24, No. 4, 1981.

Klaus Friesenbichler and Michael Peneder, "Innovation, Competition and Productivity", *Economics of Transition*, Vol. 24, No. 3, 2016.

Kline, R. B., *Structural Equation Modeling*, New York: The Guilford Press, 1998.

Kumpe, T. and Bolwijn, P. T., "Toward the Innovative Firm—Challenge for R&D Management", *Research Technology Management*, Vol. 37, No. 1, 1994.

Kwaku Atuahene – Gima, "Resolving the Capability: Rigidity Paradox in New Product Innovation", *Journal of Marketing*, Vol. 69, No. 4, 2005.

Lars Fuglsang and Flemming Sørensen, "The Balance Between Bricolage and Innovation: Management Dilemmas in Sustainable Public Innovation", *The Service Industries Journal*, Vol. 31, No. 4, 2011.

Larwood, L., Falbe, C. and Kriger, M. et al., "An Empirical Study of the Structure and Meaning of Organizational Vision", *Academy of Management Journal*, Vol. 38, 1995.

Laura B. Cardinal, "Technological Innovation in the Pharmaceutical Industry: The Use of Organizational Control in Managing Research and Development", *Organization Science*, Vol. 12, No. 1, 2001.

Laurie K. Lewis and David R. Seibold, "Innovation Modification during Intraorganizational Adoption", *The Academy of Management Review*, Vol. 18, No. 2, 1993.

Lawrence B. Mohr, "Determinants of Innovation in Organizations", *American Political Science Review*, Vol. 63, No. 1, 1969.

Lawrence, P. R. and Lorsch, J. W., *Organization and Environment*, Boston: Harvard University Business School, Division of Research, 1967.

Leon A. G. Oerlemans, Marius T. H. Meeus and Frans W. M. Boekema, "Do Networks Matter for Innovation? The Usefulness of the Economic Network Approach in Analysing Innovation", *Tijdschrift Voor Economische En Sociale Geografie*, Vol. 89, No. 3, 1998.

Leonard – Barton Dorothy, "Implementation as Mutual Adaptation of Technology and Organization", *North – Holland*, Vol. 17, No. 5, 1988.

Li Haiyang and Kwaku Atuahene – Gima, "The Adoption of Agency Business Activity, Product Innovation, and Performance in Chinese Technology Ventures", *Strategic Management Journal*, Vol. 23, No. 6, 2002.

Liang, XR., Zheng, G. and Xu, QR., "The Haier's Tao of Innovation: A Case Study of the Emerging Total Innovation Management (TIM)", IEMC, 2003.

Lloyd A. Rowe and William B. Boise, "Organizational Innovation: Current Research and Evolving Concepts", *Public Administration Review*, Vol. 34, No. 3, 1974.

Lofqvist, L., "Product and Process Novelty in Small Companies' Design

Processes", *Creativity and Innovation Management*, Vol. 19, No. 4, 2010.

Long, J. C., *Confirmatory Factor Analysis*, Ca: Sage, 1983.

Luca Lambertini, Joanna Poyago – theotoky and Alessandro Tampieri, "Cournot Competition and 'Green' Innovation: An Inverted – U Relationship", *Energy Economics*, Vol. 68, 2017.

Luigi D'Alvano and Antonio Hidalgo, "Innovation Management Techniques and Development Degree of Innovation Process in Service Organizations", *R&D Management*, Vol. 42, No. 1, 2012.

Lumpkin, G. T. and Dess G. Gregory, "Clarifying the Entrepreneurial Orientation Construct and Linking It to Performance", *The Academy of Management Review*, Vol. 21, No. 1, 1996.

Luo, X., Slotegraaf, R. J. and Pan, X., "Cross – functional 'Coopetition': The Simultaneous Role of Cooperation and Competition within Firms", *Journal of Marketing*, Vol. 70, No. 2, 2006.

MacCallum, Robert C., Browne, Michael W. and Sugawara, Hazuki M., "Power Analysis and Determination of Sample Size for Covariance Structure Modeling", *Psychological Methods*, Vol. 1, No. 2, 1996.

Magnusson, T., Lindstrom, G. and Berggren, C., "Architectural or Modular Innovation? Managing Discontinuous Product Development in Response to Challenging Environmental Performance Targets", *International Journal of Innovation Management*, Vol. 7, No. 1, 2003.

Mansfeld, M., Holzle, K. and Gemunden, H., "Personal Characteristics of Innovators – An Empirical Study of Roles in Innovation Management", *International Journal of Innovation Management*, Vol. 14, No. 6, 2010.

Marie C. Boudreau, David Gefen and Detmar W. Straub, "Validation in Information Systems Research: A State – of – the – art Assessment", *Mis Quarterly*, Vol. 25, No. 1, 2001.

Marina Candi, Jan Van Den Ende and Gerda Gemser, "Organizing Innovation Projects under Technological Turbulence", *Technovation*, Vol. 33, No. 4 – 5, 2013.

Mark A. Mone, William Mckinley and Vincent L. Barker, "Organizational Decline and Innovation: A Contingency Framework", *The Academy of Management Review*, Vol. 23, No. 1, 1998.

Martin M. Rosner, "Economic Determinants of Organizational Innovation",

Administrative Science Quarterly, Vol. 12, No. 4, 1968.

Mary Ann Glynn, "Innovative Genius: A Framework for Relating Individual and Organizational Intelligences to Innovation", *The Academy of Management Review*, Vol. 21, No. 4, 1996.

Mary, J., "Innovation Management for Inclusive Growth in India", *Advances in Management*, Vol. 5, No. 8, 2012.

Masahiko Aoki and Hirokazu Takizawa, "Information, Incentives, and Option Value: The Silicon Valley Model", *Journal of Comparative Economics*, Vol. 34, No. 4, 2002.

Matthew S. Kraatz and Edward J. Zajac, "How Organizational Resources Affect Strategic Change and Performance in Turbulent Environments: Theory and Evidence", *Organization Science*, Vol. 12, No. 5, 2001.

Mccullough, J., Heng, L. S. and Khem, G. S., "Measuring the Marketing Orientation of Retail Operations of International Banks", *International Journal of Bank Marketing*, Vol. 4, No. 3, 1986.

Michael A. Hitt, Robert E. Hoskisson and Richard A. Johnson et al., "The Market for Corporate Control and Firm Innovation", *The Academy of Management Journal*, Vol. 39, No. 5, 1996.

Michael Aiken, "The Organic Organization and Innovation", *Sociology*, Vol. 5, No. 1, 1971.

Michele Kremen Bolton, "Organizational Innovation and Substandard Performance: When is Necessity the Mother of Innovation?", *Organization Science*, Vol. 4, No. 1, 1993.

Miles, R. E. and Snow, C. C., *Organization Strategy, Structure, and Process*, New York: Mcgraw-Hill Book Co., 1978.

Miller, D. and Friesen, P. H., "Strategy Making and Environment: The Third Link", *Strategic Management Journal*, Vol. 4, No. 3, 1983.

Moch, M. K., "Structure and Organizational Resource Allocation", *Administrative Science Quarterly*, Vol. 21, No. 4, 1976.

Moehrle, M. G., "MorphoTRIZ - Solving Technical Problems with a Demand for Multi-Smart Solutions", *Creativity and Innovation Management*, Vol. 19, No. 4, 2010.

Muller-Seitz, G. and Reger, G., "Is Open Source Software Living up to Its Promises? Insights for Open Innovation Management from Two Open Source

Software – inspired Projects", *R&D Management*, Vol. 39, No. 4, 2009.

Mumford, M. D., Feldman, J. M. and Hein, M. B. et al., "Tradeoffs between Ideas and Structure: Individual Versus Group Performance in Creative Problem – Solving", *Journal of Creative Behavior*, Vol. 35, 2001.

Myers, S. and Marquis, D. G., *Successful Industrial Innovations: A Study of Factors Underlying Innovation in Selected Firms* (Nsf 69 – 17), Washington: National Science Foundation, 1969.

Nadler, D. and Tushman, M., *Strategic Organization Design: Concepts, Tools, and Processes*, Glenview, IL: Scott, Foresman, 1988.

Naidu, G. M. and Narayana, C. L., "How Marketing Oriented are Hospitals in a Declining Market?", *Journal of Health Care Marketing*, Vol. 11, No. 1, 1991.

Neil R. Anderson and Michael A. West, "Measuring Climate for Work Group Innovation: Development and Validation of the Team Climate Inventory", *Journal of Organizational Behavior*, Vol. 19, No. 3, 1998.

Nitin Nohria and Ranjay Gulati, "Is Slack Good or Bad for Innovation?", *The Academy of Management Journal*, Vol. 39, No. 5, 1996.

Nonaka, I. and Takeuchi, K., *The Knowledge Creating Company: How Japanese Companies Create the Dynamics of Innovation*, Oxford University Press, Oxford, 1995.

Nord, W. R. and Tucker, S., *Implementing Routine and Radical Innovation*, Lexington Books, Ma., 1987.

Nunnally, J. C., *Psyochomatric Theory*, New York: Mcgraw – Hill, 1978.

Nurul Nadia Abd Aziz and Sarminah Samad, "Innovation and Competitive Advantage: Moderating Effects of Firm Age in Foods Manufacturing SMEs in Malaysia", *Procedia Economics and Finance*, Vol. 35, 2016.

Oates, K., "Innovation is Everybody's Business", *Management Services*, Vol. 41, No. 5, 1997.

Ohn E. Ettlie, "Adequacy of Stage Models for Decisions on Adoption of Innovation", *Psychological Reports*, Vol. 46, No. 3, 1980.

Packard and David, *The HP Way: How Bill Hewlett and I Built Our Company*, Ny: Harpercollins Publishs, 1995.

Pamell, J. A., Lester, D. L. and Menefee, M. L., "Strategy as a Response to Organizational Uncertainty: An Alternative Perspective on the Strategy

- performance Relationship", *Management Decision*, Vol. 38, No. 8, 2000.

Paul F. Ross, "Innovation Adoption by Organizations", *Personnel Psychology*, Vol. 27, No. 1, 1974.

Paul G. Bain, "The Innovation Imperative", *Small Group Research*, Vol. 32, No. 1, 2001.

Paul M. Swamidass and William T. Newell, "Manufacturing Strategy, Environmental Uncertainty and Performance: A Path Analytic Model", *Management Science*, Vol. 33, No. 4, 1987.

Peter C. Thirkell and Ramadhani Dau, "Export Performance: Success Determinants for New Zealand Manufacturing Exporters", *European Journal of Marketing*, Vol. 32, No. 9 – 10, 1998.

Peter Doyle and Veronica Wong, "Marketing and Competitive Performance: An Empirical Study", *European Journal of Marketing*, Vol. 32, No. 5 – 6, 1998.

Philippe Aghion, Nick Bloom and Richard Blundell et al., "Competition and Innovation: An Inverted – U Relationship", *The Quarterly Journal of Economics*, Vol. 120, No. 2, 2005.

Pierre Berthon, James M. Hulbert and Leyland F. Pitt, "To Serve or Create? Strategic Orientations toward Customers and Innovation", *California Management Review*, Vol. 42, No. 1, 1999.

Plehn – Dujowich. J. M., "Firm Size and Types of Innovation", *Economics of Innovation and New Technology*, Vol. 18, No. 3, 2009.

Porter, M. E., *Competitive Strategy: Techniques for Analysizing Industrial and Competitors*, Blackwell Ingram, 1980.

Porter, M. E., *The Competitive Advantage of Nations*, New York: Free Press, 1990.

Pugh, D. S., Hickson, D. J. and Hinings, C. R. et al., "Dimensions of Organization Structure", *Administrative Science Quarterly*, Vol. 13, No. 1, 1968.

Pugh, D. S., Hickson, D. J. and Hinings, C. R. et al., "The Context of Organizational Structure", *Administrative Science Quarterly*, Vol. 14, No. 1, 1969.

Quinn, J. B., *Innovation and Corporate Strategy: Managed Chaos*, Pergamon Press, 1986.

Qureshi, S., "Market Driven Public Institutions Attract Reourcess", *Journal of Professional Services Marketing*, Vol. 9, No. 2, 1993.

Raines – Eudy, R., *Structural Equation Modeling: A Multidisciplinary Journal*, Lawrence Earlbaum, Psychology Press, 2000.

Rajesh K. Chandy and Gerard J. Tellis, "Organizing for Radical Product Innovation: The Overlooked Role of Willingness to Cannibalize", *Journal of Marketing Research*, Vol. 35, No. 4, 1998.

Randolph B. Cooper and Robert W. Zmud, "Information Technology Implementation Research: A Technological Diffusion Approach", *Management Science*, Vol. 36, No. 2, 1990.

Rao, N. and Naikwadi, I., "Innovation and Management Practices During GFM Period – A Case Study of Tata Motors Ltd and Suzuki Ltd", *Global Management Review*, Vol. 4, No. 1, 2009.

Raymond F. Zammuto and Edward J. O'Connor, "Gaining Advanced Manufacturing Technologies' Benefits: The Roles of Organization Design and Culture", *The Academy of Management Review*, Vol. 17, No. 4, 1992.

Réjean Landry, Nabil Amara and Moktar Lamari, "Does Social Capital Determine Innovation? To What Extent?", *Technological Forecasting & Social Change*, Vol. 69, No. 7, 2002.

Rese, A. and Baier, D., "Success Factors for Innovation Management in Networks of Small and Medium Enterprises", *R&D Management*, Vol. 41, No. 2, 2011.

Richard Adams, John Bessant and Robert Phelps, "Innovation Management Measurement: A Review", *International Journal of Management Reviews*, Vol. 8, No. 1, 2006.

Richard L. Daft and Karl E. Weick, "Toward a Model of Organizations as Interpretation Systems", *The Academy of Management Review*, Vol. 9, No. 2, 1984, 9 (2).

Richard L. Daft, "A Dual – Core Model of Organizational Innovation", *The Academy of Management Journal*, Vol. 21, No. 2, 1978.

Richard L. Daft, Juhani Sormunen and Don Parks, "Chief Executive Scanning, Environmental Characteristics, and Company Performance: An Empirical Study", *Strategic Management Journal*, Vol. 9, No. 2, 1988.

Richard M. Steers, "Problems in the Measurement of Organizational Effectiveness", *Administrative Science Quarterly*, Vol. 20, No. 4, 1975.

Richard Normann, "Organizational Innovativeness: Product Variation and Reorientation", *Administrative Science Quarterly*, Vol. 16, No. 2, 1971.

Richard P. Bagozzi and Youjae Yi, "On the Use of Structural Equation Models in Experimental Designs", *Journal of Marketing Research*, Vol. 26, No. 3, 1989.

Richard W. Woodman, John E. Sawyer and Ricky W. Griffin, "Toward a Theory of Organizational Creativity", *The Academy of Management Review*, Vol. 18, No. 2, 1993.

Richard Z. Gooding and John A. Wagner, "A Meta-analytic Review of the Relationship between Size and Performance: The Productivity and Efficiency of Organizations and Their Subunits", *Administrative Science Quarterly*, Vol. 30, No. 4, 1985.

Rita Gunther Mcgrath, "Exploratory Learning, Innovative Capacity and Managerial Oversight", *The Academy of Management Journal*, Vol. 44, No. 1, 2001.

Robbins, S. P., *Organizational Behavior* (10th Edition), Prentice Hall, 2002.

Robbins, S. P., *Organizational Behavior: Concepts, Controversies and Applications*, Englewood Cliffs, N. J. Prentice-Hall, 1996.

Robert D. Dewar and Jane E. Dutton, "The Adoption of Radical and Incremental Innovations: An Empirical Analysis", *Management Science*, Vol. 32, No. 11, 1986.

Robert Drazin and Claudia Bird Schoonhoven, "Community, Population, and Organization Effects on Innovation: A Multilevel Perspective", *The Academy of Management Journal*, Vol. 39, No. 5, 1996.

Robert W. Zmud, "An Examination of 'Push-Pull' Theory Applied to Process Innovation in Knowledge Work", *Management Science*, Vol. 30, No. 6, 1984.

Roberts, E. B. and Fusfield, A. R., "Staffing the Innovative Technology-based Organization", *Sloan Management Review*, Vol. 22, No. 3, 1981.

Rogers, E. M., *Diffusion of Innovations*, Free Press, New York, 1983.

Rolf Färe and Worthen Hunsaker, "Notions of Efficiency and Their Reference Sets", *Management Science*, Vol. 32, No. 2, 1986.

Rousseau, D. M. , "Issues of Level in Organizational Research: Multi - Level and Cross - Level Perspectives", *Research in Organizational Behavior*, No. 7, 1985.

Roy Rothwell, "Innovation and Firm Size: A Case of Dynamic Complexity", *Journal of General Management*, No. 8, 1983.

Roy Rothwell, "Successful Industrial Innovation: Critical Factors for the 1990s", *R&D Management*, Vol. 22, No. 3, 1992.

Roy Rothwell, "Towards the Fifth - Generation Innovation Process", *International Marketing Review*, Vol. 11, No. 1, 1994.

Russell, R. D. , "An Investigation of Some Organizational Correlates of Corporate Entrepreneurship: Toward a Systems Model of Organizational Innovation", *Entrepreneurship Innovation, and Change*, Vol. 4, No. 4, 1995.

Saeed Khanagha, Henk Volberda and Jatinder Sidhu et al. , "Management Innovation and Adoption of Emerging Technologies: The Case of Cloud Computing", *European Management Review*, Vol. 10, No. 1, 2013.

Schiederig, T. , Tietze, F. and Herstatt, C. , "Green Innovation in Technology and Innovation Management - An Exploratory Literature Review", *R&D Management*, Vol. 42, No. 2, 2012.

Schumann, P. A. and Prestwood, D. C. A. H. Tong et al. , *Innovate: Straight Path to Quality, Customer Delight and Competitive Advantage*, New York: Mcgraw - Hill, 1994.

Scott G. Isaksen and Kenneth J. Lauer, "Situational Outlook Questionnaire: A Measure of the Climate for Creativity and Change", *Psychological Reports*, Vol. 85, No. 2, 1999.

Scott G. Isaksen, Kenneth J. Lauer and Goran Ekvall et al. , "Perceptions of the Best and Worst Climates for Creativity: Preliminary Validation Evidence for the Situational Outlook Questionnaire", *Creativity Research Journal*, Vol. 13, No. 2, 2001.

Scott Walsworth, "What do Unions Do to Innovation? An Empirical Examination of the Canadian Private Sector", *Relations Industrielles / Industrial Relations*, Vol. 65, No. 4, 2010.

Selwyn W. Becker and Thomas L. Whisler, "The Innovative Organization: A Selective View of Current Theory and Research", *The Journal of Business*, Vol. 40, No. 4, 1967.

Senge, P., "Building Learning Organizations", *The Journal of Quality and Participation*, Vol. 15, No. 2, 1992.

Shan L. Pan and Dorothy E. Leidner, "Bridging Communities of Practice with Information Technology in Pursuit of Global Knowledge Sharing", *Journal of Strategic Information Systems*, Vol. 12, No. 1, 2003.

Shapiro, B. P., "What the Hell is 'Market Oriented'?", *Harvard Business Review*, No. 6, 1988.

Shapiro, C. and Varian, H. R., Information Rules: A Strategic Guide to the Network Economy, Boston: Harvard Business School Press, 1999.

Shapiro, S. M., *24/7 Innovation: A Blueprint for Surviving and Thriving in an Age of Change*, New York: Mcgraw – Hill, 2002.

Shui, CQ. and Xu, QR., "All Element Innovation Facilitating High Involvement Innovation", IEEE WICOM, 2007

Shui, CQ. and Xu, QR., "Empirical Research of the Factors to Impact Synergetic Innovation for Large and Middle Scale Enterprises in China", Proceedings of the 4th Wuhan International Conference on E – business – global Business Interface, 2005.

Shui, CQ. and Xu, QR., "Empirical Research on the Factors to Impact Innovation Speed for Industrial Enterprises in China", Proceedings of the IEEE International Conference on Management of Innovation and Technology, 2006.

Shui, CQ. and Xu, QR., "A Model of Co – evolution of Organization Innovation Based on Haier Group in China", Proceedings of the IEEE International Engineering Management Conference, 2006.

Shui, CQ., Mao, GP. and Xu, QR., "The Key Factors Empirical Study on Promoting Enterprise's Organizational Innovation under the Network Environment", Proceedings of the 5th International Symposium on Management of Technology, 2007.

Shui, CQ., Xu, QR. and Zhu, JZ., "Further Empirical Research of the Factors to Impact Synergetic Innovation for Large and Middle Size Enterprises in China", Proceedings of the IEEE International Engineering Management Conference, 2005.

Siegel, S. M. and Kaemmerer, W. F., "Measuring the Perceived Support for Innovation in Organizations", *Journal of Applied Psychology*, Vol. 63, No. 5, 1978.

Spanjol, J. and Tam, L., "To Change or Not to Change: How Regulatory Focus Affects Change in Dyadic Decision – making", *Creativity and Innovation Management*, Vol. 19, No. 4, 2010.

Stalk, G. and Hout, T., *Competing Against Time: How Time – Based Competition is Reshaping Global Markets*, New York: Free Press, 1990.

Stanley F. Slater and John C. Narver, "Competitive Strategy in the Market – focused Business", *Journal of Market – focused Management*, Vol. 1, No. 2, 1996.

Stephen K. Markham and Abbie Griffin, "The Breakfast of Champions: Associations between Champions and Product Development Environments, Practices and Performance", *Journal of Product Innovation Management*, Vol. 15, No. 5, 1998.

Stephen Nickell, Daphne Nicolitsas and Malcolm Patterson, "Does Doing Badly Encourage Management Innovation?", *Oxford Bulletin of Economics and Statistics*, Vol. 63, No. 1, 2001.

Steven Klepper and Elizabeth Graddy, "The Evolution of New Industries and the Determinants of Market Structure", *The Rand Journal of Economics*, Vol. 21, No. 1, 1990.

Stogdill, R. M., "Group Productivity, Drive, and Cohesiveness", *Organizational Behavior and Human Performance*, Vol. 8, No. 1, 1972.

Subra Balakrishnan, "Benefits of Customer and Competitive Orientations in Industrial Markets", *Industrial Marketing Management*, Vol. 25, No. 4, 1996.

Subramanian, "Organizational Innovativeness: Exploring the Relationship Between Organizational Determinants of Innovation, Types of Innovations, and Measures of Organizational Performance", *Omega*, Vol. 24, No. 6, 1996.

Sundar, B. and Anilmenon, "Making Innovations Happen in Organizations: Individual Creativity Mechanisms, Organizational Creativity Mechanisms or Both?", *The Journal of Product Innovation Management*, Vol. 17, No. 6, 2000.

Susanne G. Scott and Reginald A. Bruce, "Determinants of Innovative Behavior: A Path Model of Individual Innovation in the Workplace", *The Academy of Management Journal*, Vol. 37, No. 3, 1994.

Swanson E. Burton, "Information Systems Innovation Among Organizations", *Management Science*, Vol. 40, No. 9.

Teresa M. Amabile, Regina Conti and Heather Coon et al., "Assessing the

Work Environment for Creativity", *The Academy of Management Journal*, Vol. 39, No. 5, 1996.

Tett, R. P., Jackson, D. N. and Rothstein, M., "Personality Measures as Predictors of Job Performance: A Meta – analytic Review", *Personnel Psychology*, Vol. 44, No. 4, 1991.

Thiruvenkatam Ravichandran, "Redefining Organizational Innovation", *Journal of High Technology Management Research*, Vol. 10, No. 2, 1999.

Thomas J. Allen, Denis M. S. Lee and Michael L. Tushman, "R&D Performance as a Function of Internal Communication, Project Management, and the Nature of the Work", *IEEE Transactions on Engineering Management*, Vol. 27, No. 1, 1980.

Thompson, J. D., *Organizations in Action*, New York: Mcgraw – Hill, 1967.

Thompson, V. A., "Bureaucracy and Innovation", *Administrative Science Quarterly*, Vol. 10, No. 1, 1965.

Tidd, J., Bessant, J. and Pavitt, K., *Managing Innovation: Integrating Technological, Marker and Organizational Change*, Australia: John Wiley and Sons, 2001.

Timothy R. Hinkin, "A Review of Scale Development Practices in the Study of Organizations", *Journal of Management*, Vol. 21, No. 5, 1995.

Tornatzky, L. G. and Fleischer, M., *The Process of Technological Innovation*, Lexington, Mass.: Lexington Books, 1990.

Tornatzky, L. G. and Klein, K. J., "Innovation Characteristics and Innovation Adoption Implementation: A Meta Analysis of Findings", *Ieee Transactions on Engineering Management*, Vol. 29, No. 8, 1982.

Torsten Oliver Salge, Thomas Marc Bohné and Tomas Farchi et al., "Harnessing the Value of Open Innovation: The Moderating Role of Innovation Management", *International Journal of Innovation Management*, Vol. 16, No. 3, 2012.

Tucker, R. B., *Driving Growth Through Innovation*, San Francisco: Berrett – koehler Publishers, 2002.

Tushman, M. L. and Anderson, P., "Technological Discontinuities and Organizational Environments", *Administrative Science Quarterly*, Vol. 31, No. 3, 1986.

Tushman, M. L. and Moore, W. L., *Readings in the Management of Innovation*, Cambridge, Ma: Ballinger, 1988.

Tushman, Michael L. and O'Reilly, C. A., *Winning Through Innovation: A Practical Guide to Leading Organizational Change and Renewal*, Boston, Mass.: Harvard Business School Press, 1997.

Utterback, J. M., "Innovation in Industry and the Diffusion of Technology", *Science*, Vol. 183, No. 8, 1974.

Utterback, James M. and Abernathy, William J., "A Dynamic Model of Process and Product Innovation", *Pergamon*, Vol. 3, No. 6, 1975.

Vaccaro, I. G., Jansen, J. J. P. and Van den Boschand, F. A. J. et al., "Management Innovation and Leadership: The Moderating Role of Organizational Size", *Journal of Management Studies*, Vol. 49, No. 1, 2012.

Vargas – Hernandez, J., "Modeling Risk and Innovation Management", *Advances in Competitiveness Research*, Vol. 19, No. 3 – 4, 2011.

Venkatraman, N. and Ramanujam Vasudevan, "Measurement of Business Performance in Strategy Research: A Comparison of Approaches", *The Academy of Management Review*, Vol. 11, No. 4, 1986.

Vittorio Chiesa, Paul Coughlan and Chris A. Voss, "Development of a Technical Innovation Audit", *Journal of Product Innovation Management*, Vol. 13, No. 2, 1996.

Walton, R. E., *Innovating to Compete*, San Francisco: Jossey – Bass, 1987.

Watkins, K. E., Ellinger, A. D. and Valentine, T., "Understanding Support for Innovation in a Large – scale Change Effort: The Manager – as – instructor Approach", *Human Resource Development Quarterly*, Vol. 10, No. 1, 1999.

Weber, M., Henderson, A. M. and Parsons, T., *The Theory of Social and Economic Organization*, New York: Free Press, 1947.

Webster and Frederick, E. J., "Rediscovering the Marketing Concept", *Business Horizons*, Vol. 31, No. 3, 1988.

Wheatley, M. J., *Leading for Innovation: And Organizing for Results*, Jossey – Bass, 2001.

Whyte, E. G., *A Multivariate analysis of the Marketing Background and Marketing Orientation of Community Mental Health Center Chief Executive officers* and of Community Mental Health Center Marketing Programs*, Dissertation, University of Mississippi, 1985.

William H. Glick and Karlene H. Roberts, "Hypothesized Interdependence, Assumed Independence", *The Academy of Management Review*, Vol. 9, No. 4, 1984.

William L. Gardner and Bruce J. Avolio, "The Charismatic Relationship: A Dramaturgical Perspective", *The Academy of Management Review*, Vol. 23, No. 1, 1998.

William M. Evan and Guy Black, "Innovation in Business Organizations: Some Factors Associated with Success or Failure of Staff Proposals", *The Journal of Business*, Vol. 40, No. 4, 1967.

Wolfe, R. A., "Organizational Innovation: Review, Critique and Suggested Research Directions", *Journal of Management Studies*, Vol. 31, No. 3, 1994.

Wrenn, B., "What Really Counts When Hospitals Adopt a Marketing Orientation: The Contribution of the Components of Marketing Orientation to Hospital Performance", *Journal of Nonprofit and Public Sector Marketing*, Vol. 4, No. 1-2, 1996.

Xu, QR. and Xie, ZS., "Innovation by Everyone: A Case Study from a Top Chinese Enterprise", IEMC Proceeding, 2003.

Xu, QR., Gu, LF. and Zheng, G. et al., "The Co-innovation of Enterprises in China", PICMET Proceeding, 2003.

Xu, QR., Guo, B. and Wang, Y., "Development of Technology Innovation in China: Core Competence-based Innovation Portfolio", PICMET, Proceeding, 1999.

Xu, QR., Guo, B. and Pei, H. et al., "Managing Technology Innovation Portfolio: Experiences and Lessons in China", PICMET, Proceeding, 1997.

Xu, QR., Liu, JJ. and Shen, SQ., "Total Innovation Management: Reinventing and Revitalizing the Corporation for the 21st Century", PICMET Proceeding, 2003.

Xu, QR., Yu, Z. and Zheng, G., et al., "Towards Capability-based Total Innovation Management: The Emerging New Trend of Innovation Management", ISMOT and ICMIT Proceeding, 2002.

Xu, QR., Zhao, XQ. and Wanyan et al., "Competence-based Innovation Portfolio", ICMIT, Proceeding, 2000.

Xu, QR., Zhu, L. and Xie, ZS., "Building up Innovative Culture for Total Innovation Management", IEMC, Proceeding, 2003.

Yamin Shahid, Gunasekaran A. and Felix T. Mavondo, "Innovation Index and Its Implications on Organizational Performance: A Study of Australian Manufacturing Companies", *International Journal of Technology Management*, Geneva, Vol. 17, No. 5, 1999.

Yang, P. and Tao, L. "Perspective: Ranking of the World's Top Innovation Management Scholars and Universities", *Journal of Product Innovation Management*, Vol. 29, No. 2, 2012.

Yang Zongru, *The Relationships among Market Orientation, Entreneurial Orientation, Product Innovation, and Orientational Performance*, The Dissertation of National Dong Hua University, 2007.

Yoo, Y., "The Tables Have Turned: How Can the Information Systems Field Contribute to Technology and Innovation Management Research?", *Journal of the Association for Information Systems*, Vol. 14, 2013.

Young, Robert L., James, G. H. and Jon, M. S., "Innovation in Open Systems: A Comparative Study of Banks", *Sociology and Social Research*, Vol. 65, No. 8, 1981.

Zahra, S. A., Belardino, S. D. and Boxx, W. R., "Organizational Innovation: Its Correlates and Its Implications for Financial Performance", *International Journal of Management*, Vol. 67, No. 6, 1988.

Zaltman, G. Duncan, R. and Holbek, J., *Innovations and Organizations*, Wiley New York, 1973.

Zheng, G., Liang, X. and Zhu, L., "Research on the Total Synergy Process of All the Innovation Elements: A Five-stage Model", *IEMC, Proceeding*, 2004.

Zoltan J. Acs and David B. Audretsch, "Innovation, Market Structure, and Firm Size", *Review of Economics & Statistics*, Vol. 69, No. 4, 1987.